周金堂／著

打造老区振兴发展的

新引擎

以井冈山革命老区县域经济发展为例

BUILDING
NEW ENGINES

FOR REVITALIZATION
AND DEVELOPMENT OF OLD REVOLUTIONARY BASE AREAS

社会科学文献出版社
SOCIAL SCIENCES ACADEMIC PRESS (CHINA)

序　一

　　井冈山革命老区为中国革命做出过巨大的贡献，而其自身却长期处于经济社会发展水平较低的状况，而且，如果没有一定的政策支持和特殊的制度安排，在市场经济的一般竞争环境下，这一地区的发展有可能同其他地区进一步拉开差距。而这样的情况，无论是从政治合理性还是经济公平性上说，都是极为不公正的。所以，深入研究这一地区的经济发展历史及现状，据此提出促进这一地区经济发展的有价值对策，是中国的区域经济研究者不可推卸的责任。从这个角度看，周金堂的《井冈山革命老区新世纪县域经济发展研究》（2013 年 5 月 30 日已通过论文答辩的修改稿）一文，具有特殊而重要的现实意义，他选择这一问题作为研究方向，是应得到充分认可的。

　　从区域经济研究的学术角度看，"井冈山革命老区"是一个很特殊的研究对象，国内外的区域经济研究很少有关于这种特殊研究对象的专门研究方法、分析工具，尤其是规范性经济学原理。尽管论文作者对该地区的实际情况比较了解，但这却是一个具有相当理论提炼难度的问题。因此，周金堂必须从或多或少涉及这一选题的各种区域经济学理论、方法和相关成果中筛选出可供应用和参考的内容。从论文稿看，周金堂做了很大的努力来进行理论梳理和文献述评，尽管所述内容在学理上比较宽泛，但对于该文所进行的以现实问题为主的研究，还是能够较好地提供一个比较实在的理论铺垫，也显示了作者在区域经济学上的专业知识素养和学术功底，具有较强的科研能力和对重要现实问题的分析能力。

　　该论文主要内容是对井冈山革命老区经济发展现实问题的研究，是一篇问题导向的学术论文。作者能从理论与实践的结合上进行现实描述和经验分析，文章的逻辑线索和框架结构清晰简洁，言之有物，比较"接地气"。论文所提出的政策建议具有现实的参考价值，对有些问题的分析也达到了一定的学术深度，例如，关于产业结构的多角度比较分析是较有新意的；关于"老三区"变"新三区"的讨论，并明确提出"新三区"建设必须始终坚持以增进老区人民福祉为出发点和归宿，也是非常有意义的。

当然，论文也有不足，例如，尽管由于研究对象的特殊性，难以找到"相类似区域"进行对比，但还是应尽可能选择某些条件相近的地区进行横向比较，以提高本文对所述问题进行研究的普遍性意义，而不仅仅只是一个孤立的特例。这样有助于进一步提升论文的学术含量和水平，例如将"井冈山革命老区"提升为可以涵盖国内甚至国外若干类似区域的"某某类地区"（区位劣势，历史独特，发展滞后，机遇显现）中的一个典型，进行类型特征研究，进而发现一些规律性现象和规范性判断原理，那就具有更高的学术价值了。这同时表明，周金堂的这篇论文所进行的研究是有学术拓展前景的，作者或者其他研究者可以在此基础上进行进一步的研究，形成一个有特色的"研究集群"。在这一意义上，可以认为该论文是具有创新性和启发性的。

中国社会科学院学部委员
中国区域经济学会会长

2015 年 10 月 18 日

序　二

　　周金堂的博士学位论文《井冈山革命老区新世纪县域经济发展研究》，坚持以问题为导向，运用区域经济学和发展经济学的经典理论观点，结合国家实施的中部崛起战略，对井冈山革命老区的罗霄山区片区"五县一市"县域经济发展进行了实证性的研究。该论文选题新颖，内容充实，立足实际，致力于解决区域经济发展中的现实问题，具有较高的理论价值和实践价值，是一篇优秀的博士学位论文。

　　在充分总结区域经济学文献的基础上，论文对国内县域经济研究的理论、方法进行了总结，从发现问题入手，通过对问题产生的背景、原因的研究，分析了革命老区的要素禀赋、发展基础、规制现状、政策环境、矛盾困难、机遇潜力等，提出了解决问题的思路和对策。在我国县域经济研究领域本身基础比较薄弱，研究方式方法等还很不成熟成型的条件下，本文使用的研究方法和思路，对于区域经济学当中县域经济的研究，具有创新性和开拓性。论文的主要特点如下。

　　第一，注重县域经济发展的实证研究。通过对现实情况的总结，分析影响县域经济发展的主要因素。指出井冈山地区"五县一市"县域经济发展的主要影响因素是区位条件差、行政管理分割严重、县域管理制度安排不平衡以及县域之间协调发展缺少联动性，并通过数据分析对这些问题的产生原因进行了阐述，分析较为透彻，观点鲜明。

　　第二，注重区域发展的比较研究。论文重点对湖南、江西两省以及株洲、吉安和萍乡三市新世纪以来经济社会发展和实施统筹协调发展的情况与井冈山老区"五县一市"的发展进行了比较分析，得出的结论是：井冈山老区的新型工业化推进难度大，结构调整和产业升级困难多，转变发展方式压力大，扶贫开发任务重，红色、绿色资源开发有项目缺资金，人口素质和能力的提高与老区人力资源开发的实际不匹配等，这些结论很有启发性。

第三，注重理论联系实际提出政策建议。论文通过分析和论证，提出要把老区建设成为"绿色、红色产业重点发展的示范区，后发优势整体释放的振兴发展区，和谐秀美的宜业、宜居、宜游的幸福区"的构想，并提出以转变老区发展方式、调整产业结构为重心，把提高农村居民的收入和消费水平的政策措施落实到老区，通过完善制度安排来加快革命老区推进新型工业化的步伐等政策建议，具有可行性。

纵观全文，结构合理，逻辑清晰，论证充分，观点明确，表达准确，行文规范，体现了作者具有较为坚实的区域经济学理论基础和专门系统的专业知识，具有采用新方法和新信息独立进行科学研究的能力。同意通过论文评审。

论文的不足就是对我国条件相似的老区、山区、欠发达地区县域经济的"类比型"研究不够，建议作者通过对井冈山革命老区县域经济发展实践的提炼，进一步总结我国县域经济的发展规律，丰富县域经济的理论体系。

中国区域科学协会理事长

中国人民大学教授、博士生导师

2015 年 10 月 21 日

摘　要

井冈山革命老区"五县一市"是井冈山革命根据地的主要组成部分，包括江西省辖区的井冈山市、永新县、遂川县和莲花县，湖南省辖区的炎陵县和茶陵县。井冈山革命老区是集老区、山区和贫困地区为一身的特殊区域，区域面积 12229.8 平方公里，2012 年底，区域人口 234.79 万人，地区生产总值为 381.2 亿元。由于历史和现实等多种原因，目前，无论是在全国还是在中部地区，该区域都尚处于欠发达状态，其主要表现为：工业化、农业现代化进程迟缓，信息化、城镇化水平比较低，经济总量规模小，人均国内生产总值、城镇居民的人均可支配收入水平和农民人均纯收入水平，特别是人口受教育程度，均低于全国及所在省、地级市的平均水平。

论文从发现问题入手，通过对问题产生的背景、原因的研究，分析老区要素禀赋、发展基础、规制现状、政策环境、矛盾、困难、机遇、潜力等，提出解决问题的思路和对策。选题根据我国现有的区域经济和县域经济发展实践探索与理论总结的成果，在论文的引言中，主要对开展研究的背景及意义、思路与方法、框架与内容、重点、难点、创新点等进行了分析和阐释。

在论文的第一章中，主要对中西方区域经济学和发展经济学的一些理论观点和文献资料进行了归纳、分析，并结合理论的指导作用，对"五县一市"的自然特征、产业结构、文化特色、居民素质等特点进行了分析研究，对中央实施的中部崛起战略以及罗霄山区片区区域发展和扶贫攻坚规划对井冈山老区发展产生的驱动、拉动、带动效应进行了具体分析，指出了制度安排缺失、区位条件差、发展慢是造成老区发展不平衡和落后的关键原因。

论文的第二章、第三章、第四章，主要围绕"五县一市"县域经济发展实践，重点对湖南、江西两省以及株洲、吉安和萍乡三市新世纪以来经济社会发展和实施统筹协调发展的情况与井冈山老区"五县一市"进行比较和实证分析。对井冈山"五县一市"县域经济发展面临区位条件差，区域行政管理分割，制度安排不平衡，县域之间协调发展联动性差，发展水平不如全国及所在省、地级市平均水平，特别是新型工业化推进难，结构调整、产业升级困难多，转变发展方式压力大，扶贫开发任务重，红色、绿色资源开发有项目缺资金，人口素质和能力的提高与老区人力资源开发的实际不匹配等问题，进行了较为全面的分析和论证，提出要抢抓机遇，挖掘潜力，利用后发优势，促进老区县域经济健康协调可持续发展。

第五章着重对井冈山革命老区县域经济的发展路径进行了研究，提出发展路径的选择应立足实际，坚持实事求是。要坚持以红色文化开发为引领，做大做强现代服务业；以生态优势为依托，拓展农业发展新途径；以新型工业化为方向，带动、推动县域经济大发展；以新型城镇化为引擎，促进产城融合发展；以信息化为契机，提升县域经济综合竞争力；以区域联动为手段，推进县域经济互补、融合发展；以绿色化、可持续发展为导向，加强生态环境保护。

第六章以形成有利于问题解决的政策建议和决策参考为重点和创新点，提出发展老区县域经济，加快减贫步伐，实现中部崛起，建成小康社会，必须围绕建设"绿色、红色产业重点发展的示范区，后发优势整体释放的振兴发展区，和谐秀美的宜业、宜居、宜游的幸福区"这"新三区"的构想，把转变发展方式、调整产业结构重心移向老区，把扩大内需，提高农村居民的收入和消费水平的政策措施落实到老区，把深化改革设计、完善制度安排的重心转向老区、山区、贫困地区；必须加快革命老区推进新型工业化的步伐，不断提高城镇化和农村农业现代化水平，加大红色文化、红色旅游开发力度，努力构建"红""绿""古"产业相互依托、相互促进、联动协调和可持续发展的新模式；必须注重总结老区转型发展的新经验、新模式，不断打造县域经济发展的新平台，创建新机制，开辟新途径。

结语部分根据分析研判结果，提出建设"新三区"需要继续关注政策的统一性、平衡性、协调性，发展的整体性、一体化、可持续，社会事业公共服务的均等化等问题。强调了绿色产业、红色产业发展既要适合各县县情，又要具有区域特色和成长性；后发优势的发挥要有利于"五县一市"发展强项更强，传统特色更特，优势产业更优。研究结论明确提出"新三区"建设必须始终坚持以增进老区人民福祉为出发点和归宿。

论文在分析"老三区"变成"新三区"可能性、可行性的基础上，对壮大县域经济、振兴老区发展的历史与现实价值、重要作用与意义进行了概括。论文提出：把井冈山革命老区建设好是尊重历史、不忘历史，对老区人民最好的回报；支持井冈山革命老区联动协调发展能给全国老区、山区、贫困地区的发展树立标杆，带来希望；加速"五县一市""新三区"的建设，能为中部崛起战略的成功实施和全面建成小康社会添砖加瓦。其重要意义在于：建设井冈山革命老区有利于兑现执政党做出的郑重承诺，实现先富帮后富的区域协调平衡发展；有利于履行立党宗旨，坚持发展为了人民，发展依靠人民，发展成果由人民共享，真心实意为老区人民谋福祉；有利于巩固党的执政基础，加快社会主义经济、政治、文化、社会、生态建设步伐，让革命老区、山区、贫困地区人民在共享发展中有更多的获得感，在实现中国梦的进程中得到更多的幸福与快乐。

关键词："五县一市"　老区山区贫困区　县域经济　连片扶贫　振兴发展

ABSTRACT

Jinggangshan old revolutionary area ("the five counties and one city") is a major component of the Jinggangshan revolutionary base area, which include Jinggangshan City, Yongxin County, Suichuan County, Lianhua County in Jiang xi Province and Yanling County , Chaling County in Hunan Province. Jinggang shan revolutionary base area is a special area, since it combines revolutionary base area, mountainous area and poor area, and it covers an area of 1, 229. 8 square kilometers. In 2012, there was a population of 2, 347, 900 and the local GDP was 381. 2 billion yuan. The region is underdeveloped due to a variety of reasons such as history and reality comparing to the other areas in the Central China and even all of the country. The underdevelopment of this area shows: backward industrial and agricultural modernization process, low level of informatisation and urbanization, small size the economic aggregate, and is's also represented by the low of the per capita GDP, the per capita disposable in come of urban howse holds, the per capita net income of rural residerots and especially the education level, which are all under the national average and the average line of the provincial – level or the prefecture – level cities, which govern the area.

This paper starts from the discovery of the problems. Through the research of the background and the causes of the problems, it analyzes the factor enclowments, development foundation, regulation, policy environment, contradictions, difficulties, opportunities, potential and so on, and then put forward the ideas and measures to solve the problems. The topic is based on the existing results of the theory and practical exploration in regional and county – economy. In the Introduction, it mainly analyzes and explains the research background and significance, ideas and methods, framework and content, focus, difficulties and innovation.

In the Chapter I of the thesis, it mainly summarizes and analyzes theories and literatures of the western regional economics and development economics. It analyzes "the five counties and one city's" natural characteristics, industrial structure, cultural characteristics, residents' quality and other characteristics, combining with theoretical guidance. It analyzes the driving, pulling effect on the development of Jinggangshan old revolutionary area that is brought by the rise of central China Strategy and the Plan of Luoxiao mountain area development and poverty alleviation implemented by the central government. Therefore the author pointed out that the key factor of the unbalanced development and under deveolpment of the old area is the lack of institutional arrangement, poor environment of the location, and slow development.

In Chapter II, chapter III, Chapter IV, it mainly embroidered on the practice of the "five counties and one city" county economic development, and focuses on the situation of the economic social development and implementation of the coordinated development in the new century in Hunan Province and Jiangxi Province, as well as in Zhuzhou, Ji'an and Pingxiang, which compared and empirical analyzed with Jinggangshan "five counties and one city". The development of the county economy of Jinggangshan ("one city five county") is facing a serious situation that a bad location, segmentation of regional administration, institutional arrangement is not balanced, the coordinated development of the county is poor, the development level is lower than the average level of the whole country, the province and the prefecture city, especially it is hard to promote the new industrialization, structural adjustment and industrial upgrading, and the pressure is heavy that the transformation of development the way, as well as the task of poverty alleviation and development. The development of red and green resources project is lack of capital. The improvement of population quality and ability is mismatching the fact of the development of human resources in old area. All above, these chapters give comprehensive analysis, and in the end it proposed that we should seize the opportunity, make full use of the advantages, promote healthy coordinated and sustainable development of economy of the old area.

Chapter V focuses on the development path of the county economy of the Jinggangshan revolutionary base area, and puts forward that the development path selection should be based on the reality, seeking truth from facts. We should adhere to take the exploit of the red culture to lead the development, so we can make the modern service industry bigger and stronger; By relying on the ecological advantages, we can expand the way of agricultural development; And we can take the new industrialization as the direction to drive and promote the development of county economy; We can take the new urbanization as the engine to promote the development of production integration of the city; We can use the informatization as an opportunity to enhance the economic competitiveness of the county; We can take the regional linkage as a measure to promote the county's economic development and complementary fusion; We can take the green and sustainable development as the guidance to strengthen the protection of the ecological environment.

Chapter VI mainly forms a policy suggestion and reference to solve the problems which can be taken as the innovation, and puts forward that to realize the development of the old area's county economy, accelerate the pace of poverty reduction, achieve the rise of central China, build comparatively well-off society, we must focus on "the three new zone" concept which includes the demonstration zone that focuses on the construction of the green and red industry, and the revitalization and development zone the advantage of which is overall released, and the harmonis beautiful happiness zone that is good for industry, living and travelling. And we should shift the focus of the change in mode of development, adjust the industrial structure to the old area, and the focus of expanding domestic demand, improving the rural income and consumption level of the implementation of policies and measures to deepen the reform of the old design, improving institutional arrangements to the old liberated areas, mountainous and poverty-stricken areas; we must speed up the development of old revolutionary base areas by promoting the pace of new industrialization, constantly improve the level of agricultural modernization and rural urbanization, and increase the strength of the development of red tourism and red culture, strive to build a "red", "green" and "ancient" industry of mutual support, mutual promotion and coordination and sustainable development of the new pattern; we must sum up new experiences, new modes on the old transformation and development, and constantly create a new mechanism and therefore we can create a new platform that is helpful for the development of county economy in a new way.

According to the research results of the dissertation, in order to propose the construction of the "three new zone" we need to continue to focus on the issues, such as the unity, balance, coordination of policy, the overall, integration and sustainability of development , the social cause of public service equalization in the Conclusion. It emphasizes that the development of Green Industry and Red Industry not only needs to be suitable to every county's unique condition, but possesses regional characteristics and growth; the advantage of undeveloping has to "development strengths five counties and one city", the traditional features of more specific, advantage industry better. The conclusion of the study explicitly puts forward the "three new zones" must always adhere to promote the well-being of people as the starting point and the end-result of the old revolutionary area.

The dissertation sums up the way of developing the county economy, the history and the realistic value of re-energizing the old areas, the important role and significance on the basis of analyzing the possibility and feasibility of changing the old areas into a new area. Taking it for granted that it will be the best way to respect history, to remember the history, to return to the people in the old area if we can construct the Jinggangshan Mountains. It is no doubt that the harmonious development of the old areas brings hope to humanity. The construction of the New Areas is beneficial to the implementation strategy of the Central China and the realization of the well-off society. Its significance lies in delivering on the promises of the Chinese Communist Party that keep the balance between the rich area and the poor area, fulfilling the aim of the party, serving for the public, consolidating the foundation of the party, speeding up the socialist economic, political, cultural, social, ecological construction pace, so that the people in the old revolutionary base areas, mountains, poverty – stricken areas to share the happiness and joy of the Chinese Dream .

Key words: "Five Counties and One City"; The Old Liberated Poverty-stricken Mountainous Area; The County Economy; Contiguous Poverty Alleviation; Revitalization

目 录

引 言 // 001

  第一节 研究背景及意义 // 003

  第二节 国内外研究动态 // 009

  第三节 研究的思路与方法 // 014

  第四节 研究的主要框架与内容 // 016

  第五节 研究的重点、难点、创新点与不足 // 018

第一章 县域经济发展的理论基础及区域战略与老区建设的关系 // 021

  第一节 国外相关理论综述 // 023

  第二节 国内区域经济战略与实践探索 // 037

  第三节 相关理论及制度设计对县域经济的影响 // 045

  第四节 "五县一市"区情的主要特点与特色 // 058

  第五节 中部崛起战略与井冈山革命老区建设的关联 // 071

  第六节 区域、省域经济发展对井冈山革命老区的影响 // 074

第二章 新世纪井冈山革命老区县域经济发展分析 // 081

  第一节 "五县一市"所在省、地级市主要经济指标比较分析 // 083

  第二节 "五县一市"新世纪县域经济发展现状分析 // 087

  第三节 "五县一市"内部区域联动发展情况分析 // 093

第三章 "五县一市"县域经济发展存在的主要问题及制约
　　　　因素分析 // 099
　　第一节 "五县一市"县域经济发展存在的主要问题 // 101
　　第二节 影响井冈山革命老区县域经济发展的制约因素分析 // 120

第四章 井冈山革命老区县域经济发展的机遇、潜力与后发优势 // 131
　　第一节 中央、省、地级市的重视与扶持力度正不断加大 // 133
　　第二节 定点帮扶、集中连片开发、先富帮后富气候的形成 // 141
　　第三节 老区人力资源的优势开始释放 // 148
　　第四节 后发优势的显现与结构调整作用的发挥 // 152

第五章 井冈山革命老区县域经济发展路径的选择 // 157
　　第一节 以红色文化开发为引领，做大做强现代服务业 // 159
　　第二节 以生态优势为依托，拓展农业发展新途径 // 167
　　第三节 以新型工业化为方向，带动、推动县域经济大发展 // 171
　　第四节 以新型城镇化为引擎，促进产城融合发展 // 174
　　第五节 以信息化为契机，提升县域经济综合竞争力 // 176
　　第六节 以区域联动为手段，推进县域经济互补、融合发展 // 178
　　第七节 以绿色化、可持续发展为导向，加强生态环境保护 // 180

第六章 振兴发展老区县域经济的对策与建议 // 183
　　第一节 转变发展方式、调整产业结构的重心移向老区 // 187
　　第二节 县域经济振兴发展与老区民生改善协调推进 // 191
　　第三节 深化改革设计、完善制度安排的重心转向老区 // 200
　　第四节 加强服务型政府建设，提高振兴发展工作的统筹协调性 // 203
　　第五节 注重总结发展新经验、新模式，开辟发展新途径 // 205
　　第六节 把握体制机制创新的时代性、协调性和全面性 // 209

结　语 // 215
　　第一节 建设"新三区"需要继续关注的几个问题 // 218

第二节　振兴发展的预期及其历史、现实价值与意义 // 225

参考文献 // 233

附　件 // 247

后　记 // 283

Contents

Introduction // 001

  1. Research background and significance // 003

  2. The domestic and international research trends // 009

  3. The mentality and the method of the study // 014

  4. The main framework and content of the research // 016

  5. The key points, difficulties, innovations and deficiencies of the
    research // 018

Chapter I   The Relationship Between the Theoretical Basis and the Regional Strategy and the Development of County Economy of the Old Building // 021

  1. Overview of foreign related theories // 023

  2. The domestic regional economic strategy and Practice // 037

  3. Related theory and the system design to the county economy
    influence // 045

  4. The main features and characteristics of "Five counties and one city"
    area // 058

  5. Association strategy and the rise of the middle construction of Jinggangshan
    revolutionary base areas // 071

  6. Influence of regional and provincial economic development of the old
    revolution in Jinggangshan // 074

**Chapter II   Analysis of the New Century Old Liberated Area of Jinggang-
shan County Economic Development // 081**

1. Comparative analysis of main economic indicators of "five counties and
one city" in the province and prefecture level cities // 083

2. Analysis of county economic development in the new century of "five
counties and one city" // 087

3. Analysis on the internal regional linkage development of "five counties
and one city" // 093

**Chapter III   "Five counties and one city" County Area Economy Development
Existence Main Question and Restriction Factor Analysis // 099**

1. The main problems existing in the development of county economy in
"five counties and one city" // 101

2. Jinggangshan County by the old revolutionary influence factors that
restrict the development of the analysis // 120

**Chapter IV   The Development of County Economy of Jinggangshan Revolu-
tionary Opportunities, Potential and Advantage // 131**

1. The attention and support efforts of the central government and prefecture
government are increasing // 133

2. The formation of rich climate sentinel helping and concentrated
development, after the actual help // 141

3. The human resources of the old area began to release // 148

4. The appearance of late development advantages and the role of structural
adjustment // 152

**Chapter V   The Old Revolutionary Base of Jinggangshan County Econom-
ic Development Path Selection // 157**

1. To lead the development of red culture, bigger and stronger modern
service industry // 159

2. Relying on the ecological advantages, expand the new way of agricultural development // 167

3. Taking the new type of industrialization as the direction, to promote and promote the development of county economy // 171

4. Taking the new urbanization as the engine to promote the development of production city integration // 174

5. Taking informatization as an opportunity to promote the comprehensive competitiveness of county economy // 176

6. To regional linkage as a means to promote the county's economic complementarity, integration and development // 178

7. To green, sustainable development as the guide, to strengthen the protection of ecological environment // 180

Chapter Ⅵ   The Countermeasures and Suggestions for the Development of the Old County Economy // 183

1. Focusing adjustment of the industrial structure changing the mode of development, the shift to the old // 187

2. Local conditions to promote successful experience and practice, strengthen the demonstration and amplification effect // 191

3. To deepen the reform of design, improve the focus of institutional arrangements to the old // 200

4. To strengthen the construction of service oriented government and to improve the overall coordination of the revitalization and development work // 203

5. Focus on summing up the development of new experiences, new models, open up new ways to develop // 205

6. Grasp the times, coordination and comprehensiveness of the innovation of the system and mechanism // 209

Conclusion // 215

    1. Construction of the new three areas need to continue to pay attention
       to several issues // 218

    2. The expectation of the revitalization and development and its historical,
       realistic value and significance // 225

Reference // 233

**Attach: Study on the Symbiosis Model of Red Tourism and Green Ecology
    in Jinggangshan Mountains** // 247

Postscript // 283

引　言

第一节　研究背景及意义

一　研究背景

本选题是根据武汉大学中国中部发展研究院与理事单位联合承担的国家发改委地区经济司委托的重大课题——"'十二五'期间中国中部地区发展思路研究"的要求来选择研究对象，确定研究内容，开展研究工作的。促进中部地区崛起是事关我国现代化建设全局的重大战略举措。"井冈山革命老区新世纪县域经济发展研究"是以地处中部地区的江西、湖南两省交界处的罗霄山脉中段的"五县一市"为研究对象。该区域是我国"十二五"规划扶贫纲要中重点扶贫的 14 个连片贫困地区之一，它集行政交叉、民族聚居、山区、老区、贫困地区特征为一身，包括江西省的井冈山市、永新县、遂川县、莲花县，湖南省的茶陵县、炎陵县。但炎陵县、茶陵县未被列入 14 个连片重点扶贫地区之中。

井冈山革命老区"五县一市"的区位和经济社会发展情况非常特殊，是中国共产党在 20 世纪 20 年代中后期创建的第一个农村革命根据地——井冈山革命根据地的主要组成部分，既是有"革命摇篮"美称的老区，又是具有典型意义的山区及贫困地区。1927 年 10 月，毛泽东率领秋收起义军经过萍乡、莲花县后到达永新县，在永新经过"三湾改编"后把秋收起义的部队带到井冈山。在井冈山斗争期间，以毛泽东为代表的老一辈革命家，先后在宁冈、永新、茶陵、遂川等县恢复和建立了党组织，发展武装力量，开展游击战争，领导农民打土豪分田地，建立红色政权，实行工农武装割据，创立了党领导下的第一个农村革命根据地。井冈山革命老区由井冈山市（2000 年 5 月原宁冈县并入）、永新县、遂川县、莲花县、茶陵县、炎陵县等"五县一市"组成。

图1 "五县一市"范围

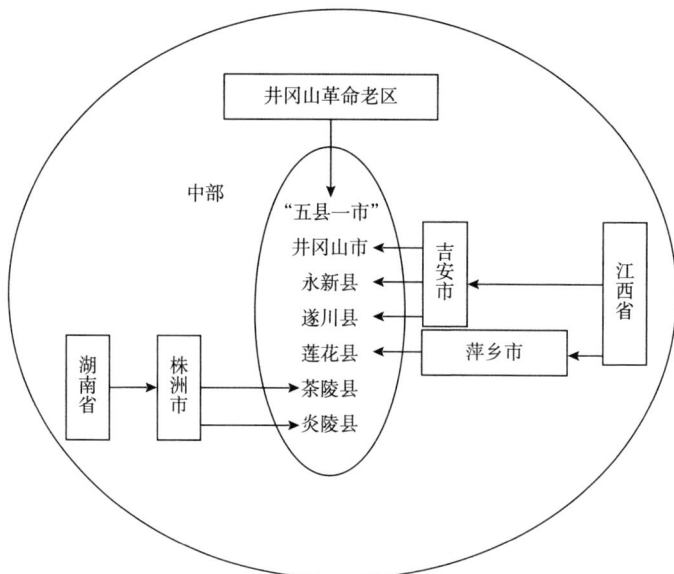

图2 湖南省、江西省及三市（地级市）与"五县一市"关系

"五县一市"分属两个省和三个地级市管辖。茶陵县、炎陵县地处"一五""二五"期间国家布点的八大工业城市之一——湖南省的株洲市，井冈山市、永新县、遂川县处于较为典型的传统农业地区——江西省的吉安市，莲花县地处资源（煤）枯竭型城市——安源煤矿大罢工发生地江西省的萍乡市。井冈山革命老区"五县一市"的人民曾经为中国革命的胜利做出过巨大的牺牲和贡献。中华人民共和国成立 60 多年来，尽管党和政府对老区的建设与发展给予了大力支持，但由于该地区与其他地区之间的要素禀赋差异较大，特别是区位、资源、人才、交通等因素的制约，目前该区域总体上还处于欠发达状态。

作为我国经济体系中的重要组成部分，县域经济是推动科学发展、跨越式发展的重要支撑，是事关民生改善、社会稳定的民本经济。在全面建成小康社会的大背景下，县域经济的发展对于统筹城乡、区域工农贸等的协调发展，有着十分重要的作用。历史与现实告诉我们：在中国，"郡县治则天下安"，县域强则国家强。就现实而言，转变发展方式，调整经济结构的重点、难点在县域，抓住了县域，就抓住了转方式、调结构、促发展的基础与关键。2012 年底，中国县级区划单位共计 2852 个（其中市辖区 860 个、县级市 368 个，县 1457 个、自治县 113 个，林区 1 个、特区 1个，旗 49 个、自治旗 3 个），县域行政区域土地面积约为 880.6 万平方公里，约占全国陆地总面积的 91.72%，县域人口 91311 万，占总人口的68.1%。2012 年底，我国县域地区生产总值总量达到 28 万亿元，占国民经济总量的 53.5%，县域人均 GDP 已经达到全国人均 GDP 的 3/4。同时，县域之间的发展差异性非常大，四大区域中 1948 个县（市、自治县）的要素禀赋、生态环境等各不相同，经济社会发展水平参差不齐、投资和消费关系失衡、收入分配差距悬殊、科技创新能力不强、农业基础仍然薄弱、区域发展不平衡等多重矛盾交错。由此，转变区域与县域发展方式，调整经济结构，面临十分复杂的情况和形势，尤其是在城乡二元体制下，推动发展方式的转变和经济结构调整的任务更为艰巨。

从区域经济发展的角度看，"五县一市"都处于中部崛起的特殊地区，发展相对滞后，居民的收入、生活水平不高，社会发展和社会管理期待进一步加强，属于典型的集老区、山区及贫困地区为一身的地区。在建设环境友好型、资源节约型社会的过程中，既面临着转变发展方式、调整产业结构、破解经济发展难题，实现县域经济又好又快发展的机遇和考验，又面临着发展基础差，经济规模小，需要加快赶超速度与保护生态环境同向、同行、同力，即既要金山银山又要绿水青山的压力与挑战。

当前，由于我国长期矛盾和短期问题相互交织，结构性因素和周期性因素相互作用，国内问题和国际问题相互关联，且诸多矛盾相互叠加，使宏观调控面临更多的两难选择，统筹区域、城乡、国内外、人与自然的发展面临严峻的挑战。研究和分析中部地区井冈山革命老区县域经济发展的现实问题，成为转变发展方式、调整经济结构、促进区域协调平衡发展的题中应有之义。同时，贫困已经成为当前我国经济社会全面、协调、可持续发展的主要障碍。如何消除贫困，发展老区、山区、贫困地区经济，提高人民的生活水平，加快欠发达地区农村小康社会建设步伐，是我国 21 世纪经济社会发展的主要课题。基于井冈山革命老区新世纪以来的发展历史与现实以及当前宏观经济大背景，研究该地区的生产力水平、县域产业特点、老百姓幸福程度以及未来发展的对策和制度设计等，是转变老区县域经济发展方式，解决老区、山区、欠发达地区发展难题特别是贫困问题，促进中部崛起，顺应时代发展要求，实现跨越发展，加快全面建成小康社会步伐的重要理论问题和十分紧迫的现实问题。

二　研究目的与意义

该研究拟达到的主要目标是：通过选取具有代表性的井冈山革命老区为研究对象，在做好调研的基础上，收集、分析"五县一市"经济社会发展的相关数据资料，以便更深层次地了解我国革命老区、山区及贫困地区的形成、演变过程；对区域经济发展不平衡、不协调、不全面及可持续发展程度不够的内在因素进行剖析，对造成落后的原因特别是老区、山区、贫困地区的发展需求要素及刺激发展方式等因素进行比较分析，进而整理和提炼出一些客观实用的解决老区、山区、贫困地区转变发展方式，促进经济社会统筹发展的理论观点和政策建议，总结归纳出一些操作性较强的实践方法，进而使研究成果能成为一个有益于促进老区、山区及贫困地区的平衡协调和可持续发展、发挥建言献策作用的案例分析材料或文本载体。

井冈山革命根据地的"五县一市"是集老区、山区、贫困地区为一体的中部欠发达地区，因此，对井冈山革命老区"五县一市"的区域发展问题进行深入的研究，既有代表性，也有典型意义。研究这一地区的经济社会特别是区域经济发展情况，对于调整区域发展政策，逐步解决好革命老区、山区及贫困地区的发展问题，对于促进区域经济协调、平衡、全面可持续发展具有很强的实践针对性、理论探索性、政策架构和制度安排的指向性，其理论意义和实践价值主要表现在以下几方面。

（一）理论意义

由于转型经济的特殊背景和广阔的国土空间，中国区域经济问题层出不穷，如产业转移、地方竞争、流动人口城市化、低水平建设、地区差距等，由于现有区域经济学理论主要是针对西方发达国家经济现象提出来的，所以既要借鉴、吸收西方现代区域经济学理论，又要推进学科本土化、创立和发展。[①] 运用区域经济发展理论、社会主义市场经济理论以及贫困地区追赶经济发达区域常用的后发优势理论、比较优势理论、旅游经济学理论、生态经济学理论、协调互动理论、可持续生计资本理论、梯度转移理论等，深度诠释老区、山区、贫困地区落后与欠发达形成的原因，并为老区的转型发展、脱贫致富提出新的路径模型选择、制度设计等建设性建议，进而为井冈山老区"五县一市"在实施中部崛起战略、加快建成老区小康社会的生动实践中赢得机会、抓住机遇、用好政策，提供发展思路、理论指导和决策参考。

（二）现实意义

（1）通过分析研究，为我国支持老区、山区、贫困地区经济社会发展提供政策改进建议。改革开放以来，我国平原区域、沿海区域依靠优越的地理区位优势得到了长足发展，而深处我国国土内陆的山区、老区、贫困地区，虽然有些地方自然资源丰裕，农村富余劳动力多，但区位条件差，人才缺乏，经济发展都比较滞后。目前井冈山老区"五县一市"

---

① 金碚、黄群慧：《中国社会科学院工业经济研究所学科前沿报告：2011》，经济管理出版社，2012，第4页。

尚处于欠发达状态，贫困落后的问题在县域尤其是农村地区表现得十分突出。如何按照科学发展观的要求，在促进中部崛起的过程中解决井冈山老区的欠发达问题，切实提高人民的生活水平，为全面建成小康社会创造条件，是本选题开展研究首要考虑的问题。通过研究，可探索总结一些比较系统的、有利于解决老区及贫困地区发展问题的理论框架、政策建议及经验总结和实践措施，并为此类地区实现经济社会发展寻找新模式、新路径。

（2）探索跨行政区域（两省交界）欠发达地区县域经济经济发展的新设计、新构想。井冈山革命老区"五县一市"横跨湘、赣两省三个地级市，面积12229.8平方公里，人口234.79万人（截至2012年底）。"五县一市"都远离各自所属行政中心、经济中心，因而经济社会发展的绩效相对逊色于发达地区。当前，井冈山革命老区的发展面临不少的困惑、机遇与挑战，如何抓好机遇、解决困惑，成为当前经济社会发展的一个焦点、重点、难点。同时，通过解决好革命老区的贫困与发展问题，认真总结60多年来的经验教训，将有助于形成一套比较完整的解决老区、山区及贫困地区的理论架构、政策法规、制度安排、经验模式，进而为其他相同或相类似的地区提供转型发展、科学发展的有益借鉴与参考。通过对该区域的研究，探讨行政区域与经济区域相交错地区的经济发展的新思路、新规划。

（3）运用老区、山区、贫困地区脱贫致富、振兴发展、科学崛起的新案例、新典型，为欠发达地区实现科学发展提供借鉴。革命老区是指土地革命战争时期和抗日战争时期在中国共产党领导下创建的革命根据地。全国有1389个革命老区县（旗、市、区），分布在28个省、自治区、直辖市。井冈山革命老区是土地革命战争时期17个根据地之一。革命老区特别是老区人民为中国革命的胜利和建设事业的发展付出了巨大的牺牲，做出了积极的贡献。中华人民共和国成立60多年来，革命老区的发展由于受到各种因素的影响，多数还处于欠发达状态。在改革开放取得巨大成就的今天，如何面对老区、山区、贫困地区的发展实际，通过深入研究分析，提出合情合理的崛起策略、对策建议，对于深入贯彻落实科学发展观，构建和谐社会，统筹城乡、区域发展，发展老区生产，改善老区民生，振兴老区经济，加快建成县域小康社会有着十分重要的意义。

第二节　国内外研究动态

一　国外研究动态

在经济全球化与区域经济一体化双重背景下，当代区域经济的研究环境发生了重大的变化，再加上科技革命日新月异的变化，政治情况日益复杂，新的贸易保护主义的抬头，后国际金融危机的影响，等等，导致新的区域问题不断出现，和平发展、合作发展、双赢发展客观上要求区域经济理论、区域经济政策及区域管理与之相适应。同时，区域经济研究环境的深刻变化也为区域经济理论的重大突破提供了机遇。各国所面临的各种区域经济问题既有共性又有个性，既有特殊性又有复杂性，这也极大地拓展了区域经济学的研究领域和空间。20 世纪 80 年代，制度经济学、演化经济学等在创新机制中发现了"地理"的重要性，创新地理研究由此诞生。西方经济地理学家在 20 世纪 90 年代借鉴价值链、嵌入理论和行动者网络等理论来研究全球化。21 世纪初，曼彻斯特学派提出全球生产网络的分析框架，充分考虑了全球经济的多层面（经济、政治、文化和社会等）、多空间尺度（全球、区域、国家、地方）。目前，各国所面临的重大理论前沿问题主要反映在 9 个方面：一是区域的边界与区域生命周期；二是开放条件下的区域增长理论；三是区域一体化的利益协调机制；四是新型区域产业分工理论；五是区域竞争力的形成机理；六是区域竞争、区域营销与区域管治；七是产业集群的识别、风险和衰退问题；八是企业迁移与产业转移理论；九是企业空间扩张行为及空间组织。

从区域视角看，传统的区域经济发展代表性的理论有 J. H. 杜能的农业区位论、韦伯的工业区位论、克里斯坦勒的中心地理论、廖什的市场区位论、费农的梯度转移理论等。当代的区域发展理论主要有意大利的"新产业区"学派、美国加利福尼亚的"新产业空间"学派、波特的"产业集群"学派、Corona Leonel 等的"区域创新系统"学派等。这些理论主要从区位空间角度解释区域经济的发展。比较贸易理论、要素禀赋理论包括竞争优势理论是以产业分工为主来解释区域经济发展的。Pike 等认为区域发展理论在 21 世纪也展现出多元化的视角①，其中 Harvey 采用了政治经济学的价值循环视角②、Coe 等提出了全球生产网络视角③、Martin 等提出了演化视角④、Asheim 等提出了知识与创新视角⑤以及其他学者提出的文化与创意视角⑥等。

从经济增长的视角看，区域经济又是发展经济学关注的对象，这方面代表性研究包括以 Nurkse 为代表的均衡增长理论和以 Hirschman 为代表的不均衡增长理论，胡佛和费雪的发展阶段理论，Francois Perroux 的增长极理论，Williamson 的"倒 U 形"理论和 Myrdal 的循环积累理论，Williamson（1956）、Amos Jr.（1988）、Barro（1991）、Coulmb（1995）、Dilling Hansen（1994）等对区域经济增长的收敛性进行了研究，提出了经济发展后期阶段地区差异收入趋同假说，这些理论以区域经济增长为目标函数，研究了经济增长时间维度与不同空间的相关性。

二 国内研究动态

（一）区域经济发展模式研究

国外区域经济理论的引进和我国改革开放的生动实践极大地丰富了我国区域经济学理论的研究和实践探索。理论学界在 20 世纪 80 年代初掀起了一场具有划时代意义的中国区域经济发展梯度与反梯度理论之争，

---

① Pike, A., Rodríguez-Pose, A., Tomaney, J., *Handbook of Local and Regional Development*, Routledge, 2010.

② Harvey, D., *The New Imperialism*, Oxford University Press, 2003.

③ Coe, N. M., Hess, M., Yeung, H. W. et al., "Globalizing" Regional Development: A Global Production Networks Perspective, *Transactions of the Institute of British Geographers*, 2004, 29 (4): 468 – 484.

④ Martin R., Sunley P., Path Dependence and Regional Economic Evolution, *Journal of Economic Geography*, 2006, 6 (4): 395 – 437.

⑤ Asheim, B., Cooke, P., Martin, R., Clusters and Regional Development: Critical Reflections and Explorations, *Economic Geography*, 2008, 84 (1): 109 – 112.

⑥ Florida, R., Mellander, C., Stolarick, K., Inside the Black Box of Regional Development: Human Capital, the Creative Class and Tolerance, *Journal of Economic Geography*, 2008, 8 (5): 615 – 649.

涉及中国区域经济发展模式的选择问题，最终结果还是梯度转移理论以及非均衡发展模式占据了主导地位。区域经济非均衡协调发展理论的提出，试图解决我国县域之间、区域之间、经济社会之间、人与自然之间、国内发展与对外开放之间的差异化矛盾。胡鞍钢提出非均衡协调发展理论①，张培刚提出的"中心开花论"②也叫中部崛起理论，厉以宁的中心辐射战略、城市圈域理论③，魏后凯提出的适度倾斜与协调发展相结合和"网络开发理论"等中性发展战略④，曾坤生结合现代协同理论提出区域经济动态协调发展之路。

从国内学者的研究成果来看，一国区域经济发展战略的选择，不能将均衡与非均衡的发展战略绝对化。发展本身就是一个均衡与非均衡相互转化的过程，这也就是我国在不同阶段选择不同的区域经济发展战略的哲学依据所在。因为无论从二者功能上的差异还是从发展的本质而言，均衡与非均衡的相辅相成才能使经济健康、快速、协调的发展。我国区域经济发展的基本指导思想是适度非均衡协调发展，即适度倾斜与协调发展相结合。这既是区域发展的战略模式的最佳选择，又是缩小东西部差距的现实途径。

（二）区域经济一体化研究

近年来，我国各地区更加重视自身比较优势的发展，通过区域振兴、产业转移及升级，在推进节能减排、环境治理、循环经济和绿色生态等方面工作的联合，区域发展向更加协调、更加均衡的方向发展。同时由于产业集聚拉动效应的显现与发挥，区域间经济一体化的效益明显提升，初步形成了东、中、西部和东北老工业基地携手前进，各地发展亮点不断显现的新局面。另外，在区域经济一体化研究上也取得了不少新的成果。国内区域经济一体化研究的视角和内容主要集中在三个方面。一是从区域经济一体化的理论概念的引进及演变的角度，探讨区域经济一体

---

① 胡鞍钢：《地区与发展：西部开发新战略》，中国计划出版社，2001。
② 张培刚：《新发展经济学》（增订版），河南人民出版社，1999。
③ 厉以宁：《区域发展新思路》，经济日报出版社，2000。
④ 魏后凯：《瑞典的区域科学与区域政策》，《开发研究》1995 年第 2 期。

化与经济全球化的关系，分析区域经济一体化对经济全球化和我国区域
经济发展的影响。二是以国际经济学、制度经济学、发展经济学、产业
经济学、政治经济学等学科及相关学科理论为支撑和分析工具，以分析
区域经济一体化发展、制度演变及发展效益等为主要内容。三是对国外
区域经济一体化的经验从不同角度进行总结，并在此基础上，提出国内
区域经济一体化的方向和路径。孙大斌从产业发展趋势的角度对中国区
域经济一体化的内涵及动力机制进行了探析。他把中国区域经济一体化
的内涵界定为"在一个主权国家范围内，具有地缘关系的省区之间、省
内各地区之间、城市之间，为谋求发展而在社会再生产的某些领域实行
不同程度的经济联合调节，形成一个不受区域限制的产品、要素、劳动
力及资本自由流动的统一区域市场的动态过程。其目的是在区域内实行
地区合理分工，优化资源配置，提高资源使用效率，促进联合体共同繁
荣"。孙大斌进一步分析认为，在经济一体化、信息化、市场化的大背
景下，产业发展呈现的产业簇群化、梯度转移、融合化、生态化的发展
趋势，必然构成中国区域经济一体化发展的内在机制。[1] 周金堂提出，县
域经济也可以理解为是开放条件下的、现代经济特征明显的、县级行政区
域范围内的各类经济的总和。[2] 李盾、董云对 CEPA（《内地与香港关于建
立更紧密经贸关系安排》）与中国区域经济一体化的特点进行了分析，并
对中国区域经济一体化的构建思路进行了探析，认为 CEPA 与中国区域经
济一体化具有层次性低、整体实力强，属于同一主权国，经济互补性强，
并具有开放性等特点，出现了贸易扩大效益、生产要素配置效应、投资刺
激效应、经济结构转型效应、示范效应和开放效应，并进一步认为参考欧
盟及北美自由贸易的做法，先按地缘结盟，然后再扩展的发展模式，结合
"两岸四地"的经济合作发展的现实，可选择渐进式北扩的发展模型来建
立中国"两岸四地"的自由贸易区。[3] 贾丹华以长三角为研究对象，对中
国发达地区经济一体化的困难及出路进行了分析和探析。[4] 毛艳华以珠三

① 孙大斌：《由产业发展趋势探讨我国区域经济一体化动力机制》，《国际贸易探索》2003
　　年第 6 期。
② 周金堂：《国家背景下的工业化与县域经济发展》，经济管理出版社，2005。
③ 李盾、董云：《CEPA 与中国区域经济一体化的构建》，《统计与决策》2005 年 8 月（下）。
④ 贾丹华：《发达地区经济一体化的困境及其出路》，《现代经济探讨》2003 年第 8 期。

角为研究对象，对区域产业集群经济一体化互动关系进行了探讨。①

综上所述，国内区域经济一体化研究以经验描述和定性分析为主，研究视角相对较窄。不论国外的研究还是国内的研究，都缺乏对区域经济一体化长期效益的分析。应当看到，区域经济一体化短期内能给成员国以及相邻近行政区带来明显的经济效益，在这个过程中虽然也存在利益分配的不均衡，但各国或行政区都实现了利大于弊的目的。而且从长远看，利益分配的不均衡将使成员国和合作伙伴在区域协调合作的长期性、稳定性等方面得不到保证。如何解除这种困境也将是未来区域经济研究的一个重点。

(三) 贫困地区县域经济发展研究

国内学者对于国内贫困地区发展的研究主要集中在如何通过发展优势产业带动区域发展。国内此类研究成果有很多，大体上可以分为两类。一类认为经济的增长能绝对的减贫；另一类认为经济的增长对贫困的影响具有不确定性，经济增长的涓滴效应不能自动发生，它受经济环境、自然条件、文化风俗习惯、制度安排等影响。其中，有学者发现，提高经济增长质量或使经济增长的分配效应更偏向于穷人，能改善经济增长的减贫绩效。胡鞍钢 (2006)、汪三贵 (2008)、张凤华 (2011) 等考察了中国经济增长的减贫效应，发现中国经济的高速增长极大地减少了农村贫困，但收入差距扩大削弱了这一效应。王小林 (2011) 则发现，自 2000 年以来，中国经济增长基本上是不利贫的；王小林等 (2010)、胡鞍钢等 (2009、2010) 对全国和青海省的多维贫困问题进行了定性分析和定量分析。随着第二类观点被广泛接受以及对贫困内涵的认识不断深化，"包容性增长"、"统筹发展" 与 "包容性创新" 理念相继出现。杜志雄 (2010)、俞宪忠 (2010) 等对包容性增长的内涵进行了解读，并归纳了 "经济增长，权利获得，机会平等，福利善良" 的基本含义。任保平 (2011)、刘军民 (2011)、向德平 (2011) 则分别考察了中国经济增长的包容性的区域差异，发

---

① 毛艳华：《珠三角产业集群成长与区域经济一体化》，《学术研究》2009 年第 8 期。

展方式转变对减贫效应的影响以及包容性增长视角下中国扶贫政策的
变迁与走向。在如何实施包容性增长这一核心减贫战略方面，国外有
多人提出了"运用商业战略缓解贫困"的经营理念，开创并发展了
"BOP（金字塔底层）战略"与区域包容性增长的"包容性创新"分
析框架。实践中，政策制定者们则认为实现"包容性增长"需采取
"五个统筹"（统筹城乡区域、经济社会、人与自然等）的方式。同
时，连片特困区的发展与扶贫则是我国新时期扶贫开发体制、机制及
方式的系统创新。黄承伟对连片扶贫理论进行了宏观层面的初步探讨；
刘卫东等、李乐为等、郭文炯等分别研究了特困区的评价与划分，连
片特困区的公共产品与服务的跨行政区协调供给，县域空间结构优化
以及连片特困区的自我发展能力问题。张大维则基于生计资本视角分
析了武陵山片区的贫困现状及治理思路。

　　综上，国内学者在研究过程中很少考虑到我国落后地区，特别是革
命老区、山区等有代表性的且具有典型性经济区域、行政区域、自然区
域相分裂的特征，在优势安排上具有一定的难度；另外，在脱贫路径探
讨上，迷失了主体——老区、山区、贫困地区劳动者——这一重要的能
动因素，劳动者主体"不在场"的经济增长对于劳动者生活水平的改善
是没有多少意义的。另外，关于包容性创新的连片特区统筹发展多维减
贫研究，这些年也有长足的进步。井冈山革命老区既是山区，又是贫困
地区。《中国农村扶贫开发纲要（2011—2020年）》将其作为新十年扶
贫攻坚主战场，并在一些地方开展试点，探索发展方式创新与多维减贫
的扶贫理论与实践。

第三节　研究的思路与方法

一　研究的基本思路

　　本选题结合井冈山革命老区实际，在对井冈山革命老区"五县一
市"的区位因子、劳动力要素、资产要素、资源要素和经济组织化水
平等考察的基础上，运用社会主义市场经济理论、区域经济发展理论

以及经济增长与减贫关系的理论观点，分析目前地区贫困根源的所在，提出解决老区实现发展的可能途径。马克思主义经济学的经济演进核心思想认为：经济增长是一个内生分工动态演进过程，即生产方式在时间维度下，由较低的生产方式向较高的生产方式不断演化的一个过程。随着生产方式的提高，区域的经济发展水平、产业结构高度、人均收入水平等都会随之提高。由此，选题拟在该理论框架基础上，围绕转变经济发展方式，调整经济结构，促进新型工业化、信息化、城镇化、农业现代化的协调联动，提高老区人民的收入生活水平，建设环境友好型、资源节约型（"两型"）社会，促进老区经济社会又好又快发展等方面，结合井冈山革命老区、山区及贫困地区经济社会的发展状况进行实证分析、案例解读和理论探讨，并根据分析和探讨的结果提出有益于老区未来实现可持续发展的制度安排、政策措施、方式路径等对策与建议。

二 研究的主要工具与方法

马克思主义经济学认为，不同社会的差异主要在于生产方式发展阶段不同，较高阶段生产方式是较低阶段生产方式的先导，区域发展不平衡、贫困落后与生产方式演进是有关的。本选题的研究方法是在马克思主义唯物辩证法的指导下，运用中国特色社会主义市场经济理论和中西方区域经济学、发展经济学、转轨经济学的一些理论，采取演绎分析与实证归纳、案例解读相结合的方式开展研究。

为了更加详尽和准确地把握井冈山"五县一市"的实际状况，本研究采取实地调研与问卷调查等传统方法来了解。此外，生产方式演进与诸多经济参数变量相关，但其中主要的经济变量决定和引导着经济活动变动的方向和速度，影响到县域经济的发展和减贫的速度与绩效，因此，在老区县域经济发展研究中，既关注了生产方式演进过程中重要经济数据的变化，还考虑了省域、市域经济对县域经济的影响，把握主要矛盾法的思想精髓。此外，在研究的过程中，还采用了一定的统计预测分析与定性分析等经济学分析工具。

第四节　研究的主要框架与内容

一　研究框架

选题的背景与研究目标的设定

国内外研究前沿及主要文献

井冈山老区、山区、贫困地区县域经济
发展的现状与面临的困难

研究路径

发现和提出问题

分析问题产生的背景和原因

确定研究的目标、对象、内容、思路、方法

田野调查

样本分析

访谈调研

理论研究

理论分析与政策建议

1.理论观点的内涵与特征
2.制度安排与政策措施的价值取向
3.要素禀赋与发展环境
4.典型案例与经验教训
5.发展方式与路径选择
6.机制体制创新

实践结果与研判归纳

1.井冈山老区的特殊性定位
2.井冈山老区发展共性问题（案
例分析）
3.问卷调查材料归纳与整理加工
4.统计样本的数据处理
5.制度安排与发展绩效的缺陷

实证研究

解决问题的思路及研判结果的分析与评价

结论及对策研究

1.因素分析（主要影响因素）：共有性因素、差异性因素
2.发展策略原则：区域平衡协调发展与扶贫攻坚政策改进的主要方向
3.发展路径的选择
4.对策建议
5.前景展望（"老三区"变"新三区"的可能性、可行性、必要
性、紧迫性）

提出思路

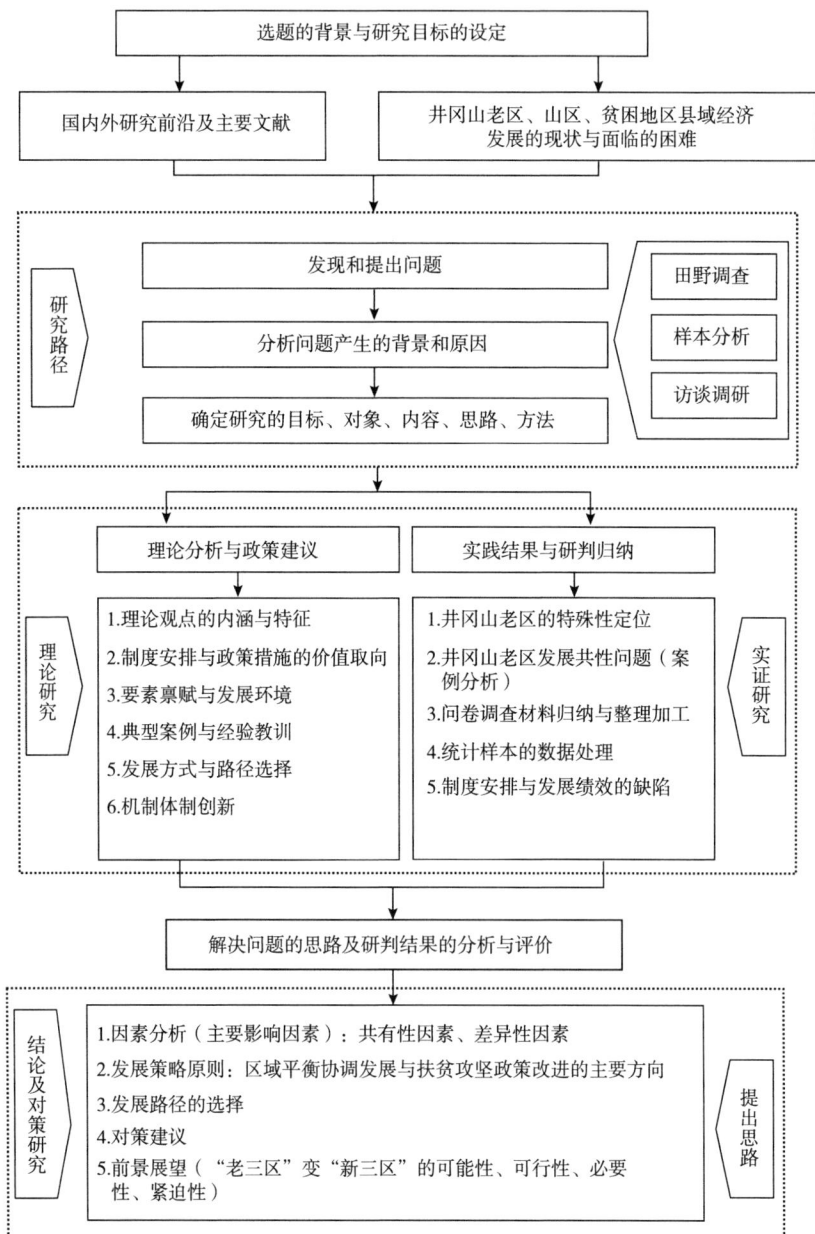

图3　总体研究思路与框架

二　主要内容

（一）基本理论

基本理论主要包括国内外区域经济学、区域经济一体化发展演进理论的综述、欠发达地区发展的理论文献回顾与评述，井冈山革命老区生产方式的演进，"五县一市"发展的历史与现状、方式与路径、环境与条件、传统与现实的总结与归纳；革命老区在发展县域经济方面享受到的制度安排、政策措施、帮扶支持，"老三区"（老区、山区、贫困地区）变成"新三区"（绿色、红色产业重点发展的示范区，后发优势整体释放的新型发展区，和谐秀美的宜业、宜居、宜游的幸福区）的实践探索、路径设想等，并对新世纪井冈山老区发展的实绩与资源、能源消耗以及发展路径、模式选择与典型培育进行研究与推介。

（二）井冈山老区区情特点分析

在深入调研、全面把握井冈山老区区情特点的基础上，主要考察革命老区区位因子、资源禀赋、产业结构、劳动力素质以及其他影响经济发展的社会因素，并研究自然因素、禀赋要素特别是共有因素及差异性因素与导致井冈山革命老区贫困落后尤其是经济欠发达相关联的原因。

（三）制约井冈山老区发展的障碍分析

根据老区发展现状，主要分析"五县一市"外部经济环境影响、内部生产方式初始水平较低与演进速度较缓，特别是内外部生产要素流动较慢，导致老区、山区、贫困地区城镇化、工业化、农业现代化水平低，产业结构不合理、产权结构分散、组织管理结构松散、收入来源比较单一的机理，以及造成老区欠发达主要原因之间的相互关系、相互影响。

（四）井冈山老区县域经济发展路径探索

以中国特色社会主义市场经济理论作为指导，运用调查研究法、实证分析、案例分析法等作为开展研究分析的工具，结合井冈山老区内外部现状分析，探索把老区建设成为绿色、红色产业重点发展的示范区，后发优势整体释放的新型发展区，和谐秀美的宜业、宜居、宜游的幸福区的新路径、新模式。进而通过促进内外部生产要素的流动，改变内部经济组织结构和经济关系，实现区域联动协调平衡发展，赶上全国发展的步伐，实现脱贫致富奔小康。

（五）相关政策建言

主要围绕老区、山区、贫困地区的产业、区域、扶贫政策制定与实施等，向党和政府提出应如何加大革命老区集中连片扶持力度，实现特殊区域的特殊与超常规发展，不断促进井冈山革命老区经济社会、人与自然的协调和谐发展，真正把井冈山革命老区建设成和谐秀美的宜业、宜居、宜游的区域和区域居民幸福指数明显有所提高的理性思考及对策。

第五节　研究的重点、难点、创新点与不足

一　重点与难点

（一）研究重点

本论文的研究重点在于：井冈山老区的区情特殊性、县域经济发展外部环境和国家制度安排的顶层设计三者之间关系的把握；市场经济条件下，区域间协调平衡可持续发展的路径和模式设计；井冈山革命老区生产方式变革的主要内生变量、外生变量的分析；井冈山革命老区在中部崛起中可能选择的路径探析；井冈山革命老区减贫政策的实惠性和加快发展的着力点、突破点分析等。

（二）研究难点

井冈山革命老区"五县一市"区情把握、老区统筹协调发展和可持续

性发展的关联度分析研究是研究难点。特别是在区域经济大发展的后国际金融危机时期，老区、山区及贫困地区县域经济发展的主要困惑在哪里？希望与出路在哪里？需要通过周密严谨的论证，理性客观的研判，才能弄明白、搞清楚。

二　创新点

（一）研究理论方面的创新

本选题运用区域经济学和发展经济学的一些理论，分析了井冈山革命老区、山区、贫困地区经济发展现状，从区域经济与县域经济发展关系中查找老区经济发展面临的困惑，提出了转变发展方式、破解发展难题的措施和政策建议，探索了新的发展路径与模式。这对于丰富和发展中国特色社会主义市场经济条件下的区域发展理论，特别是振兴发展老区、山区、贫困地区经济理论有独特的作用。

（二）研究内容方面的创新

本选题以 21 世纪以来区域经济大发展对老区的深刻影响为切入点，分析了县域经济发展现状及造成不发达及相对贫困落后的原因，并根据稳中求进和实施区域发展和主体功能区战略的要求，围绕解除井冈山老区在大力推进新型工业化、稳步推进城镇化、积极推进农村农业现代化、农民市民化和区域城乡公共服务均等化等方面存在的困惑，提出相应的对策与政策建议，这对于深化对老区、山区及贫困地区振兴发展的研究，有很强的理论支持和实践指导作用。

三　不足之处

第一，样本调查的数据不全、覆盖面不广，缺乏与其他相类似区域发展的历史与现实横向与纵向的比较。本研究主要对新世纪以来井冈山革命老区的"五县一市"及井冈山老区所在的江西省、湖南省以及地级市吉安市、萍乡市、株洲市的经济社会发展相关情况进行了比较研究，而没有对条件相近的区域的县域经济发展情况进行比较分析研究和研判。

第二，文献的整理有待进一步完善。由于研究对象的特殊，尽管对"五县一市"收集材料比较多，但深入分析研究还不够，特别是有关区域经济学、发展经济学等相关文献的梳理归纳还不够，运用理论观点和有关技术工具开展课题研究的能力还要进一步提升；另外，在文献整理和数据分析运用等方面还存在一些遗漏及不规范的现象。

第 一 章

县域经济发展的理论基础及
区域战略与老区建设的关系

第一节　国外相关理论综述

一　区域经济及郡县经济理论

(一) 区域经济经典理论

国外对县域经济的具体研究比较稀缺，但国外从区位视角、区域增长视角、可持续发展视角以及区域经济一体化视角等方面对较为宏观的区域经济进行了相关研究，并形成了一些经典的研究理论。20世纪初，西方出现了以研究成本和运输费用为内涵的工业区位论，其集大成者德国学者韦伯的《工业区位论》，创造性地提出了区位因子体系，从而创立了工业区位论。20世纪30年代初，德国地理学者克里斯塔勒根据聚落和市场的区位，提出中心地理论。后来，费特尔、廖什、瓦尔特·艾萨德、奥古斯特·勒什、戈林赫特、赛默恩、弗勒德、斯科特、施托佩尔、沃克尔、麻斯等经济学家相继在区位理论上做了深入的探索并有所建树。对区域经济增长的研究是在20世纪50～70年代时期兴起的，主要有：罗森斯坦·罗丹的大推进论，主张发展中国家在投资上以一定的速度和规模持续作用于各产业，从而冲破其发展的瓶颈；纳克斯在《市场规模和投资引诱》《经济发展问题的某些国际方面》确立的贫困恶性循环论和平衡增长理论；冈纳·缪尔达尔的循环累积因果论；艾尔伯特·赫希曼的不平衡增长论；佩鲁的增长极理论；弗里德曼的中心—外围论；一些区域经济学者把弗农等的工业生产生命循环论引用到区域经济学中，创造了区域经济梯度转移理论；威廉姆逊的倒"U"形理论等一系列区域经济增长理论。1961年，珀洛夫与温戈所提出的资源禀赋决定论；约翰·弗里德曼提出了区域发展政策。1999年，克鲁格曼提出区域经济差距的模式是由区域趋向发散的离心力和区域趋向收敛的向心力两种作用力的比较产生的。凯勒指出，技术转移与扩散是决定区域收敛与发散的一个重要因素。

（二）郡县经济理论

在国外特别是发达国家，县大多数是指其国家的二级行政和经济区域，一般被称为郡。国外的经济发展权限一般赋予一级经济和行政地区，郡一般承担社会管理和公共服务的角色。这与我国的县级行政单位差别比较大。所以国外对特定区域经济发展的研究较少，涉及县域经济研究的则更少，更多依赖的是市场的调节作用，并配合发挥地方的公共服务职能。从国外研究来看，关于郡县经济主要涉及以下几个方面。

第一，在郡县经济的发展模式方面。大体上可以划分为三大类：以地中海沿岸地区、荷兰西部沿海地区为代表的沿海农村县域发展模式，以新西兰、奥地利、希腊等首都为代表的城市服务业辐射周边的扩散发展模式，以美国田纳西州和墨西哥北部边境地区为代表的边远和内陆县域经济发展模式。

第二，在郡县经济发展动力方面。国外研究一般认为地区自我生产力和生活水平的提升是郡县经济发展的关键，而推进乡村人口城市化是县域经济的重要支撑和方向，郡县作为二级行政区域主要建设公共基础设施、普及信息化，建立免费义务教育体系等内容。

第三，在郡县经济的发展特色方面。国外一般认为不同的乡村或郡县应该因地制宜，根据地域的发展要素和基础选择适合各自特色的县域经济发展模式，并十分注重以县域为主体的自主创新体系，有选择地推进经济发展、人口市民化或者生态保护以及文化建设等方面。

二 区域经济一体化理论

20世纪末以来，随着全球化进程加快，区域一体化也在加速，大多数国家和地区被覆盖。欧盟、北美自由贸易区和东南亚国家联盟三大组织是最为典型的。东南亚国家联盟通过与周边国家建立"10＋1""10＋3"等扩展运作机制，在地区和国际化过程中发挥了越来越重要的作用。

（一）区域经济一体化的发展历程角度

不少学者、专家提出了一些很有见地的观点，对区域一体化发展产
生过一定的影响。1954 年，Tinbergen 第一个提出了经济一体化的定义，
并根据实施手段的不同将经济一体化区分为消极一体化、积极一体化两
个类型。消极一体化是指消除歧视和管理制度，引入经济自由化；积极
一体化是运用强制力量改变现状，建立起系列新的自由化政策和制度。[①]
1961 年，美国经济学家 Balassa 在 Tinbergen 给出的区域经济一体化定义
的基础上，提出了新的见解。他认为区域经济一体化既是一种过程，又
是一种状态，即一体化是指市场上产品、要素的移动不受政府的任何歧
视和限制。[②] Jonge（2012）提出人们应该从整体观、系统论的角度全面
认识人类社会和经济发展对区域生态环境甚至整个生物圈的影响和
作用。

（二）区域经济一体化与贸易理论融合互动的角度

经典理论一般认为区域经济一体化可分为四个阶段：自由贸易区阶
段、关税同盟阶段、共同市场阶段和经济联盟阶段。对自由贸易区理论有
比较全面研究的是英国学者罗布森（Robsen）。他认为，实现成员国之间
的贸易自由化主要是通过消除区内贸易壁垒来进行，而实现贸易自由化的
基本形式则是对外实行统一的关税和贸易政策。[③] 在关税同盟理论研究上，
较有代表性的学者是美国经济学家 Viner，他于 1950 年出版的《关税同盟
问题》一书中首次提出了"关税同盟"理论，即各参与国的关税完全取
消，而对来自非成员国或地区的进口设置统一关税。他还认为，关税同盟
会产生贸易创造和贸易转移的动态效应以及规模经济、竞争、投资等动态
效应。他还在书中从生产的角度，运用定量分析的方法说明贸易创造会引
起成员国福利的增加，而贸易转移会引起福利的减少。[④]

---

① Tinbergen, J., *International Economic Integration*, Amsterdam: Elsevier, 1954.
② Balassa, B., *The theory of Economic Integration*, London: Allen & Unwin.
③ 〔英〕彼得·罗布森：《国际一体化经济学》，戴炳然等译，上海译文出版社，2001。
④ Viner, J., *The Customs Union Issue*, Carnegie Endowment for International, 1950.

（三）发达国家和发达经济体区域经济一体化的角度

国外对区域经济的研究较早，成果也较多，而对区域经济一体化的研究主要集中在发达国家和发达经济体之间。区域经济一体化对区域经济的实践发展产生了较大的促进作用。汉森就美国与墨西哥经济一体化对美国经济区位的影响做了研究，研究结果表明，美国与墨西哥经济一体化促使了美国边界经济的扩张。亨里克森等以欧洲经济一体化为研究对象，为区域经济一体化能促进经济增长做了实证分析。曼佐齐等运用了内生增长模型研究了区域经济对区域内部和外部成员带来的综合效益。崔宗日对 10 个东亚国家商业周期同步性是否受到国际双边贸易的影响进行了研究，得出双边贸易依赖性的增强与商业周期之间存在很强的相关性。雷斯米尼在 2003 年对欧盟东扩在区域层面给成员国所带来的空间，能促进各国国界边缘地区的经济增长。耶普尔（2003）运用三国模型就多国企业 FDI 的联动一体化战略进行研究，认为区域经济一体化能降低成本，各企业能从中受益。巴里奥斯等以西班牙和葡萄牙邻国为研究对象，对经济一体化条件下欧盟区域商业周期趋同的正向影响进行了研究，认为这两个国家加入欧盟后对伊比利亚地区的边界效益有明显的降低。法雷尔（2004）以西班牙和爱尔兰为例，就欧盟区域资金对区域趋同的影响做了研究，认为区域经济一体化能相互支持对方一定的资金。

（四）区域经济一体化发展形态的角度

关于区域经济的发展形态，新古典主义学家提出了区域均衡发展理论，主要有 Rosenstein-Rodan 的大推进学说、North 的出口基地论和 Nurkse 的贫困恶性循环等。有学者则从相反的角度认为区域经济必将产生非均衡发展，如佩鲁提出了"增长极"理论，缪尔达尔提出"地理上的二元经济结构"理论，赫希曼与弗里德曼提出"核心—边缘区"理论等。针对区域经济的发展或开发模式，不少专家学者从不同的角度和领域对梯度推移发展、增长极式开发、点轴开发与网络开发等不同类型进行了研究和阐述。①

总之，区域经济一体化对区域整体发展会产生区域经济间的互补与相互融合作用。建立在比较优势基础上的区域经济间的互补与相互融合，是实现区域协调发展的重要内容。而发挥比较优势的先决条件是产品和要素在地区间的自由流动。根据新古典主义的要素比例理论，要素的边际报酬是递减的，因此投入要素流动和重新配置会提高流出地的边际价值和价格，降低流入地的边际价值和价格，长期而言将有利于缩小地区间要素报酬差距，促进地区间的资本、劳动比率实现相等，进而促使人均收入水平相等。② 在区域一体化进程中，产品交换与生产要素流动具有类似的性质，通过市场网络的扩展而逐步实现要素报酬均等化。

三　区域可持续发展理论

（一）区域经济与环境协调发展理论

区域经济是可持续发展研究一个非常重要的领域，主要研究包括以联合国环境规划署提出的可持续发展概念、原则、要求，相关国家和一些组织对可持续发展的经济、社会和生态做了研究，不同的学者给出的定义因不同的侧重点而不同，但核心内涵都是界定人与自然、经济、社会之间的关系，在此基础上，一些学者在构建可持续发展的指标评价体系、发展战略和系统等方面做出了深入研究。Barbier 运用环境三功能理论，设计了经济与环境相互作用的模型，强调人类生产生活过程对生态和环境的依赖性。③ 2004 年，科隆大学会议明确提出了环境经济地理学的概念，学者们开始明确将环境与经济地理联结起来。主流经济地理学家 Gibbs、Hayter、Brereton 等、Costantini 等尝试从制度、文化转向出发，生态现代化和管制

① 陈华、刘永新：《区域经济增长理论与中国区域经济非均衡协调发展》，《国际技术经济研究》2006 年第 2 期。
② 保罗·克鲁格曼、茅瑞斯·奥伯斯法尔德：《国际经济学：理论与政策》，黄卫平等译，中国人民大学出版社，2010，第 51～66 页。
③ Barbier, Edward B. , *Natural Capital and the Economics of Environment and Devlopment*: *The Economics Approach to Sustainability*, Columbia, The Columbia University Press, 1994.

理论①、将进化制度主义②、地理信息系统③、创新地理学④等研究理论应用于环境问题的研究，主要集中于环境空间评价和环境规制的研究中。

（二）可持续生计资本理论

可持续生计资本理论主要以贫困人口如何维持长远生计为研究对象，该理论从贫困居民生产、生活的角度提出"生计资本"概念来解决和治理贫困问题。可持续生计最早见于20世纪80年代末世界环境和发展委员会的报告。1992年联合国环境和发展大会将此概念引入行动议程，主张把稳定的生计作为消除贫困的主要目标。1995年《哥本哈根宣言》中提出所有男人和妇女通过自由选择的生产性就业和工作，获得可靠的和稳定的生计。纳列什·辛格和乔纳森·吉尔曼在《让生计可持续》一文中提出："消除贫困的大目标在于发展个体、家庭社区改善生计系统的能力。"⑤ 目前被广泛认可和采用，具有较大影响力的可持续生计研究分析框架，是共同目标发展署（DFID）以社会资本、人力资本、自然资本、物化资本、金融资本共同构成"生计五边形"所建立的可持续发展生计方法（SLA）。国内最早的理论文章出现于2005年。张大维（2011）认为生计资本缺乏是贫困的根源，并从增加生计资本的五类资本方面提出发展山区的举措；赵雪雁（2010）利用生计资本概念对青藏牧民贫困进行了实证分析；李星星（2007），葛根高娃、乌云巴图（2003）对西北，东北及西南特定区域生态移民活动进行过研究；刘学解（2002）、杨维军（2005）对生态移民的必要性和效应进行了研究；东梅等（2011）用计量经济方法分析论证了我国北方农牧交错带区域生态脆弱，贫困与迁移之间的关系构建了生态移

① Gibbs, D., Prospects for an Environmental Economic Geogrephy: Linking Ecological Modernization and Regulationist Approaches, *Economic Geography*, 2006, 82 (2): 193–215.

② Hayter, R., Environmental Economic Geography. Geography Compass, 2008, 2 (3): 831–850.

③ Brereton, F., Clinch, J. P., Ferreira, S., Happiness, Geography and the Environmet, *Ecological Econimics*, 2008, 65 (2): 386–396.

④ Costantini, V., Mazzanti, M., Montini, A., Environmental Performance, Innovation and Regional Splill Overs//Paper presented at the DIME Final Conference, 2011, 6; 8.

⑤ 纳列什·辛格、乔纳森·吉尔曼：《让生计可持续》，《国际社会科学杂志》（中文版）2000年第4期。

民评价指标体系。目前，可持续生计资本理论已成为国内学术界和理论界的研究热点。这些文献大多数均从可持续生计视角研究或探讨了城市贫困人口发展、低保制度、贫困地区大规模生态移民、失地农民生计等问题，在破解失地农民问题方面，提出了一些与以往研究不同的解决思路和对策，部分具有较强的操作性和可行性。可持续生计理论以可持续发展为研究宗旨，从社会物质、精神等不同角度较为清晰和全面地分析贫困人口在长远生计中的脆弱性背景，合理利用各类资本的方法和途径，并对现有的发展成果进行评估和检查，这为我国探索生态移民的生计问题提供了新的解决思路，具有较强的参考意义和指导意义。

（三）生态脆弱性理论

随着生态环境问题的日益严峻和可持续发展时代的到来，生态经济学于20世纪60年代应运而生，人们逐渐开始把更多的目光投向了经济活动的外部环境。Herman Daly 的《稳态经济》对传统的无节制的增长观点发起了挑战，被普遍认为是生态经济学的萌芽。1987 年世界环境与发展委员会发表《我们共同的未来》报告，明确提出了可持续发展的概念，即"满足当代人的需求又不危及下一代人满足其需求的能力"。Turner（1989）等正式提出了"循环经济"概念，循环经济借助于减量化（Reducing）、再利用（Reusing）和再循环（Recycling）三个原则（即 3R 原则），实现如何治理因经济增长产生的环境污染、生态层面的物质闭环运动。Grant（1994）在循环中加入人口的因素，提出了"PPE 怪圈"的理论模式，即"贫困（Poverty）—人口（Population）过度增长—环境（Environment）退化"的恶性循环。

生态脆弱性是可持续发展领域研究的重点和热点，Joern Birkmann 将概念从最初的对破坏或扰动的敏感性，逐渐发展到关注系统对刺激的承受能力和反应能力，以及受到刺激后的恢复能力，将生态脆弱性的内涵从一维拓展到了多维（见图 1-1）。① 生态经济学还关注到可持续性的另外一个方面，即生态系统的稳定性与修复，Perrings 指出了两种方式，一种是让系统回到它的起始状态，修复被称作"霍林可持续性"（Holling sustain-

---

① Joern Birkmann, Risk and Vulnerability Indicators at Different Scales: Applicability, Usefulness and Policy Implications, *Environmental Hazards*, 2007, 7 (1): 20 – 31.

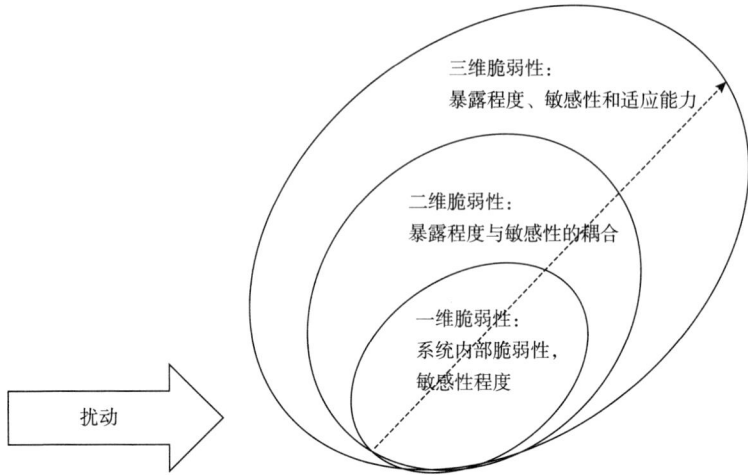

图 1 - 1　生态脆弱性的内涵

ability）。① Herman E. Daly 和 Joshua Farley（2007）合著的 *Ecological Economics: Principles and Applications*（《生态经济学：原理与运用》）代表了生态经济学理论体系建设的最高水平，尝试着从生态经济学的角度对传统经济学所涉及的几乎所有重要的经济问题做出新的表述。② Spangenberg 认为存在四类资本：人力资本（知识、技能）、人造资本（技术、设备）、自然资本（提供和保持服务的生物物理、生态系统）以及社会资本（组织、与人相处的文化能力），所有这四类资本存量是实现可持续性所必需的。③ Norgaard 指出，代际公平和可持续性主要依赖于每代人在为后代转换资源所承担的义务，它取决于产权、收入分配以及代际的偏好。④ 世界银行前首席经济学家 Nicholas Stern 牵头做出的《斯特恩报告》呼吁全球向低碳经济转型，自此低碳经济在国际舞台上开始受到广泛关注。⑤

---

① Perrings, C., The Economics of Biological Invasions, *Land Useand Water Resources Research*, 2001, （3）：1 - 9.

② Daly, Farley, *Ecological Economics: Principles and Applications*, Zhenzhou: Yellow River Conservancy Press, 2007：1 - 4.

③ Spangenberg, J. H., Precisely Incmwcct: Favored by most Economists, the GDP Makes Clearcut Prognoses That Have Only a Loose Connection to Reality, *Ahernatives Journal*, 2007, 33（2/3）：32 - 36.

④ Norgaard, R. B., Ecosystem Services: From Eye-opening Metaphor to Complexity Blinder, *Ecological Ecomomics*, 69（6）：1219 - 1227. DOI：10. 1016/j. ecolecon. 2009. 11. 009.

⑤ Nicholas Stern, *The Stern Review of the Economics of Climate Change*, 2006.

四　欠发达地区经济发展理论

贫困地区或落后地区统称欠发达区域或经济发展落后地区。因而欠发达地区把实现经济发展，赶上发达地区经济发展水平当作其主要目标，而要实现这一目标的任务主要有两个：一个是要对欠发达地区贫困形成的原因进行分析；另一个是要探索欠发达地区实现经济发展的模式。

（一）欠发达区域贫困成因理论

第一，贫困的积累因果循环理论（Cumulative Causation Model）。缪尔达尔（Karl Gunar Myrdal）（1957）认为，在一个社会中，各种经济变量存在着较多复杂的，相互关联、相互影响、相互制约而形成的一个恶性的因果循环，这是贫困落后地区之所以贫困的根本原因。以后卡尔多·狄克逊等把该理论具体化为经济模型。阿马蒂亚·森和让·德雷兹认为生活的贫困包括由个人环境和社会限制造成的机会的缺乏，从而使其不能自由地选择其他生活方式。[①]

第二，核心边缘区理论贫困解释。赫什曼提出，由于人力、物力、财力等生产要素从边缘区域向核心区域流入，从而导致边缘区域陷入贫困境地。弗里德曼在其学术著作《区域发展政策》一书中，试图通过"核心—边缘"理论阐明一个区域如何由互不关联、孤立发展到发展不平衡。

第三，区域极化效应——发展不平衡理论。索瓦·佩鲁强调一国经济增长是不平衡的，总是由少许产业（主导产业）增长带动的，这些产业会形成力场或磁极，吸引其他要素流入，最终这些产业会在区域空间形成经济增长极或增长带，而相应的其他空间区域由于"极化效应"而陷入落后。

（二）欠发达区域经济发展动力理论

第一，外力推进学说。以罗森斯坦-罗丹、纳克斯和斯特里顿为代表的学者强调落后地区实现经济发展不应该从个别部门或区域入手，而应该

---

① 〔印〕阿马蒂亚·森、让·德雷兹：《印度：经济发展与社会机会》，黄飞君译，社会科学文献出版社，2006。

整体推进。以佩鲁、赫什曼为代表的学者则强调发展的不平衡性,利用增长极、增长带或优先发展主导产业带动相关区域或产业发展的模式带动区域协调发展。外力推进理论在以田纳西流域为代表的美国西部开发中卓有成效,获得成功。

第二,内部培育学说。以伯格曼、梅尔和托特林为代表的学者反对外力推进,而更强调依靠内力如知识技术的创新能力来推动区域发展,其主要有孵化器理论、粘胶效应等理论来达到促进本地区创新能力提升和防止本地区资本外逃等。内部培育学说在孟加拉国(乡村发展银行)、印度等发展中国家初步取得成效。

国外由于各国国情差异较大,产生贫困的原因迥异,对落后地区的发展采取的措施也不尽相同。西方欧美国家由于市场机制的原因造成的贫困,在国家垄断资本主义时期可以通过产业政策诱导资金流入消除贫困,发展中国家的贫困成因与历史、国情等因素有关,加之国力较弱,因而在脱贫措施上较多依赖贫困地区自身,如印度、孟加拉国等。我国是社会主义市场经济国家,同时又是发展中国家,因而照搬发达国家或其他发展中国家的脱贫模式都有一定的难度和局限。

五　规制经济理论

国外研究规制与经济社会发展的理论观点比较多,但尚未形成完全的系统。从表1-1可以看出一个大致轮廓。从规制经济理论的产生过程及其主要特点和缺陷可以看出,规制是指政府依据法律法规对市场活动所进行的规定和限制行为。[1] 在市场经济条件下,政府规制将起到重要的作用。规制目标理论主要关注的是政府为什么要进行规制,如规制主体代表谁的利益、哪些产业易受到规制等问题。

表1-1　规制理论基本特征比较

规制理论	代表人物	拟解决的问题	主要观点	缺点
规制公共利益理论	理查德·波斯纳	为什么会产生规制、何时规制	政府是公共利益的代表,对市场失灵进行规制,规制提高了社会福利	规制零成本的假设,缺乏实证分析

[1]　肖兴志、王萍:《规制研究中的若干理论问题》,《上海行政学院学报》2001年第2期。

续表

规制理论		代表人物	拟解决的问题	主要观点	缺点
规制俘虏理论		施蒂格勒、美国州际商业委员会	规制代表谁的利益	规制机构被产业所俘虏，规制提高了产业利润而不是社会福利	不被实证分析所证实
规制经济理论	施蒂格勒模型	施蒂格勒	规制代表谁的利益、规制采取的形式	生产者对立法过程的影响较之消费者有明显的优势，规制结果必然对生产者有利	结果有失偏颇
	佩尔兹曼模型	佩尔兹曼	哪些产业最有可能被规制	最有可能被规制的产业是那些具有相对竞争性或具有相对垄断性的产业	结果不是帕累托最优
	贝克尔模型	贝克尔	利益集团之间的政治均衡	改善福利的规制政策更有可能被执行	无法应对规制中的信息不对称问题
可竞争市场理论		鲍默尔	如何为企业提供激励	只要没有沉没成本，就能形成可竞争的市场	沉没成本为零的假设不符合实际
激励规制理论		德姆塞茨等	解决垄断企业效率不足的问题	规制问题实际上是委托—代理问题	

资料来源：参照有关资料整理而得。

　　就整体而论，规制目标理论大体经历了规制公共利益理论、规制俘虏理论、规制经济理论三大阶段。但波斯纳认为，规制经济理论可算是规制俘虏理论的一种。[①] 应当说两者有一定的联系，但其区别也很明显。规制公共利益理论指的是当市场失灵出现时，从理论上讲，规制有可能带来社会福利的提高。如果自由市场在有效配置资源和满足消费者需求方面不能产生良好绩效，则政府将规制市场以纠正这种情形。这暗示着政府是公众利益而不是某一特定部门利益的保护者，将对任何出现市场失灵的地方进行规制。这是对政府规制目的的最初认识，也是传统规制政策设计的理论基础。维斯库兹、维纳和哈瑞（Viscusi, Vernon and Harring, 1995）对规制公共利益理论提出了严厉的批评：首先在现实生活中存在大量能够驳斥

①　Posner, R. A., Theories of Economic Regulation, *Bell Journal of Economics*, 5, Autumn, 1974.

它的事实依据①。许多既非自然垄断也非外部性的产业一直存在价格与进入规制，规制并不必然与外部经济或外部不经济的出现或与垄断市场结构相关。进一步说，更多的情况是厂商支持和促使院外活动来要求规制，19世纪80年代后期的铁路规制就是典型一例。另一个与规制公共利益理论相冲突的事实在于即使对于自然垄断进行规制，实际上并不总能有效约束企业的定价行为。施蒂格勒和弗瑞兰德（Stigler and Friedland）所进行的一项著名的研究——对1912～1937年间美国电力事业价格规制的效果研究表明：规制仅有微小的导致价格下降的效应，并不像规制公共利益理论所宣称的那样规制对价格具有较大的下降作用。② 阿顿（Utton）对规制公共利益理论还评价到，公共利益理论仅以市场失灵和福利经济学为基础，这太狭窄了。除了纠正市场失灵之外，政府还有许多别的微观经济目标。③ 克鲁、克林多佛尔（Crew and Kleindorfer）更进一步认为，公共利益理论中"公共利益"术语本身就是模糊的。而规制俘虏理论则认为，规制的提供正适应产业对规制的需求，而且规制机构也逐渐被产业所控制。④ 不管规制方案如何设计，规制机构对某个产业的规制实际是被这个产业"俘虏"，其含义是规制提高了产业利润而不是社会福利。至少到20世纪60年代，规制有利于生产者得到了经验证据的支持，这些经验观察导致规制俘虏理论的产生和发展。规制俘虏理论与规制历史极为符合，因而比规制公共利益理论更具说服力。

尽管如此，规制俘虏理论同样面临与规制公共利益理论相同的批评，如没有坚实的理论基础，原因在于规制俘虏理论并没有解释规制如何逐渐被产业所控制和俘虏的。受规制影响的利益集团有很多，包括消费者、劳动者集团以及厂商，为何规制受产业厂商控制而不是受其他利益集团的影响？规制俘虏理论的最初形式并没对此提供某种解释，它只是假设了规制

① Viscusi, W. Kip, John M. Vernon, Joseph E . Harrin, Jr, *Economics of Regulation and Antitrust*, The MIT Press, 1995.
② George, J. Stigler and Claire Friedland, What Can Regulators Regulate? The Case of Electricity, *Journal of Law and Economics*, 1962（5）.
③ Utton, M. A. , The Economics of Regulating Industry. Oxford: Basil Blackwell, 1986.
④ Crew, M. A. and P. R. Kleindorfer, *The Economics of Public Utility Regulation*, The MacMilian Press, 1986.

是偏向生产者的。反对规制俘虏理论的最有力的证据还在于现实生活中存在许多不被产业支持的规制，产业利润水平因为规制反而下降了，包括石油天然气价格规制，对于环境、产品安全、工人安全的社会规制。

从总体上看，规制公共利益理论和规制俘虏理论都称不上真正的理论，而仅仅是一种假设和对规制经验的一种陈述。规制历史表明，不同利益集团的福利因规制而改善，需要一种新理论来解释这种现象。而且，这种理论必须能同时解释规制实践过程中对产业规制及放松规制的原因。诺贝尔经济学奖获得者斯蒂格勒发表的《经济规制论》，首次尝试运用经济学的基本范畴和标准分析方法来分析规制的产生，开创了规制经济理论。规制经济理论从一套假设前提出发来论述假设符合逻辑推理，是规制目标理论的一个巨大进步，它解释了规制活动的实践过程。后来佩尔兹曼和贝克尔等人在其研究的基础上，进一步发展和完善了规制经济理论，使其在解释和分析政府规制目标和方式方面有了长足的进步。

规制经济理论的结论与许多经验事实看起来仍有不一致的地方。这表明在理解规制为何产生及采取何种形式方面，不管是哪种规制目标理论，都不是唯一的正确答案，各种理论在理解规制活动方面都有可取之处，同时也揭示了政府规制行为动机的复杂性。事实上，公共利益最大化至少仍是许多国家政府所宣称追求的规制目标，但在实际政策制定过程中的表现却不尽然。这也揭示规制目标理论的发展仍有相当长的路要走。

六　非均衡发展及梯度转移理论

（一）阿尔伯特·赫希曼——不平衡增长论

该理论认为经济进步并不同时出现在每一处，经济进步的巨大推动力将使经济增长围绕最初的出发点集中，增长极的出现必然意味着增长在区域间的不平等是经济增长不可避免的伴生物，是经济发展的前提条件。他提出了与回流效应和扩散效应相对应的"极化效应"和"涓滴效应"。在经济发展的初期阶段，极化效应占主导地位，因此区域差异会逐渐扩大；但从长期看，涓滴效应将缩小区域差异。

（二）佩鲁——增长极理论

法国经济学家佩鲁首次提出的增长极概念的出发点是抽象的经济空间，是以部门分工所决定的产业联系为主要内容，所关心的是各种经济单元之间的联系。他认为增长并非同时出现在各部门，而是以不同的强度首先出现在一些增长部门，然后通过不同渠道向外扩散，并对整个经济产生不同的终极影响。显然，他主要强调规模大、创新能力高、增长快速、居支配地位的且能促进其他部门发展的推进型单元即主导产业部门，着重强调产业间的关联推动效应。布代维尔从理论上将增长极概念的经济空间推广到地理空间，认为经济空间不仅包含了经济变量之间的结构关系，也包括了经济现象的区位关系或地域结构关系。因此，增长极概念有两种含义：一是在经济意义上特指推进型主导产业部门；二是地理意义上特指区位条件优越的地区。应指出的是，"点—轴"开发理论可看作增长极和生长轴理论的延伸，它不仅强调"点"（城市或优区位地区）的开发，而且强调"轴"（点与点之间的交通干线）的开发，以点带轴，点轴贯通，形成点轴系统。

（三）弗里德曼——中心—外围理论

在考虑区际不平衡较长期的演变趋势基础上，将经济系统空间结构划分为中心和外围两部分，二者共同构成一个完整的二元空间结构。中心区发展条件较优越，经济效益较高，处于支配地位，而外围区发展条件较差，经济效益较低，处于被支配地位。因此，经济发展必然伴随着各生产要素从外围区向中心区的净转移。在经济发展初始阶段，二元结构十分明显，最初表现为一种单核结构，随着经济进入起飞阶段，单核结构逐渐为多核结构替代。当经济进入持续增长阶段，随着政府政策干预，中心和外围界限会逐渐消失，经济在全国范围内实现一体化，各区域优势充分发挥，经济获得全面发展。该理论对制定区域发展政策具有指导意义，但其关于二元区域结构随经济进入持续增长阶段而消失的观点是值得商榷的。

（四）区域经济梯度推移理论

这一理论的基础是美国的跨国企业问题专家弗农等的工业生产生命循

环阶段论。这一理论认为工业各部门甚至各种工业产品都处在不同的生命循环阶段上，在发展中必须经历创新、发展、成熟、衰老四个阶段，并且在不同阶段，将由兴旺部门转为停滞部门，最后成为衰退部门。区域经济学者把生命循环论引入区域经济学中，创造了区域经济梯度转移理论。根据该理论，每个国家或地区都处在一定的经济发展梯度上，世界上每出现一种新行业、新产品、新技术，都会随时间推移由高梯度区向低梯度区传递，威尔伯等人形象地称之为"工业区位向下渗透"现象。无时间变量的区域非均衡学派虽然正确指出了不同区域间经济增长率的差异，但不能因此而断定区际差异必然会不可逆转地不断扩大。因为各种非均衡增长模型片面地强调了累积性优势的作用，忽视了空间距离、社会行为和社会经济结构的意义。

（五）威廉姆逊——"倒 U 形"理论

威廉姆逊把库兹涅茨的收入分配"倒 U 形"假说应用到分析区域经济发展方面，提出了区域经济差异的"倒 U 形"理论。他通过实证分析指出，无论是截面分析还是时间序列分析，结果都表明，发展阶段与区域差异之间存在着"倒 U 形"关系。这一理论将时序问题引入了区域空间结构变动分析。由此可见，"倒 U 形"理论的特征在于均衡与增长之间的替代关系依时间的推移而呈非线性变化。

第二节　国内区域经济战略与实践探索

一　四大区域的开放开发战略

四大区域的开放开发战略是我国区域经济发展的重大机遇，也是推动老少边穷地区发展的直接动力。特别是对有老区县（市）的省区市，有集中连片开发老区、山区、贫困地区任务的地级市来说更为关注，相继出台了一系列有利于老区县域经济发展的政策措施，并取得了明显的成效。

1949 年新中国成立以来我国社会主义建设取得了伟大成就，经济体制的改革取得了丰硕成果，但从新中国成立到党的十一届三中全会召开前的

29 年中也走过了一些弯路，经济未能得到快速健康的发展。但我们也要客观地看待这段历史，为了平衡全国的生产力布局，我国当时实行的是区域经济均衡发展战略。党的十一届三中全会以来，我国的经济社会发展驶入了快车道，当时提出了在新的历史条件下，实行改革开放，于1984年党的十二届三中全会提出发展有计划的商品经济，1992年党的十四大提出发展社会主义市场经济，在市场经济中资源得到了优化配置，解放了生产力，发展了生产力，经济体制的进一步改革深化，促使了中国快速向富裕、文明与开放的社会主义国家前进。到了20世纪末，我国整体的经济总量取得巨大提升，然后出现了东、中、西部的严重不平衡，产业结构不合理，老工业基地老化落后等严重的社会经济发展现象。

随着西部大开发战略、东北地区等老工业基地振兴战略、鼓励东部地区继续保持领先地位战略和促进中部地区崛起规划等重大区域发展战略落实和补充完善，我国经济社会发展又启动了更有力的引擎，形成了以山川秀美、经济繁荣、社会进步、民族团结、人民富裕的新西部，以率先发展、优化产业结构、提高产业技术含量和自主知识产权为主的东部地区，以突破体制性、结构性问题和生态性矛盾等方面为主的改革升级的东北地区等老工业基地，和以经济发展水平显著提高，粮食生产基地、能源原材料基地、现代装备制造及高技术产业基地，综合交通运输枢纽"三个基地、一个枢纽"地位进一步提升，经济发展活力明显增强，可持续发展能力不断提升，和谐社会建设取得新进展的中部地区。

表 1-2　2009～2011 年批复的区域规划

区　域	规　划	个　数
东　部	《珠江三角洲地区改革发展规划纲要（2008—2020）》《关于支持福建省加快建设海峡西岸经济区的若干意见》《江苏沿海地区发展规划》《横琴总体发展规划》《黄河三角洲高效生态经济区发展规划》《海南国际旅游岛建设意见》《长江三角洲地区区域规划》《山东半岛蓝色经济区规划》	8
东　北	《辽宁沿海发展规划》《中国图们江区域合作开发规划纲要》《东北振兴"十二五"规划》	3

续表

区　域	规　划	个　数
中　部	《促进中部地区崛起规划》《皖江城市带承接产业转移示范区规划》《鄱阳湖生态经济区规划》《关于支持河南省加快建设中原经济区的指导意见》	4
西　部	《关中－天水经济区发展规划》《甘肃省循环经济总体规划》《柴达木循环经济实验区总体规划》《重庆两江新区规划》《新疆区域振兴规划》《成渝经济区区域规划》《西咸新区总体规划》《国务院关于进一步促进内蒙古经济社会又好又快发展的若干意见》《"十二五"支持西藏经济社会发展建设项目规划方案》《西部大开发"十二五"规划》《陕甘宁革命老区振兴规划》	11

　　资料来源：根据党中央国务院及其相关部委发布的文件整理。

　　21 世纪以来，尽管我国经济实现了快速增长，但我国能源和资源消耗高、产出效率比较低。造成这种现象主要有三方面的原因：阶段性原因、转移性原因和粗放式经济增长方式的原因。[①] 另外，在高速发展中，地区间差距也不断扩大。为了逐步缩小区域发展差距，实现区域协调发展，2009 年以来国家批复了 26 个区域规划项目，兼顾了东、中、西部的协调发展。"十一五"以来，中央在区域发展的"棋盘"上频繁落子，加紧布局。从东部地区的珠三角、长三角、环渤海，到中部地区的黄河三角洲、皖江城市带、鄱阳湖生态经济区，再到西北、东北地区的关中－天水经济区、辽宁沿海经济带，我国区域规划和相关指导性意见以前所未有的速度密集出台。

二　老少边穷地区扶贫规划设计及政策策略

　　老区是指在第二次国内革命战争和解放战争时期，在中国共产党领导下创立的革命根据地，它们所在的县即为老区县。全国共有 241 个老区县，分布在 17 个省区市，其中 78% 集中于福建、江西、湖北、湖南、四川、陕西 6 省。

　　少数民族自治区包括三种类型：以一个少数民族的聚居区为基础建立的自治地方，如西藏自治区；在由一个大的少数民族聚居区为基础建立的

---

　　① 马凯：《中国资源消耗高有三大原因》，http：//finance. people. com. cn/GB/1037/5493475. htm，2007 年 3 月 21 日。

自治地方内，还包括一个或几个人口较少的其他民族，如新疆的伊犁哈萨克自治州和察布查尔锡伯自治县；由两个或两个以上的少数民族聚居区为基础联合建立的自治地方，如云南德宏傣族景颇族自治州、广西龙胜各族自治县等。按其行政地位，民族自治地方分为自治区、自治州、自治县三级。我国共有民族自治地方155个，其中自治区5个，自治州30个，自治县（旗）120个。在全部民族自治地方中，共有县、旗、市639个。除5个民族自治区外，民族自治县比较集中的有四川、贵州、云南、甘肃、青海5省。

边区是指沿陆地国境线的县级行政区划单位，新疆建设兵团56个边境团场未在统计范围内。陆地边境县共计134个，主要集中在吉林、黑龙江、云南、内蒙古、西藏、新疆、广西。

贫困地区是根据国家统计局农调总队的"县（市）社会经济综合发展指数研究"，从发展水平、发展活力、发展潜力三个方面出发，计算出了每个县的综合发展指数。以综合发展指数位列后20%的县作为中国县（市）社会经济发展的欠发达地区〔在中国县（市）社会经济综合发展指数测评的过程中，未包括西藏自治区，故参加测评的县、市、旗共计2000个〕，它就是在老少边穷地区研究中的"穷"区，据此确定出全国400个欠发达县。

老少边穷地区多位于经济发展落后的中、西部山区和丘陵地区，如东部的沂蒙山区，闽西南、闽东北地区，中部的努鲁儿虎山区、太行山区、吕梁山区、秦岭大巴山区、武陵山区、大别山区、井冈山区和赣南地区，西部定西干旱山区、西海固地区等。在老少边穷的界定中，是以县（市）作为基本的区域单元。据统计，1985年我国农村人均纯收入200元（相当于当时全国平均水平的50%）以下的贫困人口有1.25亿，占当时农村总人口的14.8%。我国老少边穷地区总共1019个县，占全国总县数近一半。2001年人口占县（市）合计的37%，国土面积占77%，耕地面积占40%，但国内生产总值仅占四分之一。经济总量小，发展实力弱，是老少边穷地区的基本特点。

这些贫困人口居住较为集中，主要分布在18个集中连片的贫困地区，其中相当一批是革命老区、少数民族地区和边境地区。1986年，六届全国人大四次会议把扶持老少边穷地区尽快摆脱经济文化落后状况作为一项重要内容，列入了"七五"计划。由此开始，扶持老少边穷地区的发展成为我国地区政策的一项明确的任务。从"七五"计划首次将扶持老少边穷地区的发展正式列入国家计划以来,"八五"期间,国家十分重视解决老少边穷地区人民群众的脱贫问题,并取得了很大的成绩,全国的贫困人口由"七五"末的8500万人,减少到目前的6500万人。通过多年的不懈努力,我国在减少农村贫困人口、扶持老少边穷地区的发展方面取得了显著的成就。但同时必须看到,这项工作仍然面临着严峻的形势和艰巨的任务,其目标能否实现将直接关系到我国全面建成小康社会的宏观战略目标之能否实现。

新中国成立以来,党和政府一直十分重视支持革命老区、民族地区、边疆等特殊地区的经济社会发展,特别是对民族地区一直给予了特殊的照顾。党的十八大报告指出,"要采取对口支援等多种形式,加大对革命老区,民族地区,边疆地区,贫困地区扶持力度"。[①]

三 特殊时期国家助推区域开发、开放经济发展的战略

在新中国成立后的不同历史时期,我国经历了新中国成立后30年采取的区域经济均衡发展战略、改革开放后的沿海区域经济非均衡发展战略、东中西部差距加大后的新区域经济均衡发展战略、新的历史时期的实施区域经济协调发展战略等。

(一) 新中国成立后30年采取区域经济均衡发展战略

从20世纪50年代初到70年代末,我国采取了区域经济均衡发展战略,"即以内地为投资建设的重点,以缩小沿海与内地之间的差距,实现社会主义生产力的均衡布局为基本目标,追求地方经济的同步发展和自成体系"。[②] 均衡发展战略的推行,使得全国均衡发展的指导思想得到了强化,高水平、有特色的区域经济发展成效不明显。

(二) 改革开放后的沿海区域经济非均衡发展战略

20世纪80年代初期,以对外开放为特征的非均衡发展战略率先在东

---

① 胡锦涛:《坚定不移沿着中国特色社会主义道路前进 为全面建成小康社会而奋斗》,《中国共产党第十八次全国代表大会文件汇编》,人民出版社,2012,第21页。

② 李英策:《试论我国区域经济发展的三个阶段及其历史演进》,《大众商务》2009年第8期,第59~66页。

部沿海地区实施。1980 年五届人大第十五次常委会批准了在深圳、珠海、汕头、厦门设置经济特区并通过了《广东省经济特区条例》。1984 年 5 月，在总结经济特区经验基础上，国家决定进一步开放从东北沿海一直到广东南海的 14 个沿海港口城市，同时在这些城市逐步兴办起经济技术开发区。1985 年初，又确定将长江三角洲，珠江三角洲，闽南厦门、漳州、泉州三角地区，以及胶东半岛、辽东半岛开辟为经济开放区。1988 年，决定兴办海南经济特区。同时，国家加大了对东部的资金投入。至此，以加快沿海地区开放为特征的区域经济非均衡发展战略已基本形成。

（三）东部与中部、西部差距加大后的新区域经济均衡发展战略

随着改革开放的不断深入和经济社会的不断发展，我国东、中、西部等不同区域的不同发展水平造成的不全面性、不协调性的矛盾和问题更加突出，主要表现为以下四个方面。第一，中部、西部资源的供给弹性无法及时改善，难以满足东部沿海地区及中西部自身经济日益扩张的需求。第二，中部、西部市场容量因人均收入低而扩大较慢，不利于国民经济的持续稳定发展。第三，中西部的人才、资金大量流向沿海地区和高回报产业，进一步削弱了中西部的发展能力。第四，中西部大量劳动力因缺乏发展和就业机会而流向沿海和发达地区，一方面使中西部发展更受影响，另一方面又使沿海和经济相对发达的大中城市的社会基础设施承受了更大的压力。在这一背景下，提出促进中部崛起和"西部大开发战略"，有利于逐步缩小全国各地区之间的发展差距，实现全国经济社会的协调发展，最终达到全体人民的共同富裕的目的。从国家区域经济发展战略的演变轨迹来看，中部崛起、西部大开发、振兴东北老工业基地战略总体上是一种新的均衡战略——以平抑、弥合东部与中西部之间过大的差距，从而保持国民经济的稳定、协调发展。这是对以往均衡发展战略的否定之否定。

（四）新的历史时期的实施区域经济协调发展战略

我国在"九五"计划和 2010 年的远景目标纲要中提出要逐步地、积极地解决地区差距扩大问题，实施区域经济协调发展战略，并把"坚持区域经

济协调发展，逐步缩小差距"作为当时经济和社会发展的重要指导方针。党
的十六届三中全会决定提出"坚持以人为本，树立全面、协调、可持续的发
展观，促进经济社会和人的全面发展"，明确转型发展要"统筹城乡发展、
统筹区域发展、统筹经济社会发展、统筹人与自然和谐发展、统筹国内发展
和对外开放"。"五个统筹"，这是党中央领导集体对发展内涵、发展要义、
发展本质的深化和创新，蕴含着全面发展、协调发展、均衡发展、可持续发
展和人的全面发展的科学发展观。"十二五"规划提出要实施区域发展总体
战略和主体功能区战略。这些政策主张和理论观点，通过制度安排的形式，
对我国区域经济学和发展经济学的演进与发展产生了重要影响。

四　国内反贫困的理论框架及政策主张

（一）国内反贫困的代表性观点

1. 后发优势理论

贫困地区具有后发优势，相对于发达地区而言，对于制度、管理、技
术、信息等生产要素，贫困地区不用创造和设计模型，可以实行"拿来主
义"，从而减少创新成本。如林毅夫提出的制度诱致性变迁与强制性变迁
理论；傅家骥论述技术模仿的后发优势；陈耀提出落后地区通过模仿、学
习培育内生增长动力，实现发展模式的转变；郭熙俊提出信息化条件下技
术创新的后发优势理论等。

2. 比较优势理论

比较优势理论利用自身相对优势，在社会分工中准确定位，建立符合
本区域经济条件特点的产业。林毅夫提出发达区域经济应因地制宜、循序
渐进发展的理论，就是利用比较优势的理论；杨万平提出欠发达区域基于
比较优势选择主导产业脱贫；李国政提出落后地区应该利用比较优势来提
高梯度地区的产业转移；王德利提出利用比较优势进行产业分工与流动实
现地区脱贫。

3. 协调互动理论

我国欠发达地区特别是落后地区普遍存在行政区域、经济区域、民族
区域、自然区域相分割的现象。邓正琦提出，落后地区发展应实现联动机
制并采取比较优势与后发优势综合发展方式；黄廷安提出了区域发展一体

化道路;尹少华、冷志鹏分析了行政边缘区域协调发展的共生线路;马俭光从边缘经济视角下提出行政边缘区经济发展应该克服行政区域影响,实现经济协调发展等。

总之,国内学者对于国内贫困地区发展的思考,主要集中在通过发展优势产业带动区域发展,但没有考虑到我国落后地区,特别是革命老区、山区等有代表性的且具有典型性经济区域、行政区域、自然区域相分割的特征,在优势安排上具有一定的难度;另外,在脱贫路径探讨上,迷失了主体——老区、山区、贫困地区劳动者——这一重要的能动因素,劳动者主体"不在场"的经济增长,对于劳动者生活水平的改善是没有多少意义的。

(二) 国内反贫困的政策主张

长期以来,我国农村地区受经济、社会、历史、自然、地理等方面制约,发展相对滞后,贫困人口数量众多。1978 年,我国贫困人口为 2.5 亿人,占农村总人口的 30.7%。改革开放以来,我国大力推进扶贫开发,特别是随着《国家"八七"扶贫攻坚计划 (1994—2000 年)》和《中国农村扶贫开发纲要 (2001—2010 年)》的实施,扶贫事业取得了巨大成就。截至 2010 年,按照年人均纯收入 1274 元的扶贫标准,全国农村贫困人口已减至 2688 万人,占农村人口的比重下降到 2.8%。

与此同时,扶贫开发形势也发生了重大变化。我国扶贫开发已经从以解决温饱问题为主要任务的阶段转入巩固温饱成果、加快脱贫致富、改善生态环境、提高发展能力、缩小发展差距的新阶段。在该形势下,2011 年,中共中央、国务院印发了《中国农村扶贫开发纲要 (2011—2020 年)》,这是此后十年我国农村扶贫开发工作的纲领性文件,对于进一步加快贫困地区发展,促进共同富裕,实现到 2020 年全面建成小康社会奋斗目标具有重要意义。纲要提出:要深入贯彻落实科学发展观,提高扶贫标准,加大投入力度,把连片特困地区作为主战场,把稳定解决扶贫对象温饱、尽快实现脱贫致富作为首要任务,坚持政府主导,坚持统筹发展,更加注重转变经济发展方式,更加注重增强扶贫对象自我发展能力,更加注重基本公共服务均等化,更加注重解决制约发展的突出问题,努力推动贫困地区经济社会更好更快发展。

　　2012 年，国家根据《中国农村扶贫开发纲要（2011—2020 年）》精神，按照"集中连片、突出重点、全国统筹、区划完整"的原则，以 2007 ~ 2009 年 3 年的人均县域国内生产总值、人均县域财政一般预算收入、县域农民人均纯收入等与贫困程度高度相关的指标为基本依据，考虑对革命老区、民族地区、边疆地区加大扶持力度的要求，在全国共划分了 11 个集中连片特殊困难地区，加上已明确实施特殊扶持政策的西藏、四省藏区、新疆南疆三地州，共 14 个片区 680 个县，作为新阶段扶贫攻坚的主战场。

第三节　相关理论及制度设计对县域经济的影响

一　县域经济的内涵及主要特征

（一）县域经济的内涵

　　县域经济作为中国区域经济最基层的环节，它的产生并不仅仅是由于县是一个行政区域单位，主要是基于行政编制、财政体制、客观实际以及改革实践的需要而提出的。[①] 目前理论界对县域经济概念的界定尚未形成权威标准。厉以宁认为，县域经济是中国国民经济中具有农村性、地域性、层次性、综合性和差异性等特征的行政区域经济。[②] 朱舜认为，县域经济是我国经济发展中相对独立运行的、具有综合性和区域性的基础经济单元，是我国经济的基本行政区域经济。[③] 王怀岳认为，县域经济是以县城为中心、集镇为纽带、广大农村为腹地的，区域广阔、资源丰富、人口众多、生产门类齐全的一种行政区划型、开放型、特色型的区域经济。[④] 谢自奋、凌耀初认为，从政治上看，县是我国基本的政治单元；从经济上看，县域经济是国民经济大系统中的一个子系统，是以县城为中心、集镇为纽带、广大乡村经济为基础的区域性经济网络；从经济管理关系看，县域经济不是

---

① 孙学文等：《中国县经济学》，中国经济出版社，1990，第 24 ~ 25 页。
② 厉以宁：《区域发展新思路——中国社会发展不平衡对现代化进程的影响与对策》，经济日报出版社，2000，第 106 页。
③ 朱舜：《县域经济学通论——中国行政区域经济研究》，人民出版社，2001，第 1 ~ 9 页。
④ 王怀岳：《中国县域经济发展实论》，人民出版社，2001，第 1 ~ 5 页。

按经济类型划分的区域经济，而是按行政区划认定的区域经济，其重要经济活动基本上受其行政区划约束；从经济运行关系看，县域经济依靠其拥有的张力向县外扩展和渗透。因而县域经济依靠其拥有的张力可能达到的经济边界不仅仅限于界内。① 陈清认为，县域经济是县级行政区域经济，是按自然地域、经济内在联系、商品流向以及社会、政治发展需要，在长期演变中形成的区域经济，它既是相对稳定的基本行政单元经济，又是国民经济的细胞。②

综合对"县域经济"内涵的界定，可以发现，主要有以下几种观点。

一是从行政区域的角度来界定县域经济的概念，认为县域经济是以县级行政区划所规定的范围为管理对象，由县级政权所领导的，在服从国家宏观管理的前提下，以发展本地经济为宗旨的经济。县域经济有明显的区域界定，它的存在以县级行政区划的存在为前提。③

二是从系统论的角度来界定县域经济的定义，认为县域经济是以县级区划内的国土为载体，以县城为中心，乡镇为网络，以县级政府为调控主体，在全县范围内优化配置资源，在更大区域的分工协作中获得比较优势的经济体系。作为一个完整的系统，县域经济是由参加县域经济活动的各种因素相互依存、相互制约而又各具特定功能的子系统构成的。④

三是从具体构成来界定县域经济，认为县域经济是一个复合概念，⑤即县行政区域的多种经济活动交织而成的经济有机体。从产业结构看，县域经济是包括第一产业经济、第二产业经济和第三产业经济的区域经济；从空间结构看，县域经济是以城镇经济为中心，以集镇经济为纽带，以乡村经济为基础的区域经济；从组织层次上看，县域经济包括城镇型建制镇经济、集镇经济或非城镇型建制镇经济、乡村经济、企业经济（家庭经济）四个级次的经济；从生产资料所有制形式上看，县域经济包括全民所有制经济、集体所有制经济、个体经济、私营经济和外资经济；从经济部

---

① 谢自奋、凌耀初：《中国县域经济发展的理论与实践》，上海社会科学院出版社，1986。

② 陈清：《关于县域经济问题的若干思考》，《学术论坛》2004 年第 1 期。

③ 熊桂平：《县域经济发展理论、模式与战略》，国防科技大学出版社，2001，第 1~2 页。

④ 王盛章、赵桂滇：《中国县域经济及其发展战略》，中国物价出版社，2002，第 1 页。

⑤ 陈锡文：《发展县域经济，促进农业和农村现代化》，参见王怀岳《中国县域经济发展实论》（序二），人民出版社，2001。

门看，县域经济包括农业、工业、建筑业、商业、交通运输业、饮食服务业、房地产业、金融业等；从地域总体和经济整体看，县域经济既具有城市（镇）经济和农村经济两类区域经济的特点，又具有与城市（镇）经济和农村经济两类区域经济不同的特点。[①]

四是从县域经济的特点的角度来定义县域经济，认为县域经济首先是一种行政区划型的区域经济，是以县城为中心、集镇为纽带、广大农村为腹地的，地域广阔、资源丰富、人口众多、生产门类齐全的一种区域经济；其次是一种开放型的区域经济；再次是一种特色型的区域经济；最后是一种发展不平衡的区域经济。[②]

五是从县域经济发展目标的角度出发阐述县域经济的，认为其内涵是：以国家宏观经济发展战略目标为依据，遵循社会化大生产分工与协作原理和商品经济发展规律，以统筹城乡资源为基础，以市场为导向，依靠科技进步，合理配置城乡生产要素，优化产业结构，广泛开展产供销、贸工农一体化经营，协调工农关系和城乡关系，促进县域经济持续稳定协调发展。[③]

六是从财政的角度来定义县域经济，认为县域经济是指以行政县为区域范围，以县一级独立财政为标志，以县城为中心、集镇为纽带、农村为腹地、不同层次经济元素间的联系为基本结构，通过双向反馈的人力流、物资流、资金流和信息流而发挥整体功能的经济系统。它是一个具有区域性、层次性、综合性、集聚性和扩散性等特征的经济系统，是一个功能相对完备和健全的经济系统单元。[④]

七是从社会再生产的角度来描述县域经济，认为县域经济是指在县域范围内，以城镇为中心、农村为基础，由各种经济成分有机构成的一种区域性经济。它是以比较优势为基础，以主导产业为主体，围绕主导产业建立起来的县级经济综合体，是在一定空间范围内形成的再生产全过程，包括了生产、交换、分配和消费等各个环节。它是区域经济的基础性层次，

---

① 朱舜：《县域经济学通论——中国行政区域经济研究》，人民出版社，2001，第 3 页。
② 张金山：《中国县域经济导论》，杭州大学出版社，1997，第 15 页。
③ 刘志澄：《统筹城乡发展　壮大县域经济》，《农业经济问题》2004 年第 2 期。
④ 刘小龙：《中国县域经济论纲》，《中共云南省委党校学报》2003 年第 3 期。

是宏观经济与微观经济的衔接点，是城乡经济的结合体。①

八是从地域特色的角度来描述县域经济，认为县域经济是一个具有十分浓厚地方色彩的经济概念。它是以县域企业依托当地资源优势、生产带有浓厚地方色彩的产品而形成的一个地域经济标志。县域经济同时又是依托当地的气候、自然资源、人文资源而形成的具有地方特色的地域经济，它的产品有着地方资源、地方文化的明显标志。②

九是从政治、经济、管理等多个角度来描述县域经济：从政治上看，县是中国基本的政治单元；从经济上看，县域经济是国民经济大系统中的一个子系统，是以县城为中心，集镇为纽带，广大乡村经济为基础的区域性经济网络；从经济管理关系看，县域经济不是按经济类型划分的区域经济，而是按行政区划认定的区域经济，其重要经济活动基本上受县行政区划约束；从经济运行关系看，县域经济依靠其拥有的张力向县外扩展和渗透，因而，县域经济依靠其拥有的张力所能达到的经济边界又不仅仅限于界内；从内涵的综合性看，县域经济是城乡经济结合体和第一、第二、第三产业的综合体。③

综合以上观点，从内涵的多种描述和界定来看，本书认为可以将县域经济看作一种特殊的经济形式，是由第一、第二、第三产业各种经济成分构成的复合形式。④

（二）县域经济的主要特征

县域经济的内涵决定了其具有发展要素的完整性、空间结构的层次性、发展模式的多样性、发展水平的差异性等主要特征。分别从县域经济运行、中观经济、区域特性、经济发展的角度来分析，会发现县域经济具有不同的特征。

一是从县域经济运行的角度来描述，县域经济具有以下四个基本特

---

① 许立全：《县域经济发展的若干问题》，《聊城大学学报》（哲学社会科学版）2002 年第 6 期。
② 王运生：《关于县域经济中的创新体系建立探讨》，《中共山西省委党校学报》2001 年第 2 期。
③ 谢自奋、凌耀初：《中国县域经济发展的理论与实践》，上海社会科学院出版社，1996。
④ 周金堂：《国家背景下的工业化与县域经济发展》，经济管理出版社，2005，第 8 页。

征：①县域经济是以农业为基础，以工业和乡镇企业为支柱的行政区域经济。②县域经济是社会主义市场经济，是市场配置其资源的经济，但是其市场化程度低下。③县域经济是开放型经济，这是由县域经济是社会主义市场经济的内在属性所决定的。④县域经济是极化型区域经济，这是县域经济发展过程中的必然现象，包括积聚与扩散效应。①

二是从县域经济属于中观经济的角度来看，县域经济作为处于低层次的中观经济，除了具有一般中观经济的共性外，还具有自己的特性：①综合性。县域经济是国民经济大系统中的小系统，它是由多个部门、多层次、多因素构成的复杂有机体，门类繁杂，具有相对的完整性、综合性。②枢纽性，即县域经济在国民经济中起着承上启下的桥梁作用。③差别性。不仅横向比较有差别，而且纵向比较也有差别，此外在承受外在经济条件时，都会引起经济发展水平的差异。④开放性，这是与县域市场经济发展紧密结合在一起的。⑤相对独立性。即县是具有相对独立的行政区域，县域经济在决策上有一定的自主权。②

三是从区域特性的角度来看，县域经济除了具有区域经济的一般特征以外，还具有它自身的基本特征：①区域性。由于县情的千差万别，使各县的经济具有典型的县域经济特征。②综合性。由于县域经济活动不只局限于某种行业或某类产品，而是由多种所有制形式、多部门结构、多层次隶属关系和多级生产力水平构成的地域性生产综合体，在一定程度上可以说，它是国民经济的缩影，是经济和社会功能比较齐全，综合各产业各部门乃至社会单位于一身的国民经济小系统、小网络。③层次性。县域经济既然是区域性经济网络，那么，这种经济网络必然带有多层次性。县城经济、乡镇经济和村级经济是县域经济网络中的三个层次，县域经济就是以县城经济为中心层、乡镇经济为中间层、村级经济为基础层的多层次区域性经济网络。④集聚性。集聚是外围向中心的移动过程，是向心流动。在县域经济中，集聚的直接结果，就是中心城镇得到发育、发展，增长极得以形成。县域经济的这种集聚现象是县域经济发展过程中的必然现象。

---

① 朱舜：《县域经济学通论——中国行政区域经济研究》，人民出版社，2001，第12～24页。

② 熊耀平：《县域经济发展理论、模式与战略》，国防科技大学出版社，2001，第3～6页。

⑤扩散性。扩散是由极化中心向外围的移动过程，是离心流动。在县域经济中，扩散的直接结果，就是县域经济中的集镇经济和乡村经济因"涓滴效应"而得到发展。扩散性是县域经济空间结构形成和变化的又一个重要因素，是县域经济发展过程中的必然现象。[①]

四是从经济发展的角度来描述，县域经济具有如下特征：①县域经济发展的二元结构与多重约束。②县域经济发展的不完整性。③县域经济发展的不平衡性。④县域经济发展的不趋同性。⑤县域经济发展道路的非范式结构。由于历史、区位和经济发达程度不同，各地在发展县域经济时，所采取的方法、手段是不尽相同的，有时甚至是迥然相异的，没有现存的发展理论和模式可以直接套用，而必须根据各国国情，选择不同的发展道路。[②]

同时，通过县域经济与其他类型的"区域经济"相比较，可以发现其主要的特点体现在三个方面：第一，县域经济是一种行政区划型区域经济，是以县城为中心、乡镇为纽带、农村为腹地的区域经济。第二，县域经济是一种开放型区域经济。第三，县域经济是一种既具有完整性、系统性，又具有地域特点的特色型区域经济。

二　县域经济的层级地位及主要功能

一个国家或地区竞争优势的形成不但需要核心大城市作为龙头，实现资源的高度集聚和高效利用，而且需要有县域经济作为腹地，对区域发展进行支撑。相比大、中城市而言，县域的交通、通信、城市基础设施、农业水利、农村电网建设与改造等基础设施建设还很不完善。随着城乡公共服务均等化的推行，县域投资尤其是基础设施建设的力度将加大，这有利于县域经济效率的提高。县域是扩大内需、促进以需求拉动经济增长转型的重点地区，县域经济是支持中心城市经济发展的有效支持系统，是提升我国产业竞争力的潜力经济。县域经济的发展，既利于促进我国产业国际竞争力的提高，也有利于缩小城乡差距，实现经济的"包容性增长"；既有利于推动县域社会事业发展，促进社会主义新农村建设，也有助于增加

---

① 刘小龙：《中国县域经济论纲》，《中共云南省委党校学报》2003 年第 3 期。
② 何培香：《关于我国县域经济发展的几点思考》，《湖南商学院学报》2001 年第 6 期。

县级财政收入，促进县域民生工程和基础设施的建设。发展县域经济的根本目的是为了民生的改善，而民生的改善必须依靠县域经济的发展来实现，县域经济是民生改善的根本支撑点。

　　县一级的重要地位和县域经济的重要地位是两个相互联系、相互影响、相互支撑、相互作用的问题。尽管两者地位、功能和作用有交叉重叠关系，但用联系和发展的观点看，其地位与作用主要反映在以下九个方面：一是县（市）一级是承上启下的重要层次；二是县域范围是创造最佳投资和最佳人居环境的理想场所；三是县域范围是实施新型工业化战略的广阔舞台；四是县域经济是国民经济的基础；五是县域经济是立国的支柱；六是县域经济是宏观经济和微观型经济的结合部；七是县域经济是市场化改革取得突破并向大中城市拓展的"排头兵"；八是县域经济是推进城镇化、工业化、农业现代化的根基；九是县域经济是推动城乡协调和可持续发展的有效载体。

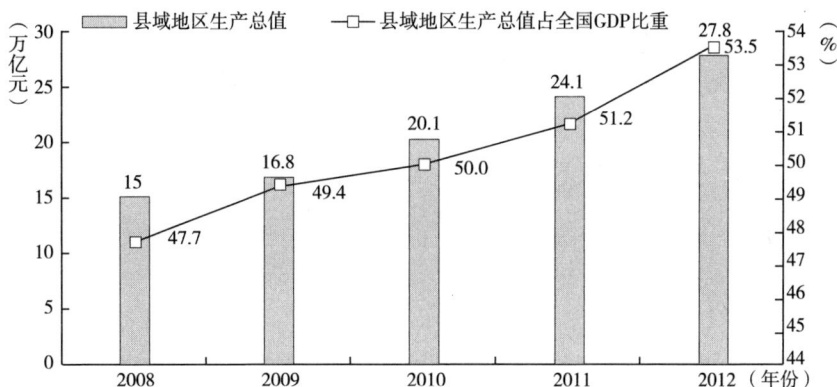

图 1 - 2　2008～2012 年县域地区生产总值及占全国 GDP 比重

　　党的十六大提出要壮大县域经济，十六届三中全会则进一步明确要大力发展县域经济。2008 年，国务院《政府工作报告》中也提到：加快发展高产优质高效生态安全农业，支持农业产业化经营和龙头企业发展，加强农村现代市场流通体系建设，壮大和提升农村第二、第三产业，发展乡镇企业，增强县域经济实力。2007 年和 2008 年两年里，全国分别有 24 个和23 个省（自治区、直辖市）在《政府工作报告》中表述到"县域经济"。这充分说明，发展壮大县域经济，已经被广泛认为是新时期统筹城乡发展、从根本上解决"三农"问题的战略举措，是建设社会主义新农村、全面建成小康社会的重要内容。从 2008 年开始，县域经济的第二产业增加值在全国的比重已经超过了 50%。2010 年，全国县域第二产业增加值达103397 亿元，占全国的 55%；其中，工业增加值 91938.4 亿元，占全国工业增加值的 57%。由此可见，县域经济在我国工业发展中占据了重要的位置。同时，县域经济的增长速度明显高于全国总体水平。2012 年，全国县域地区生产总值达到 27.8 万亿元，占全国地区生产总值的 53.5%（见图 1 - 2）。全国县域经济地区生产总值增长速度为 15.2%，比同期全国 GDP 增长速度高出 7.5 个百分点（见图 1 - 3）。分析产生这种现象的原因：一是因为县域经济对外经济依存度较低，因而受世界经济影响程度较小；二是县域经济作为过去的增长洼地，在各种促进发展政策的影响下，追赶式增长的势头很旺，这也为县域经济成为中国未来经济发展的重要推动力量奠定了基础。

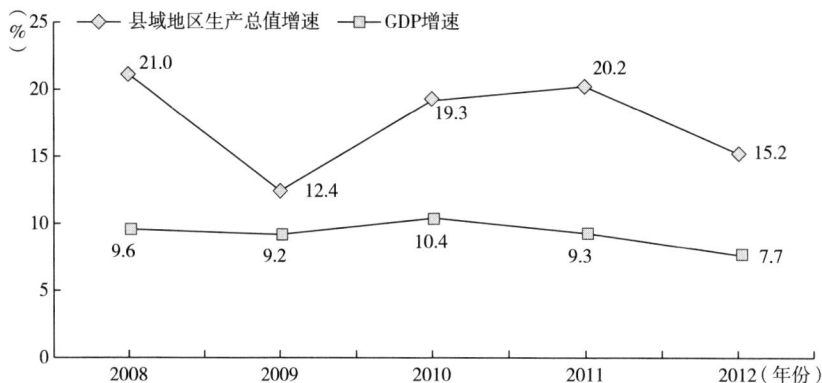

图 1 - 3　我国县域地区生产总值增速与国内生产总值（GDP）增速对比

三　县域经济与区域经济的关联度与差异性

我国区域经济问题研究未来的总的趋势是：追踪我国区域经济发展的新趋向，总结我国区域经济发展的新经验，提出解决我国区域经济问题的新理念，形成区域经济学的新理论。[1] 县域经济虽然属于区域

---

① 孙久文：《我国区域经济问题研究的未来趋势》，《中国软科学》2004 年第 12 期。

经济范畴，但它是一种特殊性的区域经济。其特殊性主要表现在以下几方面。

从结构特征看，县域经济具有地理空间概念上的确定边界，即行政区划边界，而且具有高度的稳定性，它不会随经济发展水平的变化而改变。而经济学上的区域不是固定不变的，随着经济和社会发展，它将不断调整其范围、布局和组合。

从结构形成看，县域经济系统的空间结构，是基于自然、历史、人文、社会等多因素背景，根据行政管理功能需要，用行政手段确定的，是他组织现象。区域经济系统的空间结构形成，是因为经济活动过程中区域间的相互联系、相互影响、相互依赖而产生的自组织现象的结果。因此，区域经济空间结构取决于区域内自组织能力强弱。某一区域经济活动自组织能力强，这一区域经济发展水平就高，区域经济空间结构就比较发育完善。经济落后地区，由于经济活动的自组织能力弱，因此就很难形成完善的区域经济结构。

从结构功能看，县域经济既有经济结构功能，又有行政结构功能，而区域经济仅有经济结构功能。表现在经济调控功能上的差别，就是政府这只"有形的手"发挥作用力度与方式不同。县级政府是中国政权组织结构中处于最基层一级且具有完整政府功能的组织，国家设置的各种经济管理部门基本上都延伸到县。县级政府可以运用自身相对独立的行政功能，对县域经济发展进行更加直接的"干预"。因此，政府行为在很大程度上决定着县域经济发展模式和发展水平。然而，在经济区域中存在着若干个行政主体，政府对经济调控，只能是在若干个行政主体中采取协调的方式，制定区域经济发展规划，以及促进区域经济发展的政策，间接地引导区域经济的发展。总之，县域经济是一种行政主导型的区域经济，或被称为行政区域经济。① 区域经济是一种经济主导型的区域经济，也被称为经济区域经济。行政区域经济是受行政区域政府经济职能直接影响而形成的相对独立运行的极化区域经济。经济区域经济是受地域分工、自然资源分布、经济及其增长极等因素的一致性或相近性

---

① 胡兆量：《中国区域发展导论》，北京大学出版社，2000，第42页。

影响而形成的不同行政区域经济之间或同一行政区域经济内运行和发展一体化的同质区域经济。① 县域经济与区域经济的区别，决定了县域经济在学科领域和价值上具有独立性、特殊性；县域经济在国民经济发展中的重要地位与作用，也决定了加强对县域经济发展的研究的重要性和紧迫性。

四　县域经济与发展经济学的交汇点与契合度

县域经济是发展经济学的主要研究内容，县域经济与发展经济学的交汇点与契合度集中体现在县域经济发展模式和路径的选择上。经济发展模式，是对于经济运行实践中，取得显著经济绩效的主体的成功运作方式的总结。市场经济发展历史表明，无论是国家、省、地级市、县市，还是企业，总是在经济发展和国际竞争中取得了突出的竞争力后，其模式才引起重视和模仿。也正是为了有效地提升竞争力，人们才重视研究、总结各个不同的经济发展模式。模式，表现为一定的发展定式，具有相对稳定性。经济发展模式是一个比较的范畴，无论是处于同样的经济制度下，还是立足于不同的制度背景，通过比较分析，才能认清模式的本质特征。

县域经济发展中所使用的模式，更偏重于"类型"，是有区域特色的或地方特色的。模式存在着共性，可相互借鉴，但重点在于其个性，主要反映该类型的本质。县域经济类型的多样性，决定了县域经济发展的不平衡性和发展模式。王青云从县域经济发展道路的典型性角度归纳了七种县域经济发展模式。② 张金山从区位条件和经济发展程度的角度把县域经济发展归纳为四种模式。③ 熊耀平从中国县域经济发展现状和未来发展趋势预测上，把县域经济发展归纳为四种具有代表性的现实模式。④ 赖东宁从产业结构上通过对县域经济发展模式的分析，对五种模式进行了

---

① 朱舜：《县域经济学通论——中国行政区域经济研究》，人民出版社，2001。
② 王青云：《县域经济发展的理论与实践》，商务印书馆，2003，第4～13页。
③ 张金山：《中国县域经济导论》，杭州大学出版社，1997，第218～233页。
④ 熊耀平：《县域经济发展理论、模式与战略》，国防科技大学出版社，2001，第232～235页。

界定。① 伍新木等归纳十余种模式。② 唐瑾通过对湖南县域经济发展模式的分析，做出了拼盘式的列举。③ 我国县域经济主要发展模式原来常讲的有温州模式、苏南模式、珠江模式、晋江模式、泉州模式、阜阳模式、综合型模式等。现在比较有借鉴意义的有江阴模式、双流模式、增城模式等。

（一）增城模式

增城市认真贯彻落实科学发展观，努力探索县域经济科学发展模式，按照与国际化接轨的理念，将增城的发展与整个珠三角乃至全省的发展格局、发展趋势紧密相连，实现差异发展和优势互补，因地制宜地将增城市划分出三个主体功能区，并以三大主体功能区建设大力推动经济发展方式的转变，实现产业和城镇布局的优化，逐步形成人口、经济、资源环境相协调的发展格局，促进了经济社会又好又快发展，走出一条发展方式显著的"增城模式"。

（二）双流模式

双流县统筹推进"三个集中"发展思路，将经济要素与地域融合，将产业结构和空间结构融合，将城乡一体化融合，促进科学发展，为县域经济科学发展、统筹城乡发展积累了新经验。

（三）江阴模式

江阴模式关注物质财富增长的同时，更加注重人的全面发展，更加注重人民福祉的不断提升，更加注重人民群众幸福指数的不断增长。幸福江阴的内涵是"五个好"——个个都有好工作、家家都有好收入、处处都有好环境、天天都有好心情、人人都有好身体。在"强县富民"的基础上建设以人为本的"幸福江阴"，形成了一个新时期县域经济科学发展的新模式。

从县域经济的优势描述出发，县域经济还可分为四类，即工业驱动型

---

① 赖东宁：《对福建县域经济发展模式的思考》，《福州大学学报》（哲学社会科学版）2000年第 2 期。

② 伍新木等：《县经济概论》，中共中央党校出版社，1988，第 373～420 页。

③ 唐瑾：《湖南县域经济发展模式大拼盘》，《湖南经济》2003 年第 5 期。

县域经济、服务业驱动型县域经济、农业驱动型县域经济和资源禀赋驱动型县域经济等。模式的形成与选择，与各地县域经济发展面临的实际情况有关，与从事县域经济发展实践的生产劳动者的素质有关。井冈山革命老区"五县一市"必须面对实际，坚持改革创新，才能在县域经济发展上不断取得新的突破与新的绩效。

五 相关理论对县域经济发展路径选择的导向作用

在我国，近年来各地区更加重视自身比较优势的发挥，通过将区域振兴和产业转移结合起来，积极推进节能减排、环境治理、循环经济和绿色生态等方面工作的联合，区域发展变得更为协调和均衡。同时由于产业集聚的拉动效应，区域间经济一体化的效果明显提升。在历史、文化、区位、资源、政策等多种因素的影响下，我国县域经济的发展形成了自然地理环境、科学技术环境、社会经济环境、人文制度环境等方面的差异。这种差异，也导致各地在县域经济发展过程中，选择了不同的发展路径，形成了不同的发展模式。尽管县域经济的发展模式和路径特点各不相同，但仍有基本规律可寻。影响县域经济发展路径选择的主要因素和理论观点包括以下几方面。

（一）区位决定型发展路径

区位因素与县域经济发展模式的形成具有某种特定的联系。这是因为县域经济发展的核心任务是要改变二元经济结构，工业优先发展战略就成为一种必然的选择。工业区位则强调地理坐标（空间位置）所标识的经济利益差别。在一定的经济系统中，由于社会经济活动的相互依存性、资源空间布局的非均匀性和分工与交易的地域性等特征，各空间位置具有不同的市场约束、成本约束、资源约束、技术约束，从而具有不同的经济利益。工业企业的区位选择，在追逐利益最大化的原则下，企业总是选择那些具有优势区位利益地区。然而不同类型、不同行业的企业的区位选择目标和约束条件又是纷繁复杂、多种多样的，因而区位偏好也各不相同。[①]

---

① 郝寿义、安虎森：《区域经济学》（第二版），经济科学出版社，2004，第49～60页；陈秀山、张可云：《区域经济理论》，商务印书馆，2003，第15～42页。

（二）要素禀赋依托型发展路径

要素禀赋产生比较优势，要素禀赋结构决定产业结构形态。所谓要素禀赋结构是指一个经济中自然资源、劳动力和资本的相对份额。[①] 赫克歇尔－俄林的要素份额理论认为，要素禀赋结构差异以及由这种差异所导致的要素相对价格在区域间的差异是比较优势产生的原因。依托要素禀赋结构中相对份额比较高的要素资源所形成的产业，将具有低成本的竞争优势。低成本竞争优势仅仅需要具有足够丰裕的初级生产要素就能够形成，并依靠广阔的国内市场来实现生产的规模经济，从而决定了低层次、大规模的产业结构形态，这就是要素禀赋依托型发展路径的重要特征。

（三）资源稀缺"倒逼"型发展路径

按照传统的观点往往把资源束定为自然资源和区位上，从区位理论和比较优势理论角度分析，资源贫乏的地区难以得到较快发展。然而，第二次世界大战后，在世界范围内就出现了一些与传统经济发展理论相悖的区域经济发展奇迹，改革开放后的中国县域经济这方面的例证也有很多。研究发现，当处在困境中的人，在强大的外部压力下，有时能激发出通常条件下难以出现的智慧光芒——创新思维与突破能力，创造出一种异质人力资本。异质人力资本是特定历史阶段的具有报酬递增生产力的人力资本[②]，从而提升人力资本的水平。内生经济增长理论已经证明：人力资本是推动经济发展的重要内生力量。从这个意义上讲，资源稀缺"倒逼"型的发展路径，又可称为异质人力资本型的发展路径。

（四）影响县域经济发展路径选择的主要因素

第一，老区县（市）受区位因子制约严重。我国老区县（市）多位于大山深处，地理位置较偏，与所属省、地级市的政治中心、经济中心、文

---

① 林毅夫：《要素禀赋、比较优势与经济发展》，《发展战略与经济发展》，北京大学出版社，2004，第29~32页。
② 丁栋虹：《制度变迁中企业家成长模式研究》，南京大学出版社，1999，第48页。

化中心距离较远，交通不便等诸多原因，导致有关省区市和地级市区域经济发展难在较短时间对老区县（市）起到明显效应。

第二，老区县（市）资源有限和利用率低。老区多地处山区，地下资源不足，地上资源创造的价值十分有限，同时有丰富地下资源的老区县（市）多为粗放式的开发，并以廉价方式出售原材料和半成品的不少，比如说竹木制品和一些矿产资源。老区县（市）科技含量高附加值高的产品少，市场占有率低和竞争力弱，一些县（市）拥有的资源优势未能得到高效利用和发挥。

第三，老区县（市）的发展缺乏统筹规划。由于行政区划的原因，有关省区市和地级市的发展规划中，往往不重视相邻或跨行政管理辖区老区县（市）发展规划的协同和协调性，不少地方往往只通过支付一部分的财政资金来扶持一下，这样的方式很难对老区县（市）的发展取到实质性的改变，也很难对老区县（市）的综合发展，特别是难以对井冈山这样的革命老区起到明显效果。

第四节　"五县一市" 区情的主要特点与特色

一　自然特征

（一）地理区位

井冈山革命老区"五县一市"地处中部地区的江西、湖南两省交界处的罗霄山脉中段，集中体现了我国老区、山区、贫困地区的主要特征。

表 1-3　"五县一市"地理区位一览

县/市	地理区位	地理坐标
茶　陵	隶属株洲市，位于湖南东部。北抵长沙，南通广州，西接衡、郴，东邻江西	东经 113°20′~113°65′，北纬 26°30′~27°7′之间
炎　陵	属于湖南省株洲市，地处湖南省东南部、罗霄山脉中段、井冈山西麓，东西宽 50.49 公里，南北长 50 公里	东经 113°34′54″~114°07′15″，北纬 26°3′~26°39′~30″之间

续表

县/市	地理区位	地理坐标
莲　花	位于江西省西部，萍乡市南部，东北与安福县接壤，东南与永新县毗邻，西南与湖南省茶陵县、攸县相连，北面与芦溪县交界。南北长约58公里，东西宽约38公里，国土面积1062.06平方公里	东经113°46′～114°09′，北纬26°57′～27°27′之间
永　新	位于江西省西部、赣江支流禾水中上游。县境东连吉安县，东南毗泰和县，南依井冈山市，西界湖南省茶陵县，西北与莲花县接壤，北与安福县相邻	北纬26°47′～27°14′，东经113°50′～114°29′之间
遂　川	地处罗霄山脉南段东麓，江西省西南边境，吉安市西南部。县境东邻万安县，南界赣州市南康市、上犹县，西连湖南省桂东县、炎陵县，西北接井冈山市，北抵泰和县	北纬25°28′32″～26°42′55″，东经113°56′51″～114°45′45″之间
井冈山市	地处湘东赣西边界，南岭北支、罗霄山脉中段	东经113°49′～114°23′，北纬26°27′～26°49′之间

资料来源：根据相关资料整理。

（二）气候及水文

从气候条件来看，"五县一市"属热带湿润季风区，气候温和，雨量充沛，阳光充足，四季分明，年平均气温在15℃～18.2℃之间，年平均降水量1370～1700毫米，年平均无霜期285天左右，日照时间1700小时左右。

"五县一市"地处丘陵地区，河流分布较为密集，水电资源较为丰富，同时也为农业灌溉提供了良好的条件。各县市均有河流分布，且流域面积较大，对保障日常生产和生活创造了条件。

表1-4　"五县一市"水文及水能概况

县/市	主要河流	理论水能或通航量
茶　陵	境内主流是洣江，流域面积2495平方公里	水能理论蕴藏量18.1万千瓦，通航里程137千米
炎　陵	为洣水之源	水能理论蕴藏量为31.02万千瓦

续表

县/市	主要河流	理论水能或通航量
莲花	莲江发源于境内北面高山高天崖，总长69.4公里，流域面积901.47平方公里	水能蕴藏量每平方公里达54.6千瓦
永新	以禾水为主轴	永新县水能理论蕴藏量70673千瓦
遂川	县内有遂川江、蜀江两大水系，均属赣江一级支流	水能蕴藏量29.7万千瓦
井冈山市	龙江、郑溪、拿山河、行洲河、大旺水，属赣江水系	水能理论蕴藏量为13.2万千瓦

资料来源：笔者根据相关资料整理。

（三）自然资源

从自然资源来看，"五县一市"以山地、丘陵为主，该区域是长江支流赣江和珠江支流东江的发源地，是湘江的重要水源补给区。红壤分布广泛，光热充沛，生物物种多样，森林覆盖率超过70%，发展柑橘、油茶、毛竹等特色农林产业条件优越。该地区矿产资源相对丰富，且资源富集，钨和稀土、钽铌等稀有金属储量大，在世界上占有重要地位。

表1-5　"五县一市"矿产资源、生物资源分布概况

县/市	矿产资源	生物资源
茶陵	钽铌矿储量居亚洲第二，铁矿石储量近亿吨，煤矿储量1100万吨，铅储量8700吨，钨储量28000吨	油茶、油料等植物资源丰富，立体农业发展基础好
炎陵	炎陵县主要金属矿产有钨、金、锑、稀土，非金属矿产有萤石、钾长石、高岭土、石灰石、花岗石、石英、辉绿岩等	炎陵县药材资源丰富，县内有动物、植物药材1310种，蕴藏量8000吨
莲花	探明地下矿藏十多种，已经开采的有煤、铁、石灰石、大理石、硫黄等	野生动物有华南虎、山牛等；植物有香附、白术、白芍、枸杞、金樱子、金银花、五加皮、黄枝子等药材和大叶樟、银杏、倒插荆、黄莲木等珍稀树种

续表

县/市	矿产资源	生物资源
永　新	永新探明的矿产近 20 种,其中铁矿、石灰石储量最丰富。位于高溪乡大型石膏矿是华东地区最大的硬石膏矿	豹、水鹿、金猫、猴、穿山甲、锦鸡、竹鸡、石鸡、青竹蛇等物种均有分布
遂　川	优势矿产主要有硅石、花岗岩、金矿、钨矿、萤石等	中草药品种共有 188 科 703 种,其中动物药材 47 科 51 种,植物药材 141 科 650 种,矿物药材 2 种
井冈山市	瓷土矿、稀土矿储量丰富	井冈山特有种子植物 20 种,还有列入省级保护的 78 种。区内分布有多种珍稀濒危动物,代表动物有黄腹角雉、猴面鹰、藏酋猴、水鹿、穿山甲等

资料来源:笔者根据相关资料整理。

二　产业结构

从"五县一市"的基本情况来看:茶陵和炎陵两县位于湖南省的株洲市,目前还是农业大县,长株潭城市群及株洲工业区对其辐射作用十分有限;莲花县位于江西省的萍乡市,主要产业以煤炭资源开发和农业开发为主;井冈山市主要是以发展红色旅游业为主;遂川和永新两县是位于吉安市的农业大县。在"五县一市"中,只有井冈山市依托其丰富的红色资源,发展红色生态旅游业,使产业结构调整和发展方式转变取得了较好的效果,以红色旅游业为龙头的第三产业发展势头较好,其他五个县传统农业和传统工业发展的痕迹较重。

近年来,"五县一市"产业结构正在发生变化。第一产业的比重均呈现平稳下降状态,第二产业增加值的比值总体来看都有了相应提高,第三产业在"五县一市"县域经济中变化参差不齐,但总体变化偏小。

第一产业方面,从图 1-4 可以看出,"五县一市"第一产业的比重均呈现平稳下降状态,其中永新县下降最为明显,下降近 25 个百分点。2012年,"五县一市"的第一产业占比均下降到 25% 以下,其中井冈山市的比重已经降至 10% 以下。

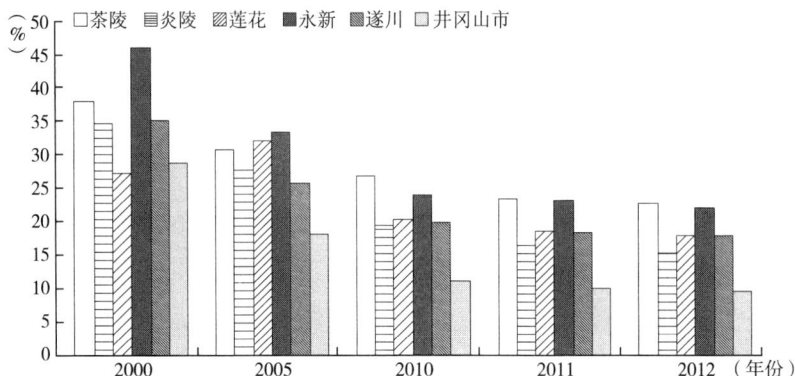

图1-4 "五县一市"第一产业占地区生产总值比重变动趋势

第二产业方面，从图1-5可以看出，"五县一市"第二产业增加值的比值总体来看都有了相应提高。2012年"五县一市"中除了井冈山市，第二产业比重均已超过40%，变化最为明显的是炎陵县，由25%左右已经上升到2012年的50%以上，遂川县的比重在2012年也接近50%。

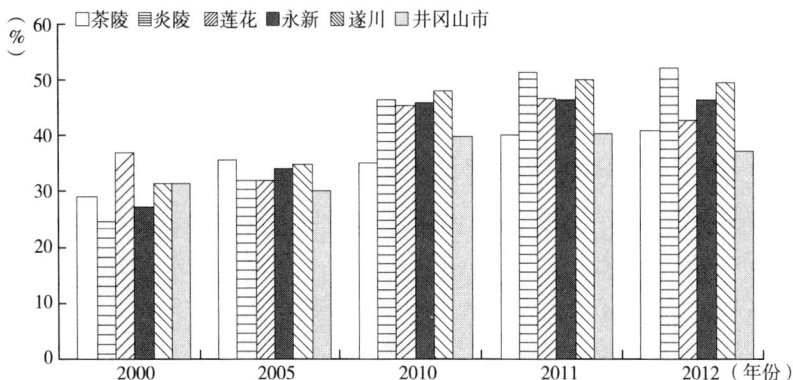

图1-5 "五县一市"第二产业占地区生产总值比重变动趋势

第三产业方面，从图1-6可以看出，"五县一市"第三产业在县域经济中的变化参差不齐，但总体变化偏小，炎陵县有略微的下降。2012年，井冈山市的第三产业比重已经超过了50%，明显高于其他五个县，说明近年来旅游业等第三产业对井冈山市县域经济的发展产生了深刻的影响。

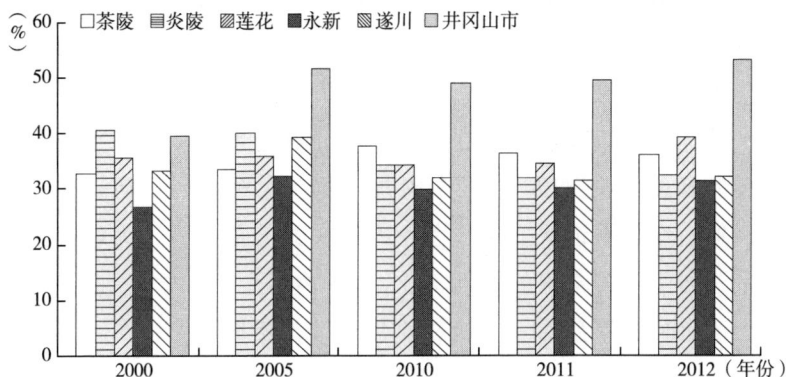

图1-6　"五县一市"第三产业占地区生产总值比重变动趋势

三　文化特色

(一) 红色文化积淀深厚

茶陵是井冈山革命根据地六县之一，湘赣革命根据地重点县、模范县，是毛泽东亲手缔造的中国第一个红色政权——茶陵县工农兵政府——的诞生地。新民主主义革命时期，茶陵为革命牺牲5万余人，有25位农家子弟成长为共和国开国将军，将军之多名列全国第九。

炎陵是井冈山革命根据地和湘赣革命根据地的重要组成部分，先后有50余支红军部队在这里活动过。毛泽东和朱德、罗荣桓、陈毅、彭德怀、林彪等共和国元帅及任弼时、王震、黄克诚、何长工、张云逸、萧克、滕代远等无产阶级革命家走遍了这里的山山水水，进行了建党、建军以及土地革命、政权建设等一系列首创性革命实践，为毛泽东思想的形成提供了重要实践基础。

在井冈山斗争和湘赣苏区革命时期，永新人民在共产党的领导下，高举革命旗帜，前仆后继，与国民党反动派进行了不屈不挠的斗争，为中国革命事业做出了很大的牺牲和贡献，著名的"三湾改编"就发生在这里。在永新这块红色的土地上先后诞生了40多位共和国的将军，在这块红土地上升起了一群璀璨的将星。据相关资料统计，永新籍将军人数名列全国第四位，是赫赫有名的将军县。

　　莲花是中国红色摇篮的一部分、井冈山革命根据地的重要组成部分和湘赣革命根据地的中心区域之一，是湘东南特委、苏维埃政府和湘赣省委、省苏维埃政府的所在地，毛泽东、方志敏、朱德、彭德怀、胡耀邦等老一辈无产阶级革命家都在此留下了光辉的足迹。并且莲花县是井冈山斗争时期的"全红县"，是中国共产党在农村开展活动较早的区域之一。从第一个党小组成立起，莲花人民在党的领导下，为新民主主义革命胜利进行了艰苦卓绝的斗争。第二次国内革命战争时期，莲花人民又高举起大革命时期保存的一支枪，前仆后继，英勇奋斗，在毛泽东同志《井冈山的斗争》一书中，在中共党史上和苏维埃建设史上，都留有光辉的一页。

　　井冈山是"中国革命的摇篮"，是一块"浸透着烈士鲜血的圣地"。1927年10月，毛泽东、朱德等老一辈无产阶级革命家率领工农革命军来到井冈山，创建了中国第一个农村革命根据地，建立兰花坪。开辟了以"农村包围城市，武装夺取政权"的具有中国特色的革命道路。中国革命从这里走向胜利，从此鲜为人知的井冈山被载入了中国革命历史的光辉史册，被誉为"中国革命的摇篮"和"中华人民共和国的奠基石"。

　　遂川县是井冈山革命根据地的重要组成部分，也是江西省全红县之一。在第二次国内革命战争时期，毛泽东在这里建立了中国第一个红色政权——遂川县工农兵政府，朱德、陈毅、彭德怀等都在遂川留下了光辉的战斗足迹，土地革命时期有姓名可查的烈士有1547人。

表1-6　"五县一市"的主要红色足迹

"五县一市"	主要红色足迹
茶　陵	县级红色政权——工农兵政府旧址等
炎　陵	中国第一家红军标语专题博物馆，朱毛第一次会面（万寿宫）等
遂　川	遂川县工农兵政府，草林红色圩场，歌曲《十送红军》等
永　新	"三湾改编""龙源口大捷"所在地等
莲　花	一支枪纪念馆、莲花革命烈士纪念馆、花塘官厅等
井冈山市	"中国革命摇篮""红色旅游发源地"等

资料来源：笔者根据"五县一市"相关资料整理。

（二）历史文化资源丰富

炎陵是炎帝神农氏的安寝之地，炎帝文化是中华民族优秀传统文化的重要组成部分。炎帝神农氏制耒耜，播种五谷，制陶器，垒土建居，织麻布，教民御寒，尝百草，发明医药，倡交易，日中为市。炎帝带领先民所开创的农耕文化、医药文化、工业文化、市场文化和原始艺术等，是炎帝文化外延的具体内容。这些文化已成为中华民族的宝贵文化遗产。同时，千百年来在炎陵县广为流传的客家山歌，是炎陵客家文化的典型代表，是中国民歌中的一朵奇葩，是炎帝农耕文化的一种独特表现形式，是珍贵的、非物质的客家历史遗产和客家传统文化瑰宝。

茶陵是中国乃至世界稻作文化重要发祥地之一。早在 7000 年以前，茶陵的先民已人工栽培水稻，开创了稻作文化之先河。稻作文化是茶陵上古时期人们生存与安全的需求，而耕读文化则是茶陵唐宋以来人们的高层次需求。曾培育了 122 名进士，刘三吾、李东阳、张治、彭维新等四大学士是其中的佼佼者。

永新悠久的历史文化积淀了深厚的人文底蕴，国家文化部三度授予永新"中国民间艺术（书法）之乡"称号，盾牌舞等一批传统民俗艺术奇葩被列入国家非物质文化遗产名录和省非物质文化遗产名录。千百年来，这块土地演绎了忠义潭三千壮士、八砖千古、南宋义井等千古名传；涌现了中国第一位女音乐家许和子、北宋名相刘沆、明朝名相刘定之、平民哲学家颜钧、国学大师尹台、清初文学家贺贻孙等历史名人。

莲花县人文蔚起，英才辈出，素有"泸潇理学、碧云文章"之美誉。著名人物有元朝名僧、诗人释惟则，明朝文学家、理学家刘元卿，清朝末代皇帝溥仪的中文教师、著名书法家朱益藩，天文学家宁榜高、王灏等。唐朝名相姚崇，民族英雄岳飞、文天祥、辛弃疾，地理学家徐霞客等也曾在莲花县留下过足迹。

遂川是客家人较为集中的移民聚落，客家人对遂川产生了积极而又深远的影响。客家人把优秀的中原文化艺术理念、人情风俗带至遂川，与当地土著风情文化不断交融，形成了个性鲜明的遂川客家文化。客家龙灯"五龙下海"、斗牛狮，民间舞蹈旱船舞，民间音乐"点纲""十番"，传统手工技艺

"狗牯脑"绿茶制作，测量学"龙泉码"以及客家习俗、客家山歌等，集中
体现了客家人开拓进取的精神和改造自然、创造文明的聪明才智。

井冈山孕育于千年历史的古"庐陵文化"之中，古村、小桥、流水、
文天祥纪念馆、渼陂古村落群，构建了一幅"一门三进士，隔河两宰相"
的江南文明水乡画卷，再现古色旅游的独特魅力。井冈山是客家人的迁徙
路线之一，千年来至今还保存着许多客家民俗和白墙青瓦、飞檐翘角、亭
阁式民居的建筑风格。在这里，有隆重、热烈、有趣而雅致的婚礼习俗，
有热情、好客的客家人，还有别具特色的风味饮食。

表1-7　"五县一市"具有代表性的历史文化

"五县一市"	历史文化符号
茶　陵	稻作文化、耕读文化、客家文化等
炎　陵	炎帝文化、客家文化等
遂　川	客家文化、狗牯脑茶文化等
永　新	书法文化、耕读文化等
莲　花	理学文化、莲文化等
井冈山市	庐陵文化、民俗文化、客家文化等

资料来源：笔者根据"五县一市"相关资料整理。

（三）生态旅游资源优势明显

炎陵的绿色风景久负盛名。著名的神农谷风光秀丽，气候怡人，空气
中负氧离子含量为亚洲之最，已被列为国家级自然保护区、国家森林公园
和全国4A级景区。目前已开发的森林生态游、山乡度假游、客家风情游
等项目，集避暑休闲、治病疗养、生态考察、科考探险于一体，此外，湘
山森林公园、大院农场、龙渣瑶乡、梨树洲原始森林等自然风光景区也正
在积极开发中。

茶陵县生态环境良好，素有"好山千叠翠，流水一江清"的美誉。近
年，茶陵县抓发展不忘环保，始终突出生态文明建设，发展生态经济，改
善生态环境。位于茶陵县的国家森林公园云阳山生态系统完整多样，动植
物物种丰富，森林覆盖率达65.39%。茶陵县还被列入《国家重点生态功

能区名录》。

永新县位于江西省西部、赣江支流禾水中上游。永新三湾国家森林公园总面积 23 万亩，森林覆盖率达 90.5%。有国家级保护树种 22 种，野生动物数十种。南华山被誉为"南华天秀"，山中有世界上最大的千年银杏树。碧波崖溪水出自盐石之巅，沿山谷岩石东西弯，从悬崖上泻下，形成碧波缥缈之胜景，因而得名。碧波崖山峦青翠，峭岩峻壁，水弯溪曲，尽显自然之妩媚。

遂川是"全国生态旅游大县 66 强"和江西省首届"十佳绿色生态县"之一。遂川拥有湘赣两省的最高峰——南风面，海拔 2120.4 米，南风面自然景区坐落在遂川县戴家埔乡，西南与湖南省炎陵县相邻，西北与井冈山市连为一体，景区内自然风光独特，动植物物种丰富，是省级自然保护区，2010 年被评为国家 AA 级景区。汤湖温泉是江西省流量最大、温度最高的一处温泉，最高温度达 84℃，昼夜流量约 2050 立方米。汤湖温泉于 2009 年被评为国家 AAA 级景区，2010 年被评为省乡村旅游示范点。

莲花有省级风景名胜区玉壶山风景区、高洲水云山风景区、荷塘白竹瀑布群、河江水库、楼梯蹬水库等；分布于县内各地的石灰岩溶洞幽深壮观。有徐霞客称赞过的石城洞，有唐朝名相姚崇为布衣时曾寓居的元阳洞，有明末文学家贺子翼赞赏过的蕊珠洞，有留着革命烈士张子铭笔迹的张天洞等。莲花县是江西省油茶生产基地县、江西省重点林业县。

井冈山市现有林地 168 万亩，20 世纪 80 年代以来，全市森林覆盖率持续提升：80 年代中期为 63.9%，90 年代中期上升为 80.1%，当前已经达到 86%，据专家考证，井冈山是亚热带植物原生地之一，至今仍保留众多人迹未至或极少人类活动的大片原始态或半原始态森林，是世界上最有代表性的山地亚热带常绿阔叶林区，具有全球同纬度迄今保存最完整的次原始森林 7000 多公顷，还有一片被联合国环境保护组织誉为世界仅有的亚热带常绿阔叶林。

四　居民构成及素质特点

（一）耕读传家思想明显

耕读传家，是在中国传统农业社会中，小康农家所努力追求的一种理想生活图景。农忙时耕田种地，农闲时浏览书籍；种田获取生活资料，读书获取精神营养。这确实是一种理想的农家生活方式。古往今来，"五县一市"所在地域由于信息闭塞、交通不便等原因，一直沿袭着耕读传家的思想，直至影响到现在。如永新书法创作过程中，"耕读传家"为主题的创作非常普遍。随着时代的变迁，传统聚居家庭的解体，历史上那些大家族均已没落，大多已耕读不传，"耕读传家"的传统在现代社会消失，"五县一市"的耕读思想也面临着严峻的考验。儒家"耕读传家"的思想及其教育实践，既体现了中国优良的家庭美德，又维护了社会家庭的稳定，促进了社会的发展。在加速推进"五县一市"县域经济发展进程中，深入挖掘以勤劳俭朴、勇毅刚强、知书达理、和谐共济为主要内容的耕读文化具有普遍的价值与意义，对井冈山革命老区现时代的社会主义精神文明建设，全面构建和谐社会，具有重要的借鉴作用与启示意义。

（二）教育培训不足

"五县一市"教育等基础设施建设现状与水平同发达地区相比仍然有较大的差距，目前"五县一市"普遍存在公办培训机构包括职业中学、县就业培训中心都投入不足，设备陈旧、单一，难以适应人力资源市场需要。社会上民办培训机构规模也很小，培训能力很有限，难以满足企业对劳动者的技能要求，导致"五县一市"的人力资源开发严重不足，大部分县（市）还以传统生产经营为主，大部分县（市）基本没有高端人才的进入，高端人才保有量也相对较少，农民和一般工人占了绝大部分。普遍存在财政困难，地方政府对人才资源开发支持不够，导致了更多人才难以进入、难以留住。人口受教育程度低，科技文化素养不高，脱贫致富能力亟待提高是井冈山老区存在的普遍现象。

表 1-8　"十二五"初期全国与"五县一市"人口受教育程度分组构成

单位：%

地　区	小　学	初　中	高中、中专	大专以上
全　国	26.78	38.79	14.03	8.93
茶　陵	35	36.7	9.4	4.7

续表

地　区	小　学	初　中	高中、中专	大专以上
炎　陵	27.2	31.6	9.7	4.6
莲　花	31.1	38.25	10.43	4.36
永　新	27.12	39.28	16.23	8.47
遂　川	34.59	40.18	8.65	3.53
井冈山市	29.69	37.2	22.32	6.19

资料来源：《中国统计年鉴2012》，株洲、吉安、萍乡三市2011年统计年报和"五县一市"调查样本数据。

（三）"孔雀东南飞"形势严峻

由于"五县一市"地区区位劣势明显，生产、生活、学习等条件与发达地区存在较大差距，加之人才引进机制不畅，事业留人、感情留人特别是待遇留人的政策措施不到位，优秀人才和高端人才难引进、难留住，"孔雀东南飞"问题制约着县域经济的发展。不少县是国家扶贫开发工作重点县，县、乡财政十分紧张，乡镇和村的劳动保障服务平台建设投入有待进一步加大，乡镇劳动保障所工作人员和村级劳动保障协管员的工资福利待遇有待进一步提高。此外，"五县一市"参加失业保险的人员或企业积极性不高，给失业保险基金征缴带来一定的困难。同时，"五县一市"的干部和专业技术人员与外界交流少，缺乏国家重大人才工程和引智项目向井冈山革命老区倾斜的政策支持，高层次人才到井冈山革命老区投资创业较少，院士工作站和博士后科研工作站对老区来说是一种奢望。

五　经济社会发展改革不平衡性明显

井冈山革命老区"五县一市"分别位于江西、湖南两省，株洲、萍乡及吉安三个地级市，在制度安排和政策落实上各自为战，县与县之间、市与市之间、省与省之间没有形成合力。在经济发展过程中产业同质化严重，内部竞争比较激烈，经济发展的规模和水平参差不齐；公共基础设施和公共服务之间未能做到全方位的互联互通；居民收入和生活水平尽管都比较低，但内部差异也十分明显。

　　从图 1-7 可以看出，2012 年"五县一市"的第一产业的比重都已经降为最低，其中最低的是井冈山市，最高的是茶陵县；"五县一市"中除了井冈山市，其余的县域经济的支柱产业均是第二产业，其中炎陵县和遂川县的第二产业比重较高；井冈山市的第三产业比重已经占据了半壁江山，呈现明显的三二一结构。

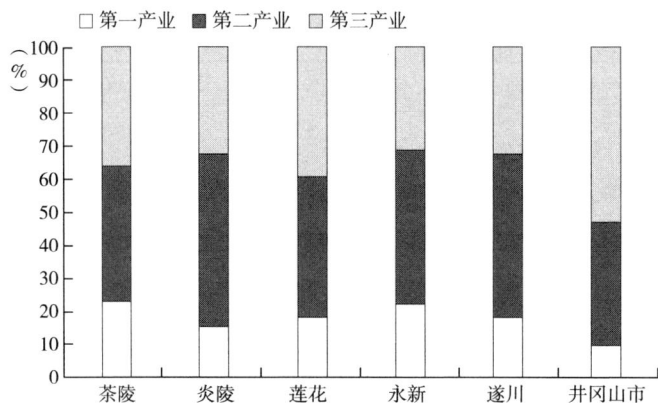

图 1-7　2012 年"五县一市"产业结构情况

　　从图 1-8 可以看出，2012 年，"五县一市"城镇化率均已经超过35%，但内部差距比较大，城镇化率最高的井冈山市已经接近 60%，而遂川县目前仅为 35% 左右，炎陵县也不到 40%。这说明"五县一市"城镇化发展空间巨大，有序推进新型城镇化将是未来发展的重要方向。

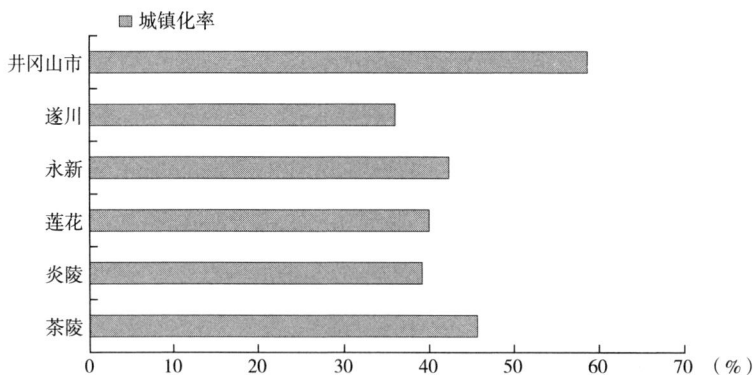

图 1-8　2012 年"五县一市"城镇化率情况

从图 1 - 9 可以看出，2012 年，"五县一市"中，城镇居民收入最高的是茶陵县，最低的是永新县；农村居民纯收入最高的是井冈山市，最低的是炎陵县。此外，可以看出"五县一市"城乡居民收入差距均比较大，这说明未来一段时期统筹城乡一体化发展、着力增加农民收入将是"五县一市"需要充分考虑和解决的问题。

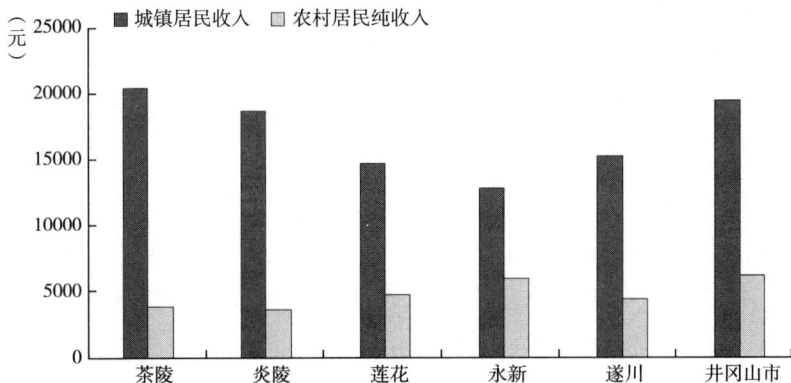

图 1 - 9　2012 年"五县一市"城乡居民收入情况对比

第五节　中部崛起战略与井冈山革命老区建设的关联

一　崛起战略的统一性、同步性与老区行政经济区域分割现状并存

促进中部崛起战略所指省份是山西、安徽、江西、河南、湖北和湖南六省。按照构造"三个基地，一个枢纽"的目标要求，中部地区将打造为中国重要的粮食生产基地、能源原材料基地、装备制造业基地和综合交通运输枢纽。实施促进中部崛起战略以来，中部六省发展速度明显加快，城乡人民生活水平稳步提高。但是，中部地区也面临着诸多制约长远发展的矛盾和问题。在应对国际金融危机冲击、保持经济平稳较快增长过程中，要进一步发挥中部地区比较优势，增强对全国发展的支撑能力，在转变发展方式、调整经济结构、改善和保障民生等方面还有很多工作要做。由于中部六省具有相似省情、区情和发展瓶颈，《促进中部地区崛起规划》对中部六省的合作共赢发展提出了明确的规划意见，崛起战略具有统一性和

同步性，而中部六省与"五县一市"相比具有偏宏观性，"五县一市"具有自身的区域特殊性和差异性。

井冈山革命老区包括了茶陵、炎陵、莲花、永新、遂川和井冈山市"五县一市"，茶陵和炎陵两县属于湖南省的株洲市的辖区，永新、遂川两县和井冈山市地处江西省吉安地区，莲花县属于江西省的萍乡市的辖区，由于"五县一市"分布在两个省三个地级市之中，这使得井冈山革命老区的行政区域、经济区域、自然历史区域既有历史传统的联系，又有现实行政区划的分割。新中国成立60多年的分头发展，已经造成各自为政，很难形成联合联动发展的格局。

从历史传统来看，"五县一市"以山区丘陵地为主，农业生产主要为水稻、油茶、家庭养殖业。生产生活习俗主要以小农经济为主，自给自足、小而全、不求人的思想根深蒂固，农村居民习惯日出而作、日落而息。县与县之间，特别是井冈山市（原宁冈县）与炎陵县、茶陵县，永新县与莲花县的居民通婚较多，起居饮食文化传承具有很多相似之处。

从井冈山革命斗争时期来看，"五县一市"作为井冈山革命根据地的中心地区，红军主要利用它的山势险峻、道路崎岖等地形地貌特点，作为反围剿和坚持军事与经济斗争的一个能攻易守的地方来考虑。当然，在井冈山斗争时期也出现过土客籍之间的矛盾，影响到井冈山斗争时期党的建设和群众工作。

由于"五县一市"不少地方山高地险、交通不便，农业生产、贸易往来受到很多限制，新中国成立前后很长一段时期还是以自给自足发展小农经济为主，国家建设的一些大项目、重点工程很难到这些地方落户，工业企业发展相对滞后，商贸、旅游、服务业在同区域的县市中发展水平不是很高，再加上行政区划的分割性，互通有无、经贸友好往来比较少，以邻为壑现象还是客观存在的，这些都严重地制约了"五县一市"的联动、协调、平衡发展。

二　特殊区情与中部其他地区的差异性

井冈山革命老区"五县一市"地处中部地区的江西、湖南两省交界处

的罗霄山脉中段，集中体现了我国老区、山区、贫困地区的主要特征。其
中茶陵县、炎陵县所在的株洲市是重工业化城市，莲花县所在的萍乡市是
以煤炭为主的资源型城市，而永新县、遂川县、井冈山市所在的吉安市是
传统的农业生产为主的城市。井冈山市主要是发展红色旅游产业，而茶
陵、炎陵、莲花、永新、遂川则是典型农业县，同时"五县一市"之间多
以公路省道为主要交通连接。这种特殊的区位因子、资源禀赋及交通条件
导致了目前井冈山革命老区与中部其他地区有较大的差异。

从铁路建设方面来看，京九、京广两条大动脉从"五县一市"的边缘
通过，吉茶衡铁路只连接了井冈山、茶陵、炎陵三县（市），分宜到永新
的铁路正在连接茶陵，没有形成有利于"五县一市"整体发展的铁路交
通网。

从公路建设情况来看，大广高速只经过遂川县，泉南高速途经永新
县、莲花县和茶陵县，井泰高速只从泰和县到井冈山市，目前在建的有井
冈山到炎陵县、茶陵县的一条高速；319国道、105国道途经"五县一
市"，省与省之间、县与县之间的公路路网建设与发达地区相比还有很大
差距。

从机场建设情况来看，"五县一市"区域范围内没有一个机场，最近
的一个井冈山机场位于吉安市泰和县。

"五县一市"为中国革命和新中国的建立做出了巨大的牺牲。据不完
全统计，新中国成立前牺牲的烈士有名有姓的有24000多位，在革命斗争
中送子送郎当红军的动人事迹县县皆有，产生了著名的将军县——永新
县、茶陵县等。可就现实而言，井冈山革命老区山区面积大，发展现代农
业条件差，人民的收入消费水平低等是一个客观现实。2011年"五县一
市"农民人均纯收入为4373元，城镇居民可支配收入为14628元，农村居
民人均消费为3665元，城镇居民人均消费为10082元，均低于全国平均水
平。2011年"五县一市"的城市化率平均只有41.77%。同时，教育、住
房、医疗保险条件和养老保险推行等情况与中部其他地区差异较大。长株
潭城市群、环鄱阳湖城市群对"五县一市"的带动辐射效应比较弱，"五
县一市"总体发展水平与中部地区其他老区、山区、贫困地区相比有明显
的差距。

三 中部崛起战略与扶持政策的对接

从区域划分的范围上看，井冈山革命老区"五县一市"属于中部崛起的地区，其发展要求和政策倾向应同中部的山西、安徽、江西、河南、湖北、湖南六省的其他县市一样，再加上党中央国务院及所在省、地级市对"五县一市"的支持和帮扶，特别是对国定和省定特困县、贫困县和对中央苏区和罗霄山脉中段集中连片开发扶贫，井冈山革命老区的县域经济的发展理应更好更快些，但实际效果要打很大的折扣。

中部崛起战略实施以来，井冈山革命老区"五县一市"获得了一定的扶持政策，经济社会发展取得了一定的成绩。但扶持政策和帮扶力度在"五县一市"的反映存在一定的差异，致使井冈山革命老区县市之间发展不平衡，特别是"五县一市"经济不够平衡现象较为突出，拓展发展平台、拓宽发展领域尚有很大空间。同时，扶持政策往往只在财政上给予一些支持，在整体规划、人才开发、资源互补、交通整合、旅游打通等方面都还存在一些盲区。另外，在政策、项目、资金扶持等方面也是各县（市）之间有较大区别，湖南省有湖南省的帮法，江西省有江西省的扶贫政策，株洲、吉安、萍乡三个地级市分别对所辖的县（市）的支持帮扶特别是对口支援的做法存在差异，难免导致老区人民对中部崛起、定点帮扶、集中连片开发政策和措施或具体做法理解不同，认识也不一样。部分群众还反映，省、地级市的帮扶与中央的帮扶政策对接有折扣，甚至存在不到位、不平衡、不匹配、有些难落实的情况。如果井冈山革命老区经济社会建设与中部崛起战略和扶持政策的对接不合理、不匹配，要想取得比较好的发展效果是不切实际的。

第六节 区域、省域经济发展对井冈山革命老区的影响

自《中共中央国务院关于促进中部地区崛起的若干意见》颁布实施以来，中部地区进入了加速发展的新时期。2006~2008年三年间，中部地区地区生产总值年均增长13.2%，位居我国东部、西部、东北及中部四大经

济板块第二位。江西、湖南两省的地区生产总值、城市化进程、财政收入等指标都得到快速的提升，其中江西 2005 年的地区生产总值为 4056.8 亿元，2011 年达到了 11702.8 亿元，是 2005 年地区生产总值的近 3 倍，湖南 2005 年的地区生产总值为 6473.6 亿元，2011 年达到了 19669.6 亿元，是 2005 年的 3 倍；2005 年江西城市化率为 37.1%、湖南城市化率为 37.0%，到 2011 年，江西和湖南的城市化率分别达到了 45.7% 和 45.1%，年均增长分别为 1.43 个和 1.35 个百分点，增速和增幅列全国 31 个省区市前列。这一方面说明中部崛起战略实施以来江西和湖南两省是受益的，发展速度不断加快，成效也非常明显；另一方面，地处江西、湖南两省交界处和罗霄山脉中段的井冈山革命老区的"五县一市"发展却相对落后，这种二律背反情况值得重视和关注。两省的发展对井冈山革命老区发展的影响主要表现在两方面：一是省域经济发展对"五县一市"有影响但效果不明显；二是市（地级市）域经济发展对"五县一市"的拉动效应不平衡。

一　国家战略对"五县一市"县域发展的效用

国家高度重视井冈山革命老区协调发展，就罗霄山片区扶贫开发、促进中部地区崛起和支持赣南等原中央苏区振兴发展做出了一系列战略部署，为加快"五县一市"县域经济发展提供了发展机遇、发展动力和规制保障。鄱阳湖生态经济区、环长株潭城市群和海峡西岸经济区的加快建设以及珠江三角洲等地区的优化发展、泛珠三角区域经济合作的有效推进，为加强对内对外开放与合作、加快发展营造了良好环境。

（一）罗霄山片区扶贫攻坚战略对"五县一市"的效用

目前，"五县一市"全部被纳入了罗霄山片区攻坚规划，加快罗霄山片区区域发展步伐，加大扶贫攻坚力度，有利于保障和改善井冈山革命老区民生条件，促进革命老区振兴发展和扶贫对象脱贫致富奔小康，有利于确保"五县一市"全体人民共享改革发展成果，实现国家区域发展总体战略目标；同时有利于加强生态建设和环境保护，加快"五县一市"红色优势、生态优势向经济优势转化；有利于进一步深化改革、开创科学发展新局面，对实现全面建成小康社会奋斗目标具有十分重要的意义。

表 1-9 罗霄山片区行政区域范围

省	市	县（市、区）
江西省	赣州市	赣县、上犹县、安远县、宁都县、于都县、兴国县、会昌县、寻乌县、石城县、瑞金市、南康市、章贡区
	吉安市	遂川县、万安县、永新县、井冈山市
	萍乡市	莲花县
	抚州市	乐安县
湖南省	株洲市	茶陵县、炎陵县
	郴州市	宜章县、汝城县、桂东县、安仁县

资料来源：《罗霄山片区区域发展与扶贫攻坚规划（2011—2020 年）》。

（二）长株潭城市群规划对"五县一市"的效用

《长株潭城市群区域规划（2008—2020 年）》的出台为"五县一市"的茶陵县和炎陵县提供了直接的机会和机遇。规划把茶陵和炎陵列为南部协调发展区，主要拓展与核心区联动的能源和旅游等功能，加强和衡阳的联系，发挥茶陵红色文化、炎陵炎帝文化等，打造南岳－酒埠江、云阳山、炎帝陵－井冈山等精品旅游线路，并将茶陵和炎陵列为五级城市。同时环长株潭城市群必将辐射濒临的莲花县、井冈山市、永新县、遂川县等，对当地的产业合作、公共服务对接、生态保护以及新型城镇化创造了难得的发展机遇。

（三）赣南等原中央苏区振兴规划对"五县一市"的效用

2012 年以来，随着《关于支持赣南等原中央苏区振兴发展的若干意见》的全面实施和政策扶持力度进一步加大，原中央苏区进入振兴发展的关键时期已经到来，"五县一市"中遂川、莲花、永新和井冈山已经全部纳入苏区振兴规划，井冈山老区面临前所未有的发展机遇。在国家对原中央苏区政策的支持下，随着经济全球化和区域经济一体化深入发展，东部沿海产业向中西部地区加速转移，为该区域振兴发展注入强劲活力。"五县一市"新型工业化、城镇化潜力巨大，随着赣南振兴政策的发力，重大基础设施必将日趋完善，为发挥该区域比较优势、实现跨越式发展创造了良好环境。同时赣南苏区振兴有利于对接长株潭城市群，从而为"五县一市"发展提供叠加效用。

二　省域经济发展对 "五县一市" 有影响但效果不明显

县域经济发展的一个重要特征是随着国家、省域、市域经济规模的扩大，人均国内生产总值的增多，人们的收入和消费水平会随之提高。从该角度出发，本研究对井冈山老区"五县一市"的情况进行了对比分析。

在促进中部崛起战略实施以来，"十五"末到"十一五"末，"五县一市"的城镇居民人均年可支配收入和农村居民人均纯收入两个指标未与全国及所在省市保持同步提高。但总体来说，"五县一市"的发展滞后于所在市和省份的平均发展水平，说明加快发展仍是这些地区面临的主要矛盾。

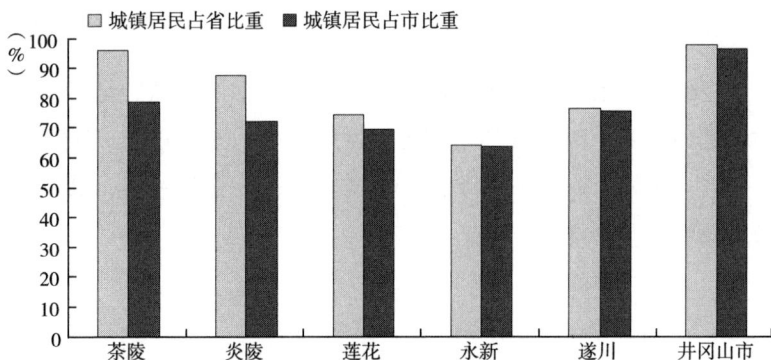

图 1-10　"五县一市"城镇居民可支配收入占所在省和所在市比重

城镇居民可支配收入方面，从图 1-10 可以看出，到 2012 年底，只有井冈山市的城镇居民人均年可支配收入达到了吉安市和江西省的平均水平，永新县的水平与所在地市差距偏大，另外可以看出"五县一市"占省里的比重均高于所在市的比重，说明"五县一市"的整体发展速度滞后于所在省的平均速度。

农村居民可支配收入方面，从图 1-11 可以看出，"五县一市"的农村居民人均纯收入均没有达到所在地级市和所在省的平均水平，并且差距依然较大，最低的茶陵县和炎陵县，严重低于所在市的发展水平。这说明着力增加农村居民收入是"五县一市"共同面临的重要问题，也是与全国同步建成小康社会必须要解决的难题。

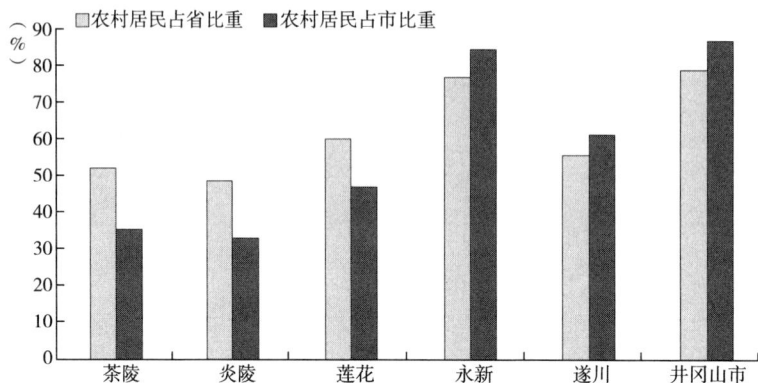

图 1 - 11 "五县一市"农村居民可支配收入占所在省和所在市比重

三 市(地级市)域经济发展对"五县一市"的拉动效应不平衡

在市场经济的条件下,按照目前中国行政管辖的现状,地级市作为行政机构设置的重要一级,对县域经济的发展影响力是不能忽视的。但由于"五县一市"的发展基础——特别是生产力水平——不一样,其产生的拉动、带动效应也不一样。

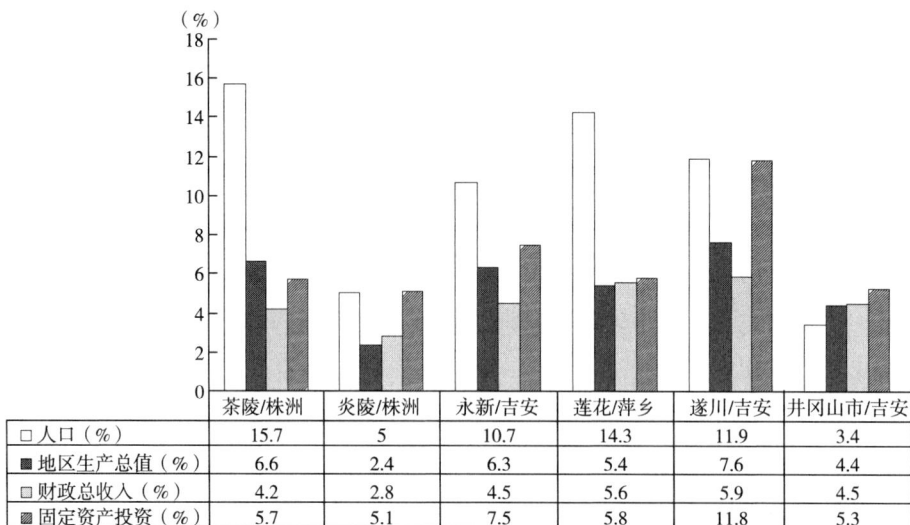

	茶陵/株洲	炎陵/株洲	永新/吉安	莲花/萍乡	遂川/吉安	井冈山市/吉安
口人口(%)	15.7	5	10.7	14.3	11.9	3.4
■地区生产总值(%)	6.6	2.4	6.3	5.4	7.6	4.4
口财政总收入(%)	4.2	2.8	4.5	5.6	5.9	4.5
■固定资产投资(%)	5.7	5.1	7.5	5.8	11.8	5.3

图 1 - 12 2012 年"五县一市"主要经济指标占所在地级市比重

从图 1 - 12 可以看出,2012 年,"五县一市"之间在地区生产总值、财政总收入和固定资产投资等方面都存在较大的差距。"五县一市"中，仅有井冈山市的人口规模低于吉安市平均水平，但地区生产总值、财政总收入和固定资产投资三个指标高于人口规模，表明井冈山市处于吉安市平均发展水平之上；而茶陵县占当地人口数量规模最大，地区生产总值、财政总收入和固定资产投资却严重低于人口规模；遂川县的固定资产投资比重占比较突出，地区生产总值的比重也最大；莲花县地区生产总值、财政总收入和固定资产投资保持在一个相对一致的状态；炎陵县的地区生产总值、财政总收入两个指标最低。从图1－12中反映的情况可以看出，区域、省域经济发展水平与井冈山革命老区的"五县一市"的发展存在严重的不平衡现象。

第 二 章

新世纪井冈山革命老区县域经济发展分析

新世纪以来，特别是随着促进中部地区崛起战略的拉动作用的发挥，井冈山革命老区县域经济发展取得了一定的成绩，以井冈山市发展红色旅游为主的旅游业发展效果尤为明显。但从总体来看，井冈山革命老区"五县一市"的县域经济整体发展水平相对偏低，与全国整体水平相比还存在明显的差距。这种差距反映在井冈山老区的"五县一市"与全国及所属省、地级市的主要经济指标的比较分析中。

第一节 "五县一市"所在省、地级市
主要经济指标比较分析

县域经济是统筹城乡经济社会发展的基本单元，是整个国民经济的重要经济基础，是构成国家经济的重要组成部分。[①] 井冈山革命老区"五县一市"分属我国江西省的萍乡市、吉安市和湖南省的株洲市。由于江西和湖南两个省生产力现状和经济发展水平不一样，再加上萍乡、株洲、吉安三个地级市的要素禀赋不同，因此对"五县一市"的带动和辐射作用也有区别，从几组主要经济指标比较分析中可以看出差异。

一 江西省、湖南省与全国主要经济指标比较

从表2-1看出，2012年，湖南省人口比江西多2135万人，地区生产总值多了近9206亿元，湖南省的人口和地区生产总值分别占全国的4.90%和4.27%，人口比重比地区生产总值比重高了0.63个百分点，江西省的情况也是如此，人口占全国比重比地区生产总值占全国比重高了近1个百分点。尽管人均地区生产总值湖南省比江西省多4680元，但是两省均未达到全国的平

---

① 张秀生：《中国县域经济发展》，中国地质大学出版社，2009，第43~44页。

均水平。两省的城镇居民人均可支配收入和农村居民人均纯收入都低于全国水平。其中江西和湖南两省的城镇居民人均年可支配收入分别比全国城镇居民年可支配收入低 19.15 个百分点和 13.21 个百分点,全社会固定资产投资湖南省比江西省高出 3749 亿元,但占全国的比重分别是 3.88% 和 2.88%,两省相差 1 个百分点。上述情况反映,一些指标本应与人口占全国的比重相对应却对应不了,尤其是财政收入和城乡居民收入水平远低于全国平均水平。这说明,由于省域经济发展水平不高,其对"五县一市"的辐射带动能力有限。

表 2 - 1　2012 年全国、江西省、湖南省主要经济指标比较

项　目	全　国	江　西	省/国（%）	湖　南	省/国（%）
人口（万人）	135404	4504	3.33	6639	4.90
地区生产总值（亿元）	518942.1	12948.88	2.50	22154.23	4.27
人均地区生产总值（元）	38420	28800	74.96	33480	87.14
财政总收入（亿元）	117253.5	2046.15	1.75	2931.8	2.50
公共财政预算收入（亿元）	61078.3	1371.99	2.25	1782.16	2.92
城镇居民人均可支配收入（元）	24564.7	19860.36	80.85	21318.76	86.79
农村居民人均纯收入（元）	7916.6	7829.43	98.90	7440.17	93.98
全社会固定资产投资（亿元）	374694.7	10774.2	2.88	14523.2	3.88

资料来源:《中国统计年鉴 2013》。

二　株洲、吉安、萍乡三市与江西、湖南两省主要经济指标比较

通过对井冈山革命老区"五县一市"所属的株洲、吉安及萍乡三个地级市的主要经济指标进行比较（见表 2 - 2 和图 2 - 1）可知:2012 年萍乡地区的人口最少,只有 187.4 万人。株洲市和吉安市分别有 395.8 万人和 485.36 万人,地区生产总值株洲市最多,达到 1759 亿元,是萍乡市的 2 倍多,是吉安市的 1.75 倍。株洲市的人均地区生产总值为 44745.93 元,是三个地级市之首,超过湖南平均水平 33.65 个百分点;萍乡人均地区生产总值也高于全省平均水平 36.06 个百分点,而吉安市的人均地区生产总值未达到所在省的平均水平。株洲、吉安和萍乡三市的财政总收入分别是 213.8 亿元、143.25 亿元和 100.51 亿元,城镇居民人均年可支配收入最高的是株洲市,达到 25916 元,是湖南省的 1.22 倍,同时吉安市和萍乡市的

城镇居民可支配收入都达到了所在省份的平均水平，农村居民人均纯收入最高的也是株洲市，达到10972元，是湖南省农村居民人均纯收入的1.48倍，吉安市为7102.86元，与江西省农村居民人均纯收入还差9.28个百分点，萍乡市农村居民人均纯收入达到9999.51元，超过江西省农村居民人均纯收入27.72个百分点。株洲、吉安及萍乡三市全社会固定资产投资分别是1150.5亿元、885.91亿元及690.4亿元。

表2-2 2012年株洲、吉安、萍乡主要经济指标比较

项　目	株　洲	市/本省 (%)	吉　安	市/本省 (%)	萍　乡	市/本省 (%)
人口（万人）	395.8	5.96	485.36	10.78	187.40	4.16
地区生产总值（亿元）	1759	7.94	1006.26	7.77	733.06	5.66
人均地区生产总值（元）	44745.93	133.65	20755	72.07	39186	136.06
财政总收入（亿元）	213.8	7.29	143.25	7.00	100.51	4.91
地方财政收入（亿元）	135.4	7.60	103.5	7.54	74.1	5.40
城镇居民人均年可支配收入（元）	25916	121.56	20133.68	101.38	21257.21	107.03
农村居民人均纯收入（元）	10972	147.47	7102.86	90.72	9999.51	127.72
全社会固定资产投资（亿元）	1150.5	7.92	885.91	8.22	690.40	6.41

资料来源：湖南省、江西省和株洲、吉安、萍乡三市2012年统计年报。

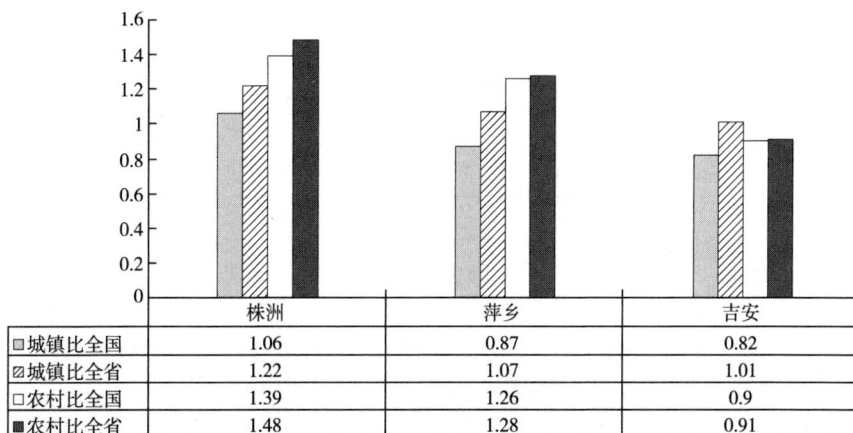

	株洲	萍乡	吉安
□城镇比全国	1.06	0.87	0.82
▨城镇比全省	1.22	1.07	1.01
□农村比全国	1.39	1.26	0.9
■农村比全省	1.48	1.28	0.91

图2-1 株洲、萍乡和吉安与全国和全省城乡居民收入对比情况

三 "两省""三市"与全国重点经济指标的比较

从全国及江西、湖南两省和株洲市、萍乡市、吉安市三个地级市工业增加值、固定资产投资、实际利用外资、出口总额的"九五"末与"十五"末,"十一五"末和"十二五"规划头年实施的情况比较来看,2000年、2005年、2010年、2011年和2012年全国规模以上工业增加值分别是25394.8亿元、76190亿元、186481亿元、220592亿元及242651亿元,其中2000年湖南省规模以上工业增加值是江西省的近两倍,到2012年,湖南省与江西省规模以上工业增加值的差距仍维持近2倍。2000年株洲市、萍乡市和吉安市的规模以上工业增加值是86.5亿元、14.34亿元和36.48亿元。2005年,株洲市和吉安市的规模以上工业增加值分别是148.8亿元和49.8亿元,到2012年株洲市和吉安市的规模以上工业增加值分别达到767.7亿元和418.89亿元,吉安市还不足株洲市的55%。在固定资产投资方面,2000~2012年期间,全国固定资产投资增加了10.38倍,江西增加了5倍多,而湖南增加了12.6倍,株洲、萍乡和吉安三个地级市在2000年至2012年期间固定资产投资一直是株洲最多。在实际利用外资方面,江西省2000年实际利用外资2.2724亿美元,湖南省是11.0843亿美元,而在2005年、2010年和2011年两省实际利用外资基本相当;株洲、萍乡及吉安三个地级市实际利用外资方面,由于萍乡市人口少,经济规模小,利用水平一直远低于其他两市。在出口总额方面,2000~2012年,江西省的增长速度高于湖南省,尤其是"十一五"末的2010年和"十二五"起始年2011年江西省出口总额要大大超过湖南省;在三个地级市之间的出口总额增长速度由高到低依次是吉安市、萍乡市、株洲市。

表 2-3　工业增加值、固定资产投资、实际利用外资、出口总额

项　目	区　域	年　份				
		2000	2005	2010	2011	2012
规模以上工业 增加值(亿元)	全　国	25394.8	76190	186481	220592	242651
	江西省	269.8133	828.5	2948.9	3911	4885.2
	湖南省	528.1	1535.9	5890.29	8122.76	8107.08
	株洲市	86.5	148.8	605.8	721.9	767.7

续表

项 目	区 域	年 份				
		2000	2005	2010	2011	2012
规模以上工业增加值(亿元)	萍乡市	14.34	63.27	227.9	260.65	338.69
	吉安市	36.48	49.8	250.43	404.45	418.89
固定资产投资(亿元)	全 国	32917.73	88773.6	278140	311022	374676
	江西省	2004	2293	8772.3	11020	10774.2
	湖南省	1066.7	2563.96	9821.06	11400	14523.2
	株洲市	58.2	160.7	808.5	849	1150.5
	萍乡市	17.28	120.55	439.47	577.29	690.40
	吉安市	39.93	122	766.74	739.23	975.90
实际利用外资(亿美元)	全 国	407.1481	638.05	1057	1160	1117.2
	江西省	2.2724	24.2	51.01	60.59	68.24
	湖南省	11.0843	20.7235	51.8441	61	72.8
	株洲市	0.5	1.6	4	4.9	5.8
	萍乡市	0.10	0.61	1.54	1.8	2.12
	吉安市	0.2580	1.87	4.40	5.02	5.65
出口总额(亿美元)	全 国	2492	7619.5	15779	18986	20489.3
	江西省	11.9736	24.4	134.16	218.81	251.11
	湖南省	16.53	37.47	79.5487	186	126
	株洲市	3.7	6.9	14.8	18.7	18.3
	萍乡市	0.06	0.33	4.48	7.15	11.01
	吉安市	0.1661	0.9084	9.9529	20.7019	25.73

资料来源:湖南省、江西省和株洲、吉安、萍乡三市统计公报。

第二节 "五县一市"新世纪县域经济发展现状分析

井冈山革命老区的主要组成部分"五县一市"分别是茶陵县、炎陵县、永新县、莲花县、遂川县和井冈山市。新世纪以来,"五县一市"县域经济发展的特点和现状如何?以下通过调研得到的和有关部门提供的具体的统计数据予以分析。

一 经济规模小, 发展速度相对缓慢

"五县一市"经济结构情况,从其主要经济指标中可以看出。根据表2-4

分析的可知，2012 茶陵县的人口最多，达 62.1 万人，最少的是井冈山市（16.42 万人），超过 50 万人口的有茶陵、遂川和永新，其他三个县（市）人口不足 30 万。地区生产总值最多的也是茶陵为 115.4 亿元，其次分别是遂川 76.24 亿元、永新 63.5 亿元、井冈山市 44.04 亿元、炎陵 42.49 亿元和莲花的 39.35 亿元。人均地区生产总值最多的是井冈山市，达到 28653 元，是吉安市人均 GDP 的 1.38 倍，其他县的人均地区生产总值都未达到所在地级市的人均水平，其中莲花县的人均地区生产总值只有萍乡市人均地区生产总值的 37.9%。财政总收入最多的是茶陵县 9.06 亿元，其次分别是遂川 8.41 的亿元、永新的 6.42 亿元、井冈山市的 6.45 亿元、炎陵的 6.05 亿元及莲花的 5.6 亿元；地方财政收入最多的是遂川县（6.62 亿元），最少的是炎陵（4.03 亿元）。"五县一市"的城镇居民人均年可支配收入均未达到所在市的平均水平，同时这六个县（市）的农村居民人均纯收入都未达到所在地级市的平均水平，其中茶陵县、炎陵县及莲花县的农村居民人均纯收入不足所在市的一半。全社会固定资产投资最大的遂川县达到 104.8 亿元，是最少的莲花县的近 3 倍。

表 2 - 4　2012 年"五县一市"主要经济指标与所辖市占比

项目	茶陵	县/市（%）	炎陵	县/市（%）	永新	县/市（%）	莲花	县/市（%）	遂川	县/市（%）	井冈山	县/市（%）
人口（万）	62.1	15.7	19.91	5.0	51.7	10.7	26.87	14.3	57.79	11.9	16.42	3.4
地区生产总值（亿元）	115.4	6.6	42.49	2.4	63.5	6.3	39.55	5.4	76.24	7.6	44.04	4.4
人均地区生产总值（元）	18573	41.5	21341	47.7	12282	59.2	14835	37.9	13273	64.0	28653	138.1
财政总收入（亿元）	9.06	4.2	6.05	2.8	6.42	4.5	5.6	5.6	8.41	5.9	6.45	4.5
地方财政收入（亿元）	6.20	4.6	4.03	3.0	4.7	4.5	4.08	5.5	6.62	6.4	5.4	5.2
城镇居民人均年可支配收入（元）	20461	79.0	18652	72.0	12800	63.6	14730	69.3	15240	75.7	19462	96.7
农村居民人均纯收入（元）	3888	35.4	3608	32.9	6005	84.5	4716	47.2	4370	61.5	6162.5	86.8
全社会固定资产投资（亿元）	65.08	5.7	58.35	5.1	66.4	7.5	39.73	5.8	104.8	11.8	46.53	5.3

　　资料来源：根据"五县一市"《2012 年国民经济和社会发展统计公报》和《2013 年政府工作报告》整理。

二　城乡居民收入水平均较低，县域之间内部差距较大

根据表 2 - 5，从 2000 年、2005 年、2010 年及 2012 年四年江西和湖南两省在城镇居民人均可支配收入和农村居民人均纯收入与全国平均水平进行比较来看：2000 年全国城镇居民人均可支配收入为 6280 元，江西和湖南两省分别占全国的 81.3% 和 99.0%；全国农村居民人均纯收入是 2253 元，江西和湖南两省分别占全国平均水平的 94.8% 和 97.5%。2005 年，全国城镇居民人均可支配收入为 10493 元，江西和湖南两省分别占全国平均水平的 82.2% 和 90.8%；全国农村居民人均纯收入是 3255 元，江西和湖南两省分别占全国水平的 100.3% 和 95.8%。2010 年，全国城镇居民人均可支配收入为 19109 元，江西和湖南两省分别占全国的 81% 和 86.7%；全国农村居民人均纯收入是 5919 元，江西和湖南两省分别占全国水平的 97.8% 和 95%。2012 年，全国城镇居民人均可支配收入为 24565 元，江西和湖南两省分别占全国的 80.9% 和 86.8%；全国农村居民人均纯收入是 7917 元，江西和湖南两省分别占全国水平的 98.9% 和 94.0%。从上述数据中可以看出湖南省城镇居民人均可支配收入与全国平均水平的差距有不断拉大的趋势，从 2000 年的 99% 降至 2012 年的 86.8%，而江西占比基本不变，两省的农村居民人均纯收入占比略有波动。

表 2 - 5　2000 年、2005 年、2010 年、2012 年全国与江西、湖南居民收入对比情况

年份	城镇居民人均年可支配收入（元）					农村居民人均纯收入（元）				
	全国	江　西		湖　南		全国	江　西		湖　南	
			占全国比重(%)		占全国比重(%)			占全国比重(%)		占全国比重(%)
2000	6280	5103.6	81.3	6218.7	99.0	2253	2135	94.8	2197.2	97.5
2005	10493	8619.7	82.2	9524.0	90.8	3255	3265.5	100.3	3117.7	95.8
2010	19109	15481	81.0	16566	86.7	5919	5788.6	97.8	5622	95.0
2012	24565	19861	80.9	21319	86.8	7917	7829	98.9	7440	94.0

资料来源：《中国统计年鉴》（2001 年、2006 年、2011 年、2013 年）。

根据表 2 - 6 反映的情况，2000 年，株洲市的城镇居民人均可支配收入和农村居民人均纯收入都超过了全国和湖南省的平均水平，萍乡市的城

镇居民人均可支配收入低于全国和江西省的平均水平，而农村居民人均纯收入则高于全国和江西省的平均水平，吉安市的城镇居民人均可支配收入和农村居民人均纯收入则均低于全国和江西省的平均水平。2005 年，株洲市的城镇居民人均可支配收入和农村居民人均纯收入也都超过了全国和湖南省的平均水平；萍乡市的城镇居民人均可支配收入要高于江西省的平均水平，但只占全国平均水平的 85.5%，农村居民人均纯收入高于全国和江西省的平均水平；吉安市的城镇居民人均可支配收入低于全国和江西省的平均水平，而农村居民人均纯收入则基本与全国及江西省平均水平相当。2012 年，株洲市的城镇居民人均可支配收入和农村居民人均纯收入依然超过了全国和湖南省的平均水平；萍乡市的城镇居民人均可支配收入高于江西省的平均水平，但只占全国平均水平的 86.5%，农村居民人均纯收入依然高于全国和江西省的平均水平；吉安市的城镇居民人均可支配收入只占全国的 81.9%，占江西省的 101.4%，吉安市的农村居民人均纯收入均低于全国及江西省的平均水平。

表 2 - 6　2000 年、2005 年、2010 年、2012 年全国与株洲、
萍乡、吉安市居民收入对比情况

年份	市	城镇居民人均年可支配收入(元)	占全国比重（%）	占全省比重（%）	农村居民人均纯收入（元）	占全国比重（%）	占全省比重（%）
2000	株洲	6648	105.9	106.9	2689	119.4	122.4
	萍乡	5081.4	80.9	99.6	2435.1	108.1	114.0
	吉安	4703.61	74.9	92.2	2106.4	93.5	98.7
2005	株洲	11230	107.0	117.9	3957	121.6	126.9
	萍乡	8973.0	85.5	104.1	3922.0	120.5	120.1
	吉安	8604.19	82	99.8	3266.77	100.4	100.0
2010	株洲	19643	102.8	118.6	7658	129.4	136.2
	萍乡	16381.0	85.7	105.8	7219.0	122.0	124.7
	吉安	15546.99	81.4	100.4	5569.58	94.97	96.2
2012	株洲	25916	105.5	121.6	10972	138.6	147.5
	萍乡	21257.21	86.5	107.0	9999.51	126.3	127.7
	吉安	20133.68	81.9	101.4	7102.86	89.7	90.7

资料来源：根据株洲、吉安、萍乡三市 2000 年、2005 年、2010 年和 2012 年经济社会发展统计公报整理。

　　从全国和湖南、江西两省及株洲、萍乡、吉安三个地级市的城镇
居民人均年可支配收入、农村居民纯收入在"九五""十五""十一
五"末的变化情况来看，处于中部地区的"五县一市"相对不发达，
也反映了中部崛起战略实施以后，两省三个地级市两项指标的变化情
况。同时，这种变化对井冈山老区"五县一市"相关指标的变化具有
很大的影响。

　　根据表2-7提供的数据分析：2000年，茶陵县的城镇居民人均可支
配收入是4346元，占湖南省平均水平的69.9%，占株洲市的65.37%；农
村居民人均纯收入为2409元，占湖南省的109.6%，占株洲市的89.59%。
炎陵县的城镇居民人均可支配收入和农村居民人均纯收入都未达到湖南省
和株洲市的平均水平。莲花县的城镇居民人均可支配收入占江西省和萍乡
市的80%左右，农村居民人均纯收入只占江西省的62.7%、萍乡市的
55.0%。永新和遂川两县的城镇居民人均可支配收入和农村居民人均纯收
入都没有达到江西省和吉安市的平均水平，而井冈山市的这两个指标都超
过了江西省和吉安市的平均水平。

表2-7　2000年、2005年、2010年、2012年湖南、江西两省株洲、萍乡、
吉安三市与井冈山老区"五县一市"居民收入对比情况

年　份	县（市）	城镇居民人均年可支配收入（元）	占省比重（%）	占市比重（%）	农村居民人均纯收入（元）	占省比重（%）	占市比重（%）
2000	茶　陵	4346	69.9	65.37	2409	109.6	89.59
	炎　陵	4132	66.4	62.2	2026	92.2	75.3
	莲　花	4076	79.8	80.2	1340	62.7	55.0
	永　新	4160	81.5	88.4	1810	84.8	85.9
	遂　川	4452	87.2	94.7	1440	63.9	71.4
	井冈山市	5847	114.57	124.3	2364	110.72	112.23
2005	茶　陵	7607	79.9	67.74	2327	74.6	58.81
	炎　陵	6720	70.6	59.8	2162.8	69.4	54.7
	莲　花	6300	73.1	70.2	1543	47.2	39.3
	永　新	6802	78.9	79.1	2931	89.8	89.7
	遂　川	6062	70.3	70.45	1605.1	49.1	49.1
	井冈山市	8248	95.69	95.86	3623	110.95	110.9

续表

年　份	县（市）	城镇居民人均年可支配收入（元）	占省比重（%）	占市比重（%）	农村居民人均纯收入（元）	占省比重（%）	占市比重（%）
2010	茶　陵	15650	94.5	79.67	2999	53.3	39.16
	炎　陵	14245	86.0	72.5	2970	52.8	38.8
	莲　花	11840	76.5	72.3	3079	53.2	42.7
	永　新	10688	69.0	68.8	4799	82.9	86.2
	遂　川	10483	67.7	67.4	3177	54.8	57.4
	井冈山市	15778	101.92	101.49	5023	86.77	90.19
2012	茶　陵	20461	96.0	79.0	3888	52.3	35.4
	炎　陵	18652	87.5	72.0	3608	48.5	32.9
	莲　花	14730	74.2	69.3	4716	60.2	47.2
	永　新	12800	64.4	63.6	6005	76.7	84.5
	遂　川	15240	76.7	75.7	4370	55.8	61.5
	井冈山市	19462	98.0	96.7	6162.5	78.7	86.8

资料来源：根据株洲、吉安、萍乡三市 2000 年、2005 年、2010 年和 2012 年经济社会发展统计公报整理。

"十五"末的 2005 年，茶陵县和炎陵县的城镇居民人均可支配收入和农村居民人均纯收入均未达到湖南省和株洲市的平均水平，并且差距有进一步拉大的趋势；莲花县的城镇居民人均可支配收入占江西省和萍乡市平均水平的 70% 左右，农村居民人均纯收入只占江西省的 47.2%、萍乡市的 39.3%，相对于"九五"末的 2000 年，差距进一步拉大；永新和遂川两县的城镇居民人均可支配收入和农村居民人均纯收入都没有达到江西省和吉安市的平均水平；而井冈山市的城镇居民人均可支配收入略低于江西省和吉安市的平均水平，农村居民人均纯收入比江西省和吉安市平均水平高10 个百分点左右。

"十一五"末的 2010 年，茶陵县和炎陵县的城镇居民人均可支配收入和农村居民人均纯收入依然都未达到湖南省和株洲市的平均水平，城镇居民人均可支配收入差距有所缩小，而农村居民人均纯收入差距与"十五"

末的 2005 年相比却有进一步拉大的趋势；莲花县的城镇居民人均可支配收入占江西省和萍乡市的 70% 多一点，农村居民人均纯收入只占江西省的 53.2%、萍乡市的 42.7%；永新和遂川两县的城镇居民人均可支配收入和农村居民人均纯收入都没有达到江西省和吉安市的平均水平；而井冈山市的城镇居民人均可支配收入略高于江西省和吉安市的平均水平，农村居民人均纯收入要比江西省和吉安市平均水平低 10 个百分点左右。

通过对"五县一市"城镇居民人均可支配收入与农村居民人均纯收入在"九五"末、"十五"末、"十一五"末的变化情况与所在省和市的平均水平对比，可以看出不少问题。总体来看，"五县一市"地区经济社会欠发达、人民群众生活相对落后，县域经济发展的潜力和空间巨大。新的历史时期，"五县一市"既需要用好用活特殊的政策，比如中部崛起战略、长株潭城市群、罗霄山脉中段连片集中扶贫和中央、省市部门对口支援帮扶等，同样也应根据自身特点谋划发展，这些都很值得我们深思和研究。

第三节　"五县一市" 内部区域联动发展情况分析

新中国成立以后，在多种原因的交错下，井冈山革命老区的发展相对是滞后的。进入 21 世纪以来，在东部沿海地区经济社会的快速发展呈现出一片繁荣，东北老工业基地的振兴发展，西部大开发如火如荼的大背景下，区域协调发展对中部崛起战略的实施产生了群体联动、相互促进的效用，中部六省大部分地区得到了较好发展。而井冈山革命老区"五县一市"由于受到自然条件、资源禀赋、制度设计及政策安排等原因的影响，整体发展严重滞后，人民的收入和生活水平相对低，井冈山革命老区"五县一市"的县域合作、整体联动发展更是值得担忧。根据赫克歇尔和俄林的"要素禀赋理论"，① 要素禀赋是决定一个地区经济发展水平的基础因素。经济发展的早期阶段要更多依靠生产要素的投入来拉动增长，而欠发

---

① Friedman, J. R., *Regional Development Policy: A Case Study of Venezuel - a*, Cambridge: MIT Press.

达地区资源禀赋往往先天不足。其发展现状和影响发展的主要因素表现在以下四个方面。

一 区域合作处于初级阶段，深度与广度偏低

美国地理学家 Friedman 认为，任何区域都是由一个或若干个核心区域和边缘区域组成。核心地区是由一个城市或城市集群及其周围地区所组成，边缘的界限由核心与外围的关系来确定。核心 – 边缘理论认为区域经济发展在空间上的表现一般经历以下四个阶段（见图 2 – 2），即工业化前阶段、工业化初期阶段、工业化成熟阶段、大量消费阶段。

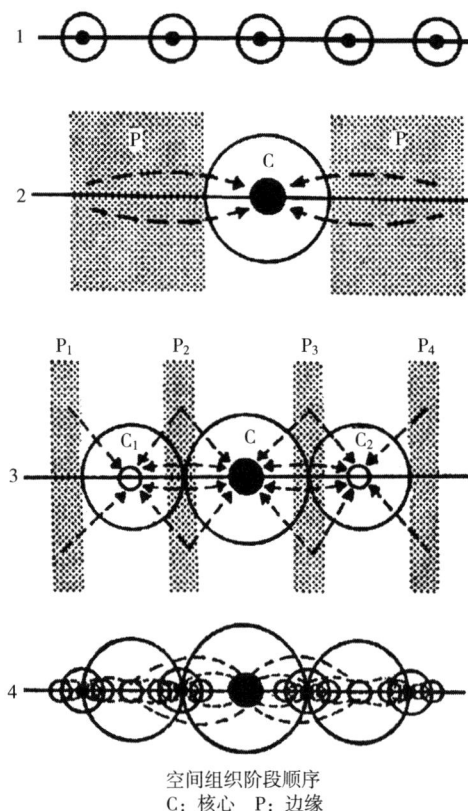

空间组织阶段顺序
C：核心 P：边缘

图 2 – 2 核心 – 边缘理论下"五县一市"所处的阶段

井冈山革命老区"五县一市"中茶陵和炎陵两个县属湖南省的株洲市管辖，莲花县位于江西省的萍乡市，永新县、遂川县和井冈山市位于江西

省的吉安市。株洲是典型的工业型城市,工业化发展程度较高;萍乡是以煤炭开发为主的资源型城市,其工业水平较为粗放;而吉安则是传统的农业型地区,工业发展的基础较弱;所以三个地区的工业化发展的基础和层次差别较大,彼此之间的产业联动有限。

同时,"五县一市"都远离江西省的核心区域,其发展基础和程度都较为薄弱,六个县(市)被本省域、市域市场经济的辐射的程度不同,即被"边缘化"的深度存在较大差异。加之江西、湖南两省在人口、地区生产总值、人均地区生产总值及财政收入等方面都有较大的差距,难免影响"五县一市"的发展路径、模式的选择,或受省域、市域经济发展的惯性影响产生雷同化,或在产业的选择上形成低质同构的问题。基于核心–边缘理论,总体上说"五县一市"地区目前处于第一阶段,即存在区域上、经济社会上的交互,但是区域合作的广度和深度偏低,仅是县域之间的普通协作,彼此之间缺乏合作,区域联动发展的效果不明显。从长远发展来看,"五县一市"必须加强区域联动协作,加速向第三阶段和第四阶段迈进。

二 发展不协调、共生效应不足

共生理论作为种群生态学的核心理论,其研究内容之一就是种群之间合作共生的条件和模式,这与区域联动合作具有良好的兼容性和适用性。区域联动的核心在于区域经济协作发展,即区域内经济各类要素的移动、资源重新配置等。因此,就"五县一市"区域联动合作的机理而言,与生物共生理论具有较强的一致性和相似性。[①]"五县一市"地区人缘相亲、地缘相近、文化相连,同时自然、生态等方面有着天然的相似性,有着良好的共生环境和共生单元,有着协调互动发展的良好基础。但是进入21世纪以来,井冈山革命老区的"五县一市"的发展存在严重的不平衡性,表现为:有的快、有的慢,有的扶持多、帮助多,有的扶持少、支持少,有的习惯跑"部"前进,到北京争项目、争资金,有的眼睛向内,跑省市有关部门比较多。"五县一市"尽管有着天然的共生单元和共生环境,但缺乏有效的共生界面和共生模式,协同效应发挥不出来。其结果是:"五县一

---

① 高明:《共生理论:区域城乡公共服务一体化的新思路》,《西南农业大学学报》(社会科学版)2012年第4期。

市"争取上级部门的支持力度不一样，发展的绩效也不一样，表现为地区生产总值、人均地区生产总值、城镇居民可支配收入及农村居民纯收入等方面，六个县（市）之间都有较大的不平衡性、不匹配性、不协调性，导致"五县一市"区域内要素的功能流很难在内部优化配置，很难形成区域的自组织效应（见图2-3）。

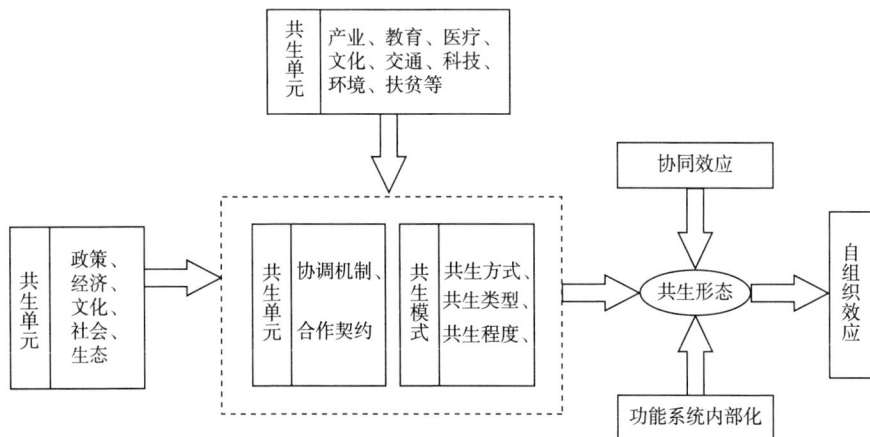

图2-3 区域联动共生的要素及效应

三 区域联动的体制机制不健全，集中连片发展的效果差

"五县一市"位于罗霄山脉的中段，主要以山地丘陵地带为主，这使得六个县（市）之间都有高山相隔，主要交通以省级公路相连为主，正在修建的吉茶衡铁路可以把永新、井冈山市、炎陵、茶陵连接起来，井冈山市与炎陵县、茶陵县连接的在建高速公路可以连通三县市。井冈山老区有铁路和高速公路但路网不全，唯一的井冈山机场还不在"五县一市"的地界上。近年来，尽管有中部崛起战略的牵引和中央集中连片扶持政策和关照，但"五县一市"在产业发展、项目建设及政策支持、配合、协调，特别是联动发展方面还没有形成统一的联动机制，未产生产业群体效应。这主要是由于"五县一市"区域联动的体制机制不健全造成的（见图2-4），具体反映在：由于"五县一市"在地方利益的驱使下和市场分割的阻碍下，基础设施和社会保障制度很难对接共享，加之缺乏稳定的合作契约、利益协调机制和统一的财政指引，进而造成利益共享不均、共生环境不够

通畅、共生界面不够亲和，阻碍了资源要素在区域间的合理流动，影响了
地区之间的分工协作和国民经济总体素质的提高，延缓了统一市场的形
成，最终导致区域联动和集中连片发展的效果不明显，与区域和谐共生发
展的最优状态差距较大。

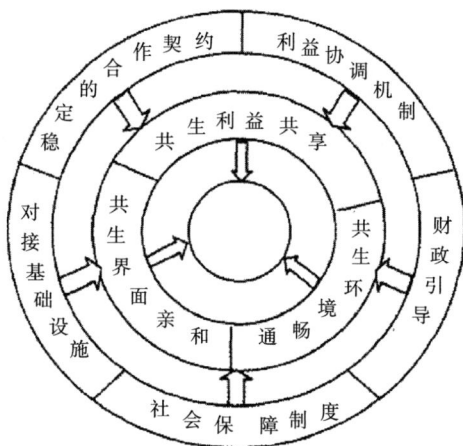

图 2-4　"五县一市"区域联动的最佳状态

四　发展速度不快，整体处于欠发达落后状态

缪尔达尔的"地理上的二元结构理论"认为在区域经济发展进程中，
发达区域与不发达区域之间的"回波效应"往往大于"扩散效应"，市场
力作用通常倾向于扩大区域差异。[①] 赫希曼提出"联系效应理论"，认为增
长在区际不平衡是不可避免的，核心地区和边缘地区的联系既有有利的
"涓滴效应"，带动边缘区的发展，使区际差距缩小，也有不利的"极化效
应"，使区际差距扩大。"极化效应"达到一定阶段后，市场力量导致的
"涓滴效应"又有可能使区域不平等缩小。[②] 从数据分析中可以看出，井冈
山革命老区的"五县一市"的大部分指标是要低于全国、所在省、地级市
的平均水平，特别是城镇居民人均可支配收入和农村居民人均纯收入等指
标，与全国及所在省、地级市相比，都反映出有进一步拉大的趋势，形成

---

① Myrdal, Gunnar, *Economic Theory and Underdeveloped Regions*, 1957.

② Hirschman, A. O., *The Strategy of Economic Development*, 1958.

了"五县一市"革命老区和其他发达地区新型二元结构，也存在着进一步
被拉开差距并被边缘化的风险。客观地说，相对于发达地区经济高速发展
的态势而言，井冈山老区"五县一市"转变发展方式，调整经济结构的步
子不大，虽有效果但差距也还存在，比如说，GDP总量和人均数远不如发
达地区，依然处于欠发达的落后状态，实现全面同步建成小康社会的压力
较大。总体来说，"五县一市"革命老区关键性生产要素短缺、思想观念
相对滞后、区域联动的体制机制创新不足、发展模式不够与时俱进等，是
经济转轨的特殊背景下造成"五县一市"地区落后的深层次原因。

"五县一市"县域经济发展
存在的主要问题及制约因素分析

我国经济发展水平总量大，人均国内生产总值低，2012年，我国国内生产总值达51.9322万亿元，居世界第二位，但人均国内生产总值只有6100美元，在世界排名90位左右，处于中下水平。井冈山革命老区的情况更是特殊，不仅经济总量小，而且人均地区生产总值大大低于全国和所在省的平均水平。从产业结构来讲，我国2012年三次产业占国内生产总值的比例是10.1:45.3:44.6，与发达国家的差距主要表现在以下方面。一是对第一产业的依赖程度高。发达国家国内生产总值中第一产业所占比重一般不超过5%，而2012年井冈山革命老区"五县一市"第一产业所占比重为17.67%。二是严重依赖制造业。发达国家第二产业一般不超过国内生产总值的30%，而且以高端制造业为主，而我国的制造业比重高达45.3%，且在相当程度上处于产业链的低端，而2012年井冈山老区"五县一市"第二产业占比的平均水平达44.84%，且制造业产业发展水平低，重复建设的项目、模仿的项目较多。三是服务业相对落后。发达国家第三产业所占国内生产总值比重平均为65%，而2012年我国服务业只占44.6%，并且知识密集的服务业比重很低，而井冈山革命老区"五县一市"的平均水平只有37.5%，且以简单的商贸、餐饮、住宿服务业为主。

第一节　"五县一市"　县域经济发展存在的主要问题

一　产业结构调整步伐滞后，产业优势未有效释放

(一) 三次产业比重构成情况

产业结构调整是区域经济——特别是县域经济——实现转型发展的重要抓手。计划经济时代，老区县市的小水泥、小矿山、小五金等小型企业比较多，导致转变发展方向、调整经济结构面临的问题也比较多。再加上县域范

围内农村富余劳动力相对丰裕，进城务工、经商或从事服务业的人也比较多，打工潮曾经使"五县一市"的农民工南下北上、东奔西走。如何通过转变发展方式，推进新型工业化和城镇化的协调发展，发挥县城和中心镇对传统特色产业和农民工的聚集效应，为调整县域经济结构、方便农民"退一（第一产业）进二（第二产业）进三（第三产业）"创造条件，这是井冈山革命老区"五县一市"在实施中部崛起战略，抓好罗霄山脉中段集中连片扶贫开发必须面对和必须采取有效措施加以解决的现实问题。产业结构调整与社会经济的空间结构和产业研发空间结构的演化有关。从一定意义上说，井冈山革命老区"五县一市"产业结构调整难，这也是一个重要的因素。

表 3 - 1　三大产业占 GDP 的比重

单位:%

产　业	全国与有关省市县	2000 年	2005 年	2010 年	2011 年	2012 年
第一产业	全　　国	15.1	12.1	10.1	10.0	10.1
	江　　西	24.2	17.9	12.8	12.0	11.7
	湖　　南	21.3	19.6	14.5	14.1	13.6
	株　　洲	17.7	13.0	9.7	8.5	8.3
	萍　　乡	14.4	11.3	8.1	7.4	7.2
	吉　　安	37.32	27.5	19.85	18.63	17.96
	茶　　陵	38.1	30.8	27.0	23.5	22.8
	炎　　陵	34.7	27.7	19.4	16.4	15.4
	莲　　花	27.4	32.1	20.3	18.7	18.0
	永　　新	46.0	33.5	24.1	23.2	22.18
	遂　　川	35.2	25.8	19.9	18.5	18.0
	井冈山市	28.8	18.2	11.18	10.08	9.61
第二产业	全　　国	45.9	47.4	46.7	46.6	45.3
	江　　西	35.0	47.3	54.2	56.9	53.8
	湖　　南	39.6	39.9	45.8	47.6	47.4
	株　　洲	45.9	50.5	58.5	60.5	60.6
	萍　　乡	54.3	57.7	63.3	65.9	60.8
	吉　　安	31.95	36.15	50.48	53.0	51.72
	茶　　陵	29.1	35.7	35.2	40.1	41.0

续表

产 业	全国与有关省市县	2000 年	2005 年	2010 年	2011 年	2012 年
	炎 陵	24.7	32.1	46.3	51.5	52.1
	莲 花	37.0	31.9	45.4	46.7	42.7
	永 新	27.3	34.2	45.9	46.5	46.37
	遂 川	31.6	34.9	48.1	50.0	49.6
	井冈山市	31.6	30.2	39.9	40.34	37.27
第三产业	全 国	39.0	40.5	43.2	43.4	44.6
	江 西	40.8	34.8	33.0	31.1	34.5
	湖 南	39.1	40.5	39.7	38.3	39.0
	株 洲	36.4	36.5	31.8	31.0	31.1
	萍 乡	31.3	31.0	28.6	26.7	32.0
	吉 安	30.73	36.35	29.67	28.37	30.32
	茶 陵	32.8	33.5	37.8	36.4	36.2
	炎 陵	40.6	40.2	34.3	32.1	32.5
	莲 花	35.6	36.0	34.3	34.6	39.3
	永 新	26.7	32.3	30.0	30.3	31.45
	遂 川	33.2	39.3	32.0	31.5	32.4
	井冈山市	39.6	51.6	48.92	49.58	53.12

资料来源:《中国统计年鉴2012》和吉安、株洲、萍乡三市统计年报及"五县一市"调查样本数据。

1. 第一产业方面

由表3-1可以看出,到2012年,全国第一产业占国内生产总值的比重是10.1%,而江西和湖南两省要高于全国平均水平1.6个和3.5个百分点;三个地级市中萍乡的比重最小,为7.2%,株洲也比较小,为8.3%,而吉安高达17.96%,高出全国平均水平7.86个百分点。其中"五县一市"中的五个县第一产业占地区生产总值之比大大高于全国平均水平,只有井冈山市的第一产业占比略低于全国平均水平,但仅仅低0.49个百分点,而茶陵和永新两县第一产业占地区生产总值比重都超过了22%。

2. 第二产业方面

从2012年第二产业占地区生产总值的比重来看,全国平均为45.3%,

江西为 53.8%，比全国平均水平高 8.5 个百分点，湖南是 47.4%，比全国平均水平高 2.1 个百分点。三个地级市的第二产业占地区生产总值比重均要高于全国平均水平，其中萍乡高出 15.5 个百分点，株洲高出 15.3 个百分点，吉安高出 6.42 个百分点；茶陵、莲花和井冈山市分别低于全国平均水平，永新与全国平均水平基本相当，炎陵和遂川两个县则要高于全国平均水平。

3. **第三产业方面**

从 2012 年第三产业占国内生产总值的比重来看，全国第三产业占国内生产总值的比重达到 44.6%，江西和湖南两省的第三产业地区生产总值占比都要低于全国平均水平，其中江西省低于全国平均水平 10.1 个百分点，湖南低 5.6 个百分点；三个地级市的第三产业占地区生产总值的比重都低于全国平均水平，均低于 13 个百分点左右；"五县一市"中只有井冈山市的第三产业地区生产总值占比略高于全国平均水平，为 53.12%，莲花县低于全国 5.3 个百分点，其他四个县均低于全国平均水平 10 个百分点左右。

（二）产业结构变动趋势

根据表 3 - 2，从 2005 年、2010 年、2011 年和 2012 年的数据来看，全国的第一产业和第二产业占国内生产总值都呈现下降的趋势，第三产业则在逐年上升，而江西和湖南两省则呈现出第一产业占比下降、第二产业和第三产业占比有升有降的一种新的变化。株洲的第一产业占比在不断下降、第二产业占比有较大幅度提高、第三产业占比略下降，萍乡市和吉安市的第一产业占比则在不断下降，第二产业占比不断上升，第三产业占比不断下降的趋势。"五县一市"主要呈现出第一产业占比下降、第二产业占比总体上升、第三产业占比有升有降的变化特点，但总体上呈现上涨趋势。但"五县一市"各县产业结构的变动幅度参差不齐，如茶陵县 2012 年第三产业比重出现了略微下降状态，而莲花和井冈山市变动幅度却比较大。这说明"五县一市"经济发展的内部动力不足，产业结构调整稳定性较差。

表 3 - 2　全国与部分省、市、县三次产业发展情况

单位:%，个百分点

年份	区域	第一产业	增减	第二产业	增减	第三产业	增减
2000	全　国	15.1	—	45.9	—	39	—

续表

年份	区域	第一产业	增减	第二产业	增减	第三产业	增减
2000	江 西	24.2	—	35.0	—	40.8	—
	湖 南	21.3	—	39.6	—	39.5	—
	株 洲	17.7	—	45.9	—	36.4	—
	萍 乡	14.4	—	54.3	—	31.3	—
	吉 安	37.32	—	31.95	—	30.73	—
	茶 陵	38.1	—	29.1	—	32.8	—
	炎 陵	34.7	—	24.7	—	40.6	—
	莲 花	27.4	—	37.0	—	35.6	—
	永 新	46.0	—	27.3	—	26.7	—
	遂 川	35.2	—	31.6	—	33.2	—
	井冈山市	28.8	—	31.6	—	39.6	—
2005	全 国	12.1	-3.8	47.4	-3.5	40.5	7.3
	江 西	17.9	-6.3	47.3	12.3	34.8	-6
	湖 南	19.6	-2.5	39.9	3.5	39.1	-2.4
	株 洲	13.0	-4.7	50.5	4.6	36.5	0.1
	萍 乡	11.3	-3.1	57.7	3.4	31.0	-0.3
	吉 安	27.5	-9.82	36.15	4.2	36.35	5.62
	茶 陵	30.8	-6.3	35.7	6.6	33.5	-0.3
	炎 陵	27.7	-7	32.1	7.4	40.2	-0.4
	莲 花	32.1	4.7	31.9	-5.1	36.0	0.4
	永 新	33.5	-12.5	34.2	6.9	32.3	5.6
	遂 川	25.8	-9.4	34.9	3.3	39.3	6.1
	井冈山市	18.2	-10.6	30.2	-1.4	51.6	12.0
2010	全 国	10.1	-2.5	46.7	-0.6	43.2	3.3
	江 西	12.8	-5.1	54.2	6.9	33.0	-1.8
	湖 南	14.5	-2.2	45.8	6.2	39.7	-4
	株 洲	9.7	-3.3	58.5	8	31.8	-4.7
	萍 乡	8.1	-3.2	63.3	5.6	28.6	-2.4
	吉 安	19.85	-7.65	50.48	14.33	29.67	-6.68
	茶 陵	27.0	-3.8	35.2	-0.5	37.8	4.3
	炎 陵	19.4	-8.3	46.3	14.2	34.3	-5.9
	莲 花	20.3	-11.8	45.4	13.5	34.3	-1.7

续表

年份	区域	第一产业	增减	第二产业	增减	第三产业	增减
2010	永　新	24.1	−9.4	45.9	11.7	30.0	−2.3
	遂　川	19.9	−5.9	48.1	13.2	32.0	−7.3
	井冈山市	11.18	−6.92	39.9	9.7	48.92	−2.68
2011	全　国	10.0	−0.1	46.6	−0.2	43.4	0.3
	江　西	12.0	−0.8	56.9	1.7	31.3	−1.7
	湖　南	14.1	−0.4	47.6	1.8	38.3	−0.8
	株　洲	8.5	−1.2	60.5	2	31.0	−0.8
	萍　乡	7.4	−0.7	65.9	2.6	26.7	−1.9
	吉　安	18.63	−1.22	53.0	2.52	28.37	−1.3
	茶　陵	23.5	−3.5	40.1	4.9	36.4	−1.4
	炎　陵	16.4	−3.0	51.5	5.2	32.1	−2.2
	莲　花	18.7	−1.6	46.7	1.3	34.6	0.3
	永　新	23.2	−0.9	46.5	0.6	30.3	0.3
	遂　川	18.5	−1.4	50.0	1.9	31.5	−0.5
	井冈山市	10.08	−1.1	40.34	0.77	49.58	0.66
2012	全　国	10.1	0	45.3	−1.5	44.6	1.5
	江　西	11.7	−0.2	53.8	−1.2	34.5	1.0
	湖　南	13.6	−0.3	47.4	−0.1	39.0	0.4
	株　洲	8.3	−0.2	60.6	0.1	31.1	0.1
	萍　乡	7.2	−0.2	60.8	−5.1	32.0	5.3
	吉　安	17.96	−0.67	51.72	−1.28	30.32	2.0
	茶　陵	22.8	−0.7	41.0	0.9	36.2	−0.2
	炎　陵	15.4	−1	52.1	0.6	32.5	0.4
	莲　花	18.0	−0.7	42.7	−4	39.3	4.7
	永　新	22.18	−1.02	46.37	−0.13	31.45	1.2
	遂　川	18.0	−0.5	49.6	−0.4	32.4	0.9
	井冈山市	9.61	−0.47	37.27	−3.07	53.12	3.5

说明：此表以 2000 年为基数。2005 年（"十五"末）与 2000 年（"九五"末）比；2010 年（"十一五"末）与 2005 年（"十五"末）比；2011 年（"十二五"头年）与 2010 年（"十一五"末）比；2012 年与 2011 年比。

资料来源：《中国统计年鉴 2011》和吉安、株洲、萍乡三市统计年报及"五县一市"调查样本数据。

(三) 产业就业结构特点

1. 第一产业

根据表 3-3，从全国平均水平与江西、湖南两省和株洲、萍乡、吉安三个地级市及"五县一市"的产业就业结构变化中可以看出：从 2000 年到 2012 年之间，全国第一产业就业人员从 50% 下降到 33.6%，江西从 46.6% 下降到 32.9%，湖南从 60.8% 下降到 41.5%。2012 年株洲、萍乡和吉安三个地级市中只有萍乡的第一产业就业占比低于国家平均水平，为 22%，株洲和吉安均高于全国平均水平。2012 年，"五县一市"的第一产业就业占比则全部高于全国平均水平，其中井冈山市高出 20.2 个百分点，炎陵、茶陵、莲花、遂川也要高出 10 个百分点左右，最低的永新也高出 2.4 个百分点。

2. 第二产业

2000 年到 2012 年之间江西省的第二产业就业比例比全国平均水平略高，其中 2012 年湖南省的第二产业就业比例则比全国平均水平低 6.7 个百分点；三个地级市中，株洲的第二产业就业比例与全国平均水平相当，萍乡的第二产业就业比例则高出全国 13～17 个百分点，吉安地区第二产业就业比例要低于全国平均水平 10 个百分点左右；从"五县一市"来看，井冈山市和茶陵县的第二产业就业比例一直维持在 20% 以内，炎陵县发展到与全国平均值相当的水平，而遂川、莲花和永新三个县的第二产业就业比例增长较快，从低于国家平均水平发展到高出全国第二产业就业比例。

3. 第三产业

从第三产业就业人数比例来看，2000 年到 2012 年，江西省的第三产业就业占比与全国平均水平基本相当，湖南省则略低于全国平均水平，株洲、吉安（除 2000 年）和萍乡三个地级市的第三产业就业比例都低于全国平均水平，茶陵、炎陵、遂川、莲花、永新（除 2000 年）和井冈山"五县一市"的第三产业就业人数占比都低于全国平均水平。县域新型工业化的推进需要有与之相匹配的城镇化的依托和支撑，需要有农村富余劳动力转移在生产活动中发生，更需要有加速度发展的第三产业，特别是与现代经济有关的现代服务业、物流业甚至物流网的发展。第三产业滞后，工业化的推进和质量的提升就会受到制约。

表 3-3 全国及有关省、市、县产业就业结构变化

单位：%

产　业	全国及有关省、市、县	2000 年	2005 年	2010 年	2011 年	2012 年
第一产业	全　国	50.0	44.8	36.7	34.8	33.6
	江　西	46.6	39.9	37.6	34.4	32.9
	湖　南	60.8	53.6	46.7	41.9	41.5
	株　洲	52.1	41.4	37.8	36.8	36.1
	萍　乡	43.4	35.6	26.7	24.4	22.0
	吉　安	59.84	54.54	48.11	47.48	46.7
	茶　陵	65.0	56.0	49.9	48.3	47.6
	炎　陵	63.1	54.8	46.0	44.0	43.6
	莲　花	56.4	53.4	44.1	43.5	43.0
	永　新	63.0	65.3	38.5	36.9	36.0
	遂　川	64.71	53.2	43.9	43.6	43.2
	井冈山市	58.2	55.3	52.3	53.7	53.8
第二产业	全　国	22.5	23.8	28.7	29.5	30.3
	江　西	24.4	27.2	29.7	30.1	31.0
	湖　南	14.7	17.5	21.5	23.3	23.6
	株　洲	22.3	27.6	29.5	29.8	30.1
	萍　乡	35.9	40.5	44.4	45.1	45.3
	吉　安	11.86	15.46	23.8	23.85	23.8
	茶　陵	10.2	12.9	17.5	18.3	18.9
	炎　陵	13.5	18.3	24.0	25.0	25.2
	莲　花	20.4	26.8	33.4	33.8	34.0
	永　新	7.9	13.4	37.2	38.2	38.5
	遂　川	18.01	27.63	30.46	30.5	30.7
	井冈山市	14.64	17.23	19.12	17.96	17.1
第三产业	全　国	27.5	31.4	34.6	35.7	36.1
	江　西	29.0	32.9	32.7	35.5	36.1
	湖　南	24.6	28.9	31.8	34.8	34.9
	株　洲	25.6	31.0	32.7	33.4	33.8

续表

产　业	全国及有关省、市、县	2000 年	2005 年	2010 年	2011 年	2012 年
	萍　乡	20.7	23.9	28.9	30.5	32.7
	吉　安	28.3	30.0	28.09	28.67	29.5
	茶　陵	24.8	31.1	32.6	31.0	31.1
	炎　陵	23.4	26.9	30.0	31.0	31.3
	莲　花	23.2	19.8	22.5	22.7	23
	永　新	29.1	28.3	24.3	24.9	25.5
	遂　川	17.28	19.17	25.64	25.9	26.1
	井冈山市	27.16	27.47	28.58	28.34	29.1

资料来源:《中国统计年鉴 2012》和吉安、株洲、萍乡三市统计年报及"五县一市"调查样本数据。

二　产业布局不够合理，低质同构现象较严重

井冈山革命老区"五县一市"中茶陵、炎陵两个县位于湖南省的株洲市，莲花县位于江西省的萍乡市，井冈山市、遂川和永新县位于江西省的吉安地区，江西和湖南两个省的经济总量相差较大，2012 年江西省的地区生产总值是 12948.88 亿元，湖南省地区生产总值则达到了 22154.23 亿元，是江西省的 1.71 倍。同时，株洲市是以工业为主的地区，萍乡市是煤炭资源型地区，而吉安则是以农业为主的地区，正在进入工业加速发展的赶超期。分别位于株洲、吉安、萍乡三个地级市的"五县一市"在产业布局上存在严重的不合理性。每个县、市都有不同的发展方向，每个县、市所属地级市的发展重点又不同，要求不一样，尽管口号提了不少，目标设计得很高，但"五县一市"整体协调的发展方向不明确、规划不统一，致使产业布局也是各自为政。有的县（市）跟随地级市以发展工业为主，有的县（市）以推进农业现代化为主，有的县（市）以加强资源开发为主，有的县（市）以发展红色培训和生态旅游业为主，这导致了井冈山革命老区的整体产业布局思路不清，难以对接和协调联动，产业布局没有形成统一的发展格局，难以做大做强。

从"五县一市"的基本情况来看，尽管茶陵和炎陵两县位于湖南省的老工业基地株洲市的辖区，但两县目前还是农业大县，长株潭城市群及株洲工业区对其辐射作用十分有限；莲花县位于江西省的萍乡市，主要产业

以煤炭资源开发和农业开发为主；井冈山市主要是以发展红色旅游业为主；遂川和永新两县是位于吉安市的农业大县。在"五县一市"中，只有井冈山市依托其丰富的红色资源，发展红色生态旅游业，使产业结构调整和发展方式转变取得了较好的效果，以红色旅游业为龙头的第三产业发展势头较好，其他五个县传统农业和传统工业的痕迹较重。同时，"五县一市"在高科技新型人才、金融服务业、新型工业化及高新技术等方面都严重落后，这使得井冈山革命老区的产业结构调整和发展方式转变困难较多，压力大。

三　产业联动协作不足，区域经济发展水平不平衡

行政主导下的区域竞争是多年来我国经济增长的动力，也是经济结构恶化的根源。不少地方政府以经济增长为导向，以垄断的资源（比如说矿产、区域内集体所有的土地等）为手段，以建设税高利大或高能耗、高物耗、高污染、高投入的项目为重点，以 GDP 和财政收入增长为目标，通过企业化的模式运营公共资源。这种做法的后果是一方面加大公共资源开发力度、加快速度和扩大规模，拉动了县域经济的快速增长，支持也支撑着我国市域（地级市）、省域乃至全国经济的持续高增长；另一方面却造成了资源的浪费、土地的过度开发，特别是项目重复建设，产业同质化竞争，区域结构趋同，国家调控政策弱化，区域保护主义盛行，引发国民经济不平衡、不协调、不可持续等问题，使可持续发展、绿色发展、科学发展受到影响和制约。

井冈山革命老区的"五县一市"分别位于江西、湖南两个省，株洲、萍乡和吉安三个地级市，由于行政辖区分割的传统和习惯，新中国成立六十多年来"五县一市"的发展在联合联动、互帮互助、合作共赢等方面没有取得什么实质性的进展和成效。"五县一市"为了进位赶超，摘掉贫困帽，想方设法进京城，上省城，跑"部"前进，争项目、争资金、争人才，争对口支援，各有各的招，各有各的路，其结果也难免造成国家有关部门、地方有关单位对井冈山革命老区"五县一市"的支持力度不一，政策效用不一。再加上萍乡、株洲和吉安三个地区的区位要素、资源存量及发展重心有所区别，这难免使"五县一市"在区域联动发展上环节多、门

槛多、协调难。

井冈山革命老区"五县一市"县域经济由于受到所在省、市经济社会的发展大环境的影响，特别是制度安排、政策保障、帮扶措施等强度、力度不一样，"五县一市"经济社会的发展出现不平衡、不协调的现象也在情理之中。从表3-4的分析中可以看出，江西和湖南两省的国土面积、人口、地区生产总值和财政收入都存在较大差异，这是导致井冈山革命老区的"五县一市"发展存在较大的差异的主要原因之一，同时株洲市是"一五""二五"期间国家布点的八大工业城市之一，萍乡市是资源性地区，吉安市是传统的农业地区，这对于井冈山革命老区的发展方向选择、发展重心确定及经济发展质量的提高、规模的扩大都产生了很大的影响。近十年来，尽管井冈山革命老区越来越受到中央及省、地级市政府的关注，陆续地得到了不少政策、项目支持及资金投入，但是这些政策及资金的投入也存在县与县之间、市与市之间、省与省之间的不平衡、不协调的现象。

表3-4　2012年部分省、市有关数据对比

项　目		湖　南	江　西	株　洲	萍　乡	吉　安
国土面积（万平方公里）		21.18	16.69	1.12	0.28	2.53
人口（万人）		6639	4504	395.8	187.4	485.36
城镇化率（%）		46.65	47.51	59.10	62.31	41.62
地区生产总值（亿元）		22154.23	12948.88	1759	733.06	1006.26
人均生产总值（元）		33480	28799	44746	39186	20755
三次产业结构		13.6:47.4:39	11.7:53.8:34.5	8.3:60.6:31.1	7.2:60.8:32.0	17.96:51.72:30.32
财政收入（亿元）	总收入	2931.8	2046.15	213.8	100.51	143.25
	地方财政收入	1782.16	1371.99	135.4	74.1	103.5
全社会固定资产投资（亿元）		14523.2	10774.2	1150.5	690.40	885.91
规模以上工业增加值（亿元）		8107.08	4885.2	767.7	338.69	418.89

续表

项　目		湖　南	江　西	株　洲	萍　乡	吉　安
实际利用外资（亿美元）		72.8	68.24	5.8	2.12	5.65
进出口额（亿美元）	总额	219.4	334.09	21.5	11.11	27.32
	出口	126	251.11	18.3	11.01	25.73
社会消费品零售总额（亿元）		7854.9	4006.2	579.9	209.72	263.08
城镇居民人均可支配收入（元）		21318.76	19860.36	25916	21257.21	20133.68
农村居民人均纯收入（元）		7440.17	7829.43	10972	9999.51	7102.86

资料来源：《中国统计年鉴2013》和吉安、株洲、萍乡三市2012年统计年报。

四　县域城镇化水平低，产城融合度不高

除井冈山市外，"五县一市"的其他城市化率都低于全国平均水平，江西和湖南两省也低于全国的平均水平，株洲、萍乡高于全国平均水平，吉安低于全国平均水平。从2000年到2012年期间可以看出，茶陵县的城镇化率提高最快，在12年间提高了近30个百分点，但是还是比全国平均水平低近7个百分点，炎陵县的城镇化率从20.44%提高到39.12%；莲花县从14.94%提高到40.06%，但是还低于全国平均水平10多个百分点；永新县在12年间城镇化率总共提高了近19个百分点，达到42.35%，但仍与全国平均水平相差逾10个百分点；遂川县尽管从15.7%提高到36.0%，但仍低于其他县；井冈山市的城镇化率2000年是31.8%，到2012年达到58.62%，是六个县（市）中唯一一个超过国家平均水平的市。从表3-5可以看出，井冈山革命老区的"五县一市"的整体城镇化水平偏低，除井冈山市以外，其余五个县的城镇化率都要低于全国平均水平。城镇化水平低，集聚产业和人口的能力弱，这种差距给经济社会带来的影响是巨大的，同时城镇化率也是未来县域经济发展的希望所在和最大潜力。

表 3 - 5　"五县一市"及所在地级市城镇化率

单位：%

全国及有关省、市、县	年　份				
	2000	2005	2010	2011	2012
全　　国	36.22	42.99	49.95	51.3	52.57
江　　西	27.67	37.10	44.06	45.70	47.51
湖　　南	29.75	37.00	43.30	45.10	46.65
株　　洲	24.0	42.5	55.5	57.5	59.10
萍　　乡	39.18	48.12	59.17	60.77	62.31
吉　　安	23.0	31.6	37.59	39.62	41.62
茶　　陵	17.0	32.8	45.6	47.8	45.7
炎　　陵	20.44	30.2	38.4	38.48	39.12
莲　　花	14.94	21.86	35.7	38.57	40.06
永　　新	23.51	29.87	38.63	40.33	42.35
遂　　川	15.7	21.27	26.87	28.0	36.0
井冈山市	31.8	43.2	55.8	57.27	58.62

资料来源：《中国统计年鉴（2012）》和吉安、株洲、萍乡三市统计年报及"五县一市"调查样本数据。

　　"必须积极稳妥推进城镇化，建设好县城和中心镇，加快新农村建设步伐，努力形成县域城镇布局结构合理、功能完善的新格局。"[1] 这是新世纪、新形势对县域经济发展的新要求。"五县一市"由于地处老区、山区和贫困地区，必须把稳步推进城镇化作为县域经济发展新引擎。

　　五　信息化建设工作落后，信息化水平低

　　信息化既是一个国家现代化和综合国力的重要标志，也是县域传统经济走向现代经济的必由之路。"五县一市"由于地处集老区、山区、欠发达地区为一体的特殊区域，改革开放以来，信息化建设投入少，基础设施

————————————

　　① 张建清、周金堂：《抓住结构调整的重点难点》，《经济日报》2012 年 6 月 1 日。

落后，应用范围不广、领域有限，尤其是在加强信息化基础设施建设、提升网络运用能力、增加信息公共服务等方面存在不少问题、困难和矛盾。这些都严重地影响和制约着老区经济社会的发展。

"五县一市"在信息化建设上的先天不足，是导致老区县域经济发展困难的重要因素。例如，县乡政府信息应用推广不够，县、乡两级政府办公自动化系统（OA）普遍没有建立，个别县建立了县政府班子成员和办公室内部系统，但运用不正常。"五县一市"网店建设特别是广大农村地区远远落后于发达地区，信息内容开发粗放、重复，时效性差，县级政府门户网站、电子政务、综合数据库建设，县级信息数字化管理通用系统与教育、工业、农业、旅游、农产品现代流动联系紧密的物联网建设等严重滞后，特别是农村居民适应信息化社会的能力弱、障碍多，人才严重匮乏是一个普遍现象。再加上教育水平低、平均受教育程度低和县域居民的收入水平低等因素的影响，使"五县一市"信息技术运用和信息资源利用水平和能力大大落后于城市和经济发达地区，严重影响和削弱了县域经济的综合竞争力。

六　发展县域经济的反贫困效果不明显，居民收入与全国差距不断扩大

居民收入差距是影响社会稳定的重要因素，在其他要素一定的条件下，居民收入差距的缩小可能会促进社会稳定，居民收入差距的扩大可能损害社会稳定。[①] 尽管近年来"五县一市"地区经济社会有了较大程度的发展，但老区居民收入水平较低，文盲人口基数大和文盲率较高，人口受教育程度普遍较低，医疗和社会保障条件比较差等是较为普遍的。人才是老区脱贫发展的关键，而目前"五县一市"人口收入偏低、受教育程度偏低、文盲率偏高是造成当地发展矛盾的重要因素。以下主要分析"五县一市"城镇居民家庭人均可支配收入、农民人均纯收入与全国有关省、市平均水平的比较情况。

---

① 曾国安、刘廷：《论影响居民收入差距对社会稳定影响的经济因素》，《开发研究》2013年第1期。

（一）城乡居民人均收入水平均比较低下

2000 年全国城镇居民家庭人均可支配收入绝对数是 6280 元，农村居民人均纯收入是 2253 元，江西省城镇居民家庭人均可支配收入绝对数是 5103.6 元，农村居民人均纯收入是 2135.03 元，湖南省城镇居民家庭人均可支配收入绝对数是 6218.7 元，农村居民人均纯收入是 2197.16 元，2000 年江西和湖南两个省的城镇居民家庭人均可支配收入绝对数和农村居民人均纯收入两个指标与全国的平均水平基本相当；2012 年全国城镇居民家庭人均可支配收入绝对数是 24565 元，农村居民人均纯收入是 7917 元，江西省城镇居民家庭人均可支配收入绝对数是 19860.5 元，农村居民人均纯收入是 7829 元，湖南省城镇居民家庭人均可支配收入绝对数是 21319 元，农村居民人均纯收入是 7440 元。从 2012 年的数据对比中可以看出，2012 年不同于 2000 年，主要是江西和湖南两省的城镇居民家庭人均可支配收入绝对数与全国的平均水平有较大的差距，农村居民人均纯收入的差距也有所增加；"五县一市"在 2000 年的城镇居民家庭人均可支配收入平均值是 4502 元，农村居民人均纯收入的平均值为 1830 元，与全国相比，城镇居民家庭人均可支配收入平均值少 1706 元，农村居民人均纯收入比全国平均水平少 417 元，再看 2012 年数据，"五县一市"的城镇居民家庭人均可支配收入平均值是 16890 元，农村居民人均纯收入的平均值为 4241 元，比全国城镇居民家庭人均可支配收入平均值少 7675 元，农民人均纯收入比全国平均水平少 3676 元。从上述数据可以看出，进入 21 世纪以来，井冈山革命老区所在的"五县一市"的城镇居民家庭人均可支配收入及农村居民人均纯收入与全国平均水平的差距都在不断拉大。

总体来看，江西和湖南两省的城镇居民收入都要低于全国平均水平，三个地级市中只有株洲市的城镇居民收入高于全国平均水平，萍乡和吉安两个地级市则低于全国平均水平。"五县一市"的城镇居民收入则都低于全国平均水平，永新和遂川两县的城镇居民收入更是只有全国水平的一半过一点。株洲市、萍乡市农村居民人均纯收入水平高于全国平均水平的现实与"五县一市"农村居民纯收入都低于全国平均水平的事实形成了巨大的反差。"五县一市"所在地级市和省的城镇居民收入大都低于（除株洲市外）全国平均水平的现实又说明江西、湖南两省城市居民收入水平是不高的，经济是欠发达的。

表 3－6 "五县一市"城镇居民家庭人均可支配收入、农村居民
人均纯收入与全国及有关省、市平均水平对比

单位：元

年　份	区　域	城镇居民家庭人均可支配收入绝对数	农村居民人均纯收入
2000	全　国	6280	2253
	江　西	5103.6	2135.03
	湖　南	6218.7	2197.16
	株　洲	6648	2689
	萍　乡	5081.4	2435.1
	吉　安	4703.61	2106.4
	茶　陵	4346	2409
	炎　陵	4132	2026
	莲　花	4076.0	1340.0
	永　新	4160	1810
	遂　川	4452	1440
	井冈山市	5847	1955
2005	全　国	10493	3254.9
	江　西	8619.72	3265.53
	湖　南	9523.97	3117.74
	株　洲	11230	3857
	萍　乡	8973	3922
	吉　安	8604.19	3266.77
	茶　陵	7607	2327
	炎　陵	6720	2162.8
	莲　花	6300	1543
	永　新	6802	2931
	遂　川	6062	1605.1
	井冈山市	8035	2913
2010	全　国	19109	5919
	江　西	15481	5789
	湖　南	16566	5622
	株　洲	19643	7658
	萍　乡	16381	7219
	吉　安	15546.99	5569.58

续表

年 份	区 域	城镇居民家庭人均可支配收入绝对数	农村居民人均纯收入
2010	茶 陵	15650	2999
	炎 陵	14245	2970
	莲 花	11840	3079
	永 新	10688	4799
	遂 川	10483	3177
	井冈山市	15401	4692
2011	全 国	21810	6977
	江 西	17495	6892
	湖 南	18844.05	6567.06
	株 洲	22633	9328
	萍 乡	18646	8598
	吉 安	17692.32	6308.21
	茶 陵	17899	3703
	炎 陵	16292	3507
	莲 花	13146	3685
	永 新	11409	5406
	遂 川	11024	3746
	井冈山市	17111	5401
2012	全 国	24565	7917
	江 西	19860	7828
	湖 南	21319	7440
	株 洲	25916	10972
	萍 乡	21257	9999
	吉 安	20134	7103
	茶 陵	20461	3888
	炎 陵	18652	3608
	莲 花	14730	4716
	永 新	12800	6005
	遂 川	15240	4370
	井冈山市	19462	6163

资料来源:"五县一市"调查样本数据。

（二）"五县一市"城乡居民消费内部差距较大

从农民消费水平来看，2012 年江西省、湖南省的农村居民消费水平均略低于全国平均水平，三个地级市中株洲和萍乡两个市的农村居民消费水平高于全国平均水平，而吉安市的农村居民消费水平低于全国平均水平，"五县一市"的农民消费水平则全都低于全国平均水平。

从市民消费来看，2012 年全国市民消费平均水平在 16674 元，江西和湖南两省的城镇居民消费都低于这个水平，三个地级市中只有株洲市的城镇居民消费水平接近全国平均水平，"五县一市"的城镇居民消费水平则都低于全国平均水平，特别是炎陵、遂川、永新和井冈山市四个县（市）的城镇居民消费水平还在 10000 元上下。这说明，收入水平低，消费能力弱，老百姓要拿出更多的钱来投向新农村建设和现代农业，这是不现实的，而光靠政府投入和招商引资来发展农业，其绩效也是有限的。

从城乡消费差距来看，从 2000 年到 2012 年"五县一市"城乡之间在居民收入和消费方面均没有根本改变，且收入的城乡比要略大于消费的城乡比。缩小城乡内部收入差距任重道远。

表 3 - 7　城乡居民收入、消费比较

单位：元

年　份	区　域	农村居民收入	城镇居民收入	城乡比（乡＝1）	农村居民消费	城镇居民消费	城乡比（乡＝1）
2000	全　国	2253.4	6280.0	2.79	1860	6850	3.7
	江　西	2135.3	5129.52	2.40	1642.66	3623.52	2.21
	湖　南	2197.16	6218.7	2.91	1942.94	5218.79	2.69
	株　洲	2689	6648	2.47	2023	6115.7	3.02
	萍　乡	2435.1	5081.4	2.09	2026	4602	2.3
	吉　安	2106.4	4703.61	2.23	1597.01	3621.47	2.27
	茶　陵	2409	4346	1.80	1739	5306	3.05
	炎　陵	2026	4132	2.04	1674	3834	2.29
	莲　花	1340.0	4076	3.04	1393	3750	2.7
	永　新	1810	4160	2.3	1039	3176	3.06
	遂　川	1440	4452	3.09	1112	3356	3.02
	井冈山市	2364	5847	2.47	1445	3789	2.60

续表

年 份	区 域	农村居民收入	城镇居民收入	城乡比（乡＝1）	农村居民消费	城镇居民消费	城乡比（乡＝1）
2005	全 国	4631.21	11320.77	2.44	2554.4	7942.88	3.11
	江 西	4348.43	9042.48	2.08	2483.7	6109.44	2.46
	湖 南	3117.74	9523.97	3.05	2756.43	7504.99	2.72
	株 洲	3957	11230	2.84	2962	8349	2.82
	萍 乡	3922	8973	2.29	2887	6718	2.33
	吉 安	3266.77	8604.19	2.63	2387.11	6189.59	2.59
	茶 陵	2327	7607	3.27	2133	7324	3.43
	炎 陵	2162.8	6720	3.11	2134	4903	2.3
	莲 花	1543	6300	4.08	1890	5890	3.1
	永 新	2931	6802	2.32	1716	5824	3.39
	遂 川	1605.1	6062	3.78	1723.1	5841	3.39
	井冈山市	3623	8248	2.28	1783	6381.88	3.58
2010	全 国	5919	19109	3.23	4455	15907	3.6
	江 西	7468.53	16558.01	2.22	3911.61	10618.69	2.71
	湖 南	5622	16566	2.95	4310.37	11825.33	2.74
	株 洲	7658	19643	2.57	5466	12269	2.24
	萍 乡	7219	16381	2.27	4988	11775	2.36
	吉 安	7015.11	15546.99	2.22	3499.9	8893.32	2.54
	茶 陵	2999	15650	5.22	3077	9720	3.16
	炎 陵	2970	14245	4.8	3777.6	9016	2.39
	莲 花	3079	11840	3.85	2413	9169	3.8
	永 新	4799	10688	2.23	2843	7936	2.8
	遂 川	3177	10483	3.3	2827.8	8364	2.96
	井冈山市	5023	15778	3.14	2556	8949.84	3.50
2011	全 国	6977	21810	3.13	4733.35	15160.89	3.20
	江 西	8994.48	18656.52	2.07	4660.09	11747.21	2.52
	湖 南	6567.06	18844.05	2.87	5179.36	13402.87	2.59
	株 洲	9328	22633	2.43	6710	13791	2.06
	萍 乡	8598	18646	2.17	5362	19204	3.6
	吉 安	8625.16	17692.32	2.05	4132.83	11559.78	2.80
	茶 陵	3703	17899	4.83	4213	10245	2.43

年　份	区　域	农民收入	市民收入	城乡比 (乡=1)	农民消费	市民消费	城乡比 (乡=1)
	炎　陵	3507	16292	4.65	4676	9847	2.11
	莲　花	3685	13146	3.57	3343	13530	4.0
	永　新	5406	11409	2.11	3179	7937	2.5
	遂　川	3746	11024	2.94	3033.3	9207	3.04
	井冈山市	6193	18006	2.91	3546	9726	2.74
	全　国	7917	24565	3.10	5908	16674	2.82
	江　西	7829	198605	2.53	5129	12776	2.49
	湖　南	7440	21319	2.87	5870	14609	2.49
	株　洲	10972	25916	2.36	7656	15810	2.07
	萍　乡	9999	21257	2.13	6035	14488	2.40
2012	吉　安	7103	20134	2.83	4529	12667	2.80
	茶　陵	3888	20461	5.26	5349	10770	2.01
	炎　陵	3608	18652	5.17	5574	10678	1.92
	莲　花	4716	14730	3.12	3859	12315	3.19
	永　新	6005	12800	2.13	3030	8121	2.68
	遂　川	4370	15240	3.49	3269	10050	3.07
	井冈山市	6163	19462	3.16	3864	10502	2.72

资料来源:《中国统计年鉴2012》和吉安、株洲、萍乡三市统计年报及"五县一市"调查样本数据。

第二节　影响井冈山革命老区县域
经济发展的制约因素分析

　　新中国成立以来,井冈山革命老区的"五县一市"经济社会发展取得不小成就,特别是改革开放以来,老区城乡面貌发生了翻天覆地的变化,人民群众的生活水平有了很大的提高,建设社会主义新农村,构建社会主义新面貌有了新的进展。但是也应该看到,相对于发达地区而言,井冈山革命老区的发展还是相对滞后。国家在"十五"和"十一五"期间,特别是中部崛起战略实施的过程中不断加大了扶持力度,对井冈山革命老区的"五县一市"采取了大力支持政策,"五县一市"自己与自己纵向比,经济社会的确进入了快速发展的阶段。但与发达地区横向比,目前"五县一市"的发展还是相对落后,发展速度还不够快;与同地区的其他县(市)比,与所属省、市发展的平均水平比,确实还存在不小的差距。通过对调研素材的分析发现,造成目前"五县一市"整体发展落后局面的主要因素有制度安排缺陷,产业布局不合理,区位劣势,人力资源开发不足等方面。

地处中部地区井冈山革命老区的"五县一市",自然条件、发展基础,特别是科技支撑、人力资本支撑、资金支撑、金融服务、组织支撑、产业化经营、市场支撑和政策支撑等,都存在一些不完善的地方。再加上农民的文化程度不高,脱贫致富的主动性和能力技术缺乏,特别是投入新农村建设和发展现代农业的资金和能力有限,致使农村和现代农业建设欠账太多,基础比较差,应对风险的能力比较弱,发展比较艰难。尤其是实现农业现代化与工业化、信息化、城镇化的"四化"联动制约因素比较多,这对于老区通过发展现代农业、建设新农村来促进县域经济发展是一种严峻的挑战与考验。

一 制度安排缺陷的副作用

井冈山革命老区"五县一市"分别位于江西、湖南两省,株洲、萍乡及吉安三个地级市,"五县一市"一直没有作为一个特殊的区域,往往注重宏观,没有更多地关注省域、市域和县域的中观层次和微观层次。为了争取国家制度安排的最大效用,往往是得到国家统一的政策支持,在制度安排和政策落实上各自为战,县与县之间、市与市之间、省与省之间没有形成一股合力,没有联合争取国家政策的支持。同时国家在政策制度安排方面也没有充分考虑井冈山革命老区的整体性和统一性,省、市及地方配套支持帮扶的政策措施也没有完全顾及两省三市、"五县一市"的平衡协调性和可操作性。

表3-8反映的是"五县一市"政策支持情况。2000年争取到扶贫资金最多的县是遂川县,达到1279.1万元,最少的是炎陵县,只有80万元,遂川县的扶贫资金是炎陵县的16倍。从2005年各县获得政策支持资金来看,最多的遂川县为1954.1万元,最少的炎陵县是223万元,差距达

1731 万元，其中莲花县、遂川县、永新县获得的资金支持都超过了 1000
万元，而茶陵、炎陵、井冈山市三个县（市）获得的资金支持都没有达到
500 万元。2010 年，获得资金支持最多的仍然为遂川县，达到了 3164.1 万
元，其中茶陵和炎陵两县的资金支持仍未达到 1000 万元，但井冈山市的资
金支持得到了较大的提升。到 2011 年，莲花县的资金支持下降严重，只获
得 283 万元，而其他五个县（市）的资金支持都达到或超过了 1000 万元，
特别是遂川仍然维持着 3000 多万元的水平。从上述数据可以看出，井冈山
革命老区"五县一市"在政策制度支持方面极度不平衡，没有形成统一的
制度政策安排，同时政策支持的力度不均衡，没有通盘考虑井冈山革命老
区"五县一市"的整体发展情况。

表 3-8　"五县一市"受到的政策支持情况

单位：万元

年份	区域	是否列为国定或省定贫困（特困）县	获得支持的项目	获得支持的资金	享受有关优惠政策（附有关说明）
2000	茶　陵	省定	扶贫资金	350	—
	炎　陵	否	扶贫资金	80	—
	莲　花	国定	扶贫资金	283	—
	永　新	国定	扶持资金	350.9	—
	遂　川	国定	扶贫资金	1279.1	革命老区县、八七扶贫攻坚县政策
	井冈山市	国定	沼气扶贫	100	—
2005	茶　陵	省定	扶贫资金	258	—
	炎　陵	省定	扶贫资金	223	—
	莲　花	国定	扶贫和移民资金	1100	国家重点扶贫开发工作重点县
	永　新	国定	整村推进、移民搬迁、雨露计划	1097.4	自 2005 年开始组织开展农村劳动力转移培训，对参与培训的学员安排专项扶贫资金给予补助
	遂　川	国定	扶贫资金	1954.1	革命老区县、国家级扶贫开发工作重点县政策
	井冈山市	国定	扶贫资金、雨露计划	465.5	国家重点扶贫开发工作重点县

续表

年份	区域	是否列为国定或省定贫困（特困）县	获得支持的项目	获得支持的资金	享受有关优惠政策（附有关说明）
2010	茶 陵	省定	扶贫资金	822	—
	炎 陵	省定	两项制度：雨露计划、扶贫	883	—
	莲 花	国定	扶贫和移民资金	1506.2	国家重点扶贫开发工作重点县
	永 新	国定	扶贫资金	2158.8	
	遂 川	国定	扶贫资金	3164.1	革命老区县、国家级扶贫开发工作重点县、比照实施西部大开发政策
	井冈山市	国定	扶贫资金、雨露计划	1419	
2011	茶 陵	国家山区连片扶贫	扶贫资金	1145	比照实施西部大开发、罗霄山区连片特困地区扶贫攻坚政策
	炎 陵	国家山区连片扶贫	扶贫资金、雨露计划	1000	比照实施西部大开发、罗霄山区连片特困地区扶贫攻坚政策
	莲 花	国定	扶贫资金	283	国家重点扶贫开发工作重点县
	永 新	国定	移民搬迁、雨露计划、扶贫资金	2566.74	国家重点扶贫开发工作重点县
	遂 川	国定	扶贫资金	3428.52	革命老区县、国家级扶贫开发工作重点县，比照实施西部大开发、罗霄山区连片特困地区扶贫攻坚政策
	井冈山市	国定	扶贫资金、雨露计划	1851.1	国家重点扶贫开发工作重点县

资料来源：根据相关文件和调查数据整理。

二 区位劣势的影响

区位因素与县域经济发展模式的形成具有某种特定的联系。这是因为县域经济发展的核心任务是要改变二元经济结构，工业优先发展战略就成为一种必然的选择。工业区位则强调地理坐标（空间位置）所标识的经济利益差别。在一定的经济系统中，由于社会经济活动的相互依存性、资源空间布局的非均匀性和分工与交易的地域性等特征，各空间位置具有不同的市场约束、成本约束、资源约束、技术约束，从而具有不同的经济利益。工业企业的区位选择，在追逐利益最大化的原则下，企业总是选择那些具有优势区位利益地区。然而不同类型、不同行业的企业的区位选择目标和约束条件又是纷繁复杂、多种多样的，因而区位偏好也各不相同。[①]

　　区位劣势、区域的整体技术水平低，还严重影响到"五县一市"外资的引进和外贸结构的调整以及在梯度转移过程中接受发达地区先进技术的扩散。我国是一个区域发展差异非常显著的国家，各地区在区位条件、资源禀赋、对外开放程度、产业发展水平等方面都存在较大差异，因此贸易结构也存在很大不同。加快部分地区外向型民营经济的发展，实施贸易主体多元化战略。"各地区要广泛培育各类出口主体，一方面要积极引进外资，不断优化外资结构，提高质量和效益，并完善对外商投资企业进入的相关立法和服务，加强外资引进的区域平衡，大力引导外资流入中西部地区。另一方面，也要加大对民营企业的扶持力度，促进民营企业加快转型步伐，鼓励产业集群化发展，引导中小企业走向国际市场。"[②] "对于快速赶超的发展中经济体，经济增长应该注意维持内部和外部的平衡，既重视出口也重视消费对经济增长的拉动作用。"[③]

　　由于井冈山革命老区多位于山区，交通不便，又处于江西、湖南两省接壤地带，在 20 世纪 20 年代，属于"天高皇帝远"平时谁也不去管的地方，而这对于革命党——中国共产党来说，恰恰是闹革命的理想地。在井冈山革命斗争时期，"五县一市"易守难攻、相对独立的特殊的区位优势，方便了革命党建立根据地和开展武装斗争及群众工作，也有利于红军在山中打游击，与敌人做斗争。但现在井冈山革命老区由于受到山多、交通不

①　郝寿义、安虎森：《区域经济学》（第二版），经济科学出版社，2004，第 49~60 页；陈秀山、张可云：《区域经济理论》，商务印书馆，2003，第 15~42 页。

②　张建清、魏伟：《国际金融危机对我国各地区出口贸易的影响分析——基于贸易结构的视角》，《国际贸易问题》2011 年第 2 期，第 11 页。

③　徐长生、庄佳强：《论出口、消费与产出增长》，《国际贸易问题》2008 年第 10 期。

便等因素的制约,致使"五县一市"的发展相对滞后,新中国成立以来较长时期处于欠发达状态。同时,由于"五县一市"地跨江西、湖南两省,分别属于株洲、吉安和萍乡三个地级市,位于罗霄山脉中段,在市场经济的条件下,这些区位要素已经从过去闹革命的优势变成了搞建设、谋发展的劣势,严重制约了"五县一市"的发展。

"五县一市"位于罗霄山脉的中段,地形多以高山为主,森林覆盖率较大,从而造成了基础设施相对落后,在教育、医疗卫生、文化体育基础设施等方面都存在严重不足的现象。同时受到经济实力的制约,在交通、教育、卫生等方面的投入存在严重不足的现象。截至2011年,"五县一市"中只有井冈山市通了火车,还是单向道。有高速公路经过的大部分县市的乡镇道路多以县道及盘山小公路为主,道路普遍存在坡陡、弯多、弯急、路远的现象。"五县一市"之间有些通道在区域发展联动中作用发挥一般。在教育方面投入更是甚少,很多县(市)的基础教育还很落后,教育投入少,中等教育设施少,高等教育没有,医疗卫生条件也较差,基础设施设备条件落后,服务能力和技术更是跟不上,优秀的医疗人员都以生活工作条件太差而不愿意久留。总体上看,严重区位劣势造成了"五县一市"的交通、教育、医疗卫生特别是与城乡公共服务均等化有关的基础设施建设水平低且相对落后。

三 科技教育水平落后

关于人力资本、人力资源的理论及其内涵的研究,国际国内名家很多,理论成果不少。"威廉·配第提出了人力资本概念的雏形,即'有生命的资本'。马克思、亚当·斯密、弗里德里希·李斯特、西奥多·舒尔茨、加里·贝克尔、爱德华·丹尼森等都曾对人力资本进行过实证和理论研究和分析,当代美国著名的经济学家雅各布·明塞尔指出,人力资本就是蕴含于人自身中的各种生产知识与技能存量的总和。"[1] 国内人力资本、人力资源的研究者也不少。"人力资本的增加都会使经济增长呈显著收敛趋势,若用普通静态面板技术估计,初始产出对数值的系数虽然仍为

---

[1] 周金堂:《国家背景下的工业化与县域经济发展》,经济管理出版社,2005,第278页。

负值，但是绝对值显著增加，说明人力资本的增加会使经济增长的收敛性增强，如果考虑并去除知识的空间溢出性，则经济增长的收敛性会减弱。"①

县域范围是人力资源丰富的地区。世界万物，人是最宝贵的。人力资源是第一资源。实现科技进步，实现经济和社会发展，关键都在人。"人口过多、人均资源贫乏、环境恶化，构成对经济持续发展的重大威胁，农村1亿多剩余劳动力大军的存在，尤其是近几年农村剩余劳动力数量的继续增加，使中国从二元经济结构向现代社会过渡的前景有点渺茫。"② 目前"五县一市"的人力资源开发严重不足，大部分县（市）还以传统生产经营为主，大部分县（市）基本没有高端人才的进入，有的县（市）高端人才流失比较严重，中端人才保有量也相对较少，农民和一般工人占了绝大部分。同时，由于普遍存在财政困难，地方政府对人才资源开发支持不够，从而导致了更多人才难以进入、难以留住。

教育是老区经济社会和发展的关键，技术创新是中小企业持续发展的源泉，是形成企业核心技术、提升企业市场竞争力的关键。实践表明，中小企业的技术创新贡献大于大型企业，然而我国中小企业在技术创新活动中，存在着许多限制性因素，缺少配套的服务体系。"中小企业是我国国民经济的重要组成部分，在我国经济发展中起着举足轻重的作用，无论是对国民经济发展，还是对活跃城乡经济、满足社会多方面需求、吸收劳动力就业、开发新产品等方面都发挥着极其重要的作用。"③ 中外经济发展的实践表明，中小企业还是技术创新的源泉，许多技术成果是由中小企业研发出来的。目前我国中小企业拥有全国66%的专利，完成了74%的技术创新。④ 中小企业的技术创新具有创新速度快、创新效率高等优势，但往往受到经济实力、技术基础、人力资源及一些宏观政策和法律环境等因素的制约。

① 张建清、孙元元：《中国经济增长的分解与收敛性实证研究》，《商业时代》（原名《商业经济研究》）2012年第22期，第7页。
② 张卓元：《面对发展之春》，中国发展出版社，1999，第54页。
③ 杨树旺、付书科等：《论我国中小企业技术创新服务体系的构建》，《企业改革与发展理论月刊》2009年第9期，第156页。
④ 杨吾扬、梁进社：《高等经济地理学》，北京大学出版社，1997，第294~295页。

　　根据表 3 - 9，从第五次人口普查（2000）和第六次人口普查（2010）
"五县一市"的文盲人口和文盲率来看，炎陵、莲花和井冈山 2000 年的文盲
率高于全国水平，茶陵、莲花和井冈山三个县（市）2010 年的文盲率都高于
全国平均水平，2010 年炎陵、茶陵两县的文盲率均高于株洲的平均水平，莲
花县 2010 年的文盲率是 4.62%，而所在的萍乡市的文盲率只有 1.51%，井
冈山市的文盲率比所在的吉安市的平均文盲率高出 2.14 个百分点。

表 3 - 9　有关省、市、县第五、第六次全国人口普查文盲率对比
单位：万人，%

地　区	文盲人口		文盲率	
	第五次普查	第六次普查	第五次普查	第六次普查
全　国	8507	5466	6.72	4.08
江　西	214	139	5.16	3.13
湖　南	273.03	145.1	9.56	2.67
株　洲	30.62	10.68	8.23	1.75
萍　乡	5.7	2.8	3.33	1.51
吉　安	19.85	12.2733	4.55	2.55
茶　陵	4.07	2.58	2.77	5.3
炎　陵	1.1793	0.0883	7.16	4.4
莲　花	1.98	1.09	8.81	4.62
永　新	0.1641	0.1632	1	3.35
遂　川	1.94	0.67	3.82	3.25
井冈山	0.7806	0.56	7.04	4.69

　　资料来源：根据第五、第六次全国人口普查数据整理。

　　根据图 3 - 1 所示，从"十二五"初期井冈山革命老区中各县（市）
的人口受教育程度构成来看，"五县一市"的大专以上学历的占比均比全
国的平均水平要低，其中茶陵、炎陵、莲花、遂川四个县大专及以上学历
占比均低于 5%。"五县一市"所在的三个地级市中也只有株洲市大专以上
学历占比超过了全国的平均水平，吉安市的大专以上学历占比只有 5%，
比全国平均水平低了近 4 个百分点。从受到高中、中专教育人口占比来看，
"五县一市"中只有井冈山和永新两个县（市）的受高中及中专教育人
口占比超过了全国平均水平，其中茶陵、炎陵、莲花、遂川等四县的受高

中、中专教育人口比例分别是 9.4%、9.7%、10.43%、8.65%，分别比全国平均水平低 4.63 个、4.33 个、3.6 个、5.38 个百分点。

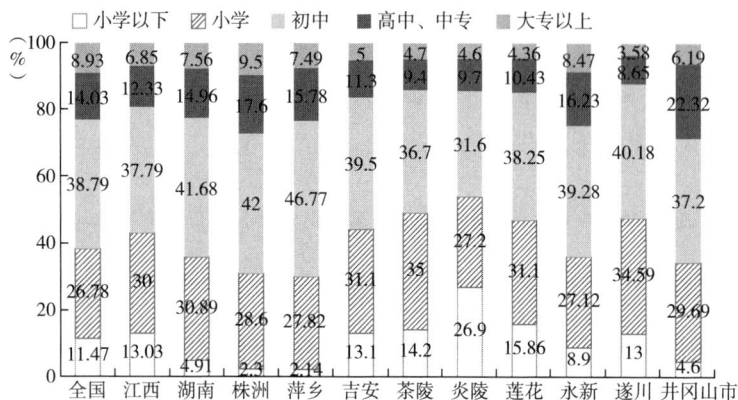

图 3-1　"十二五"初期"五县一市"教育程度与全国及所在省、市对比

在受过教育的人群中，教育程度较低的占了绝大部分。从图 3-1 可以看出，小学文化的人口百分比"五县一市"比全国平均水平（26.78%）普遍高，最高的遂川县高出 7.81 个百分点，初中的人口占比与全国平均水平大体相当，高中、中专等除井冈山市、永新县外，其他 4 县都较低，最低的遂川县比全国平均水平低 5.38 个百分点。从表 3-9 的对比综合得知，目前井冈山革命老区的整体人力资源水平不高，与全国平均水平还有较大的差距，特别是文盲率还较高，大专及以上的人占总人口的比例低，受过高中、中专教育的人保有量也相对不足，这些充分说明井冈山革命老区人民的教育水平不高，人口优势转变为人力资源特别是人力资源优势的基础差，开发难度大，需要大批投入和一至二个五年计划实施才能改变这种状况。

四　以城带乡、以工促农力度偏弱

改革开放以来，我国经济社会发展进入高速发展阶段，但东部沿海地区发展越来越快，内地及西部地区发展却跟不上沿海地区的发展步伐。特别是一些革命老区、山区及贫困地区，受到区域要素、交通不便、国家政策战略的缺失等原因的制约，越来越贫穷，区域分化越来越严重。国家"十一五"规划以来，党和政府越来越关注这些老少边穷地区的发展问题，同时出台了一系列的扶贫及优惠政策。井冈山革命老区"五县一市",尽管也受到了中央的关照,省、市的支持,但城乡发展不协调性,城乡公共服务均等化程度与所在省其他辖区相比还有较大的差距。从图 3 – 2 可以看出,"五县一市"人口规模远远低于固定资产的投资规模,而该地区仍然处于投资拉动的阶段,而新兴城镇化和工业化是投资的主要载体,这进一步说明该地区以城带乡、以工促农的力度十分薄弱。

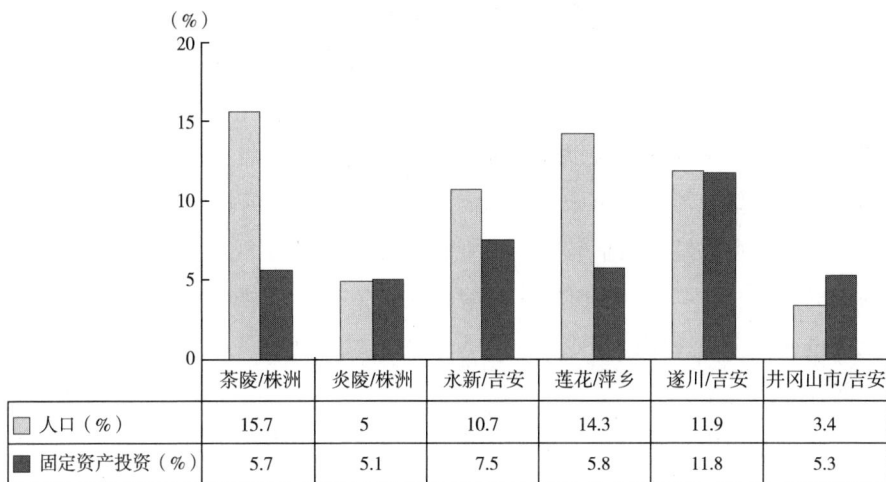

(%)	茶陵/株洲	炎陵/株洲	永新/吉安	莲花/萍乡	遂川/吉安	井冈山市/吉安
人口(%)	15.7	5	10.7	14.3	11.9	3.4
固定资产投资(%)	5.7	5.1	7.5	5.8	11.8	5.3

图 3 – 2   2012 年"五县一市"人口规模、固定资产投资占所在市比重对比

在改革开放刚开始阶段,我国的战略目标是优先发展东部沿海地区,让沿海地区先富裕起来。国家的一切生产要素及人力资源大量地往沿海聚集,这使得东部沿海地区的发展日新月异,在国内生产总值、居民收入及消费水平、城镇化率、公共基础设施及服务等多方面都远远高于内地,但是一些老少边穷地区的发展却是严重地滞后,差距越来越明显。由于"五县一市"的城乡居民收入及消费水平与全国平均水平、与所在省及地级市都有较大差距,且县与县之间的差距也比较明显,这难免使井冈山革命老区的"五县一市"在实施以城带乡、以工促农、大力推进城乡公共服务均等化等方面会遇到更多压力和难题。

五   人才引进和使用机制不活

人才引进机制不畅,事业留人、感情留人,特别是待遇留人的政策措施不到位,优秀和高端人才难引进、难留住。具体来说主要是以下几个方面导致的。

一是基层劳动保障服务平台建设不强。由于老区不少县是国家扶贫开发工作重点县，县、乡财政靠转移支付"吃饭"，普遍显得紧张，乡镇和村的劳动保障服务平台建设投入有待进一步加大，乡镇劳动保障所工作人员和村级劳动保障协管员的工资福利待遇有待进一步提高。

二是职业培训需求与培训能力之间的矛盾比较突出。近年来，老区不少县下岗失业人员培训、农村劳动力转移培训、新成长劳动力培训等任务逐年加重，劳动者取得一技之长的要求也越来越高。但目前"五县一市"普遍存在公办培训机构包括职业中学、县级就业培训中心投入不足、设备陈旧、课程单一现象，难以适应人力资源市场需要。社会上民办培训机构规模不大，培训能力很有限，难以满足企业对劳动者的技术技能要求。

三是失业保险覆盖面较窄，失业保险缴费基数偏低。由于受短期效益的影响，"五县一市"参加失业保险的人员或企业积极性不高，给失业保险基金征缴带来一定的困难。乡土人才的后顾之忧难解决，外流的现象就自然存在。

四是井冈山革命老区"五县一市"的干部和专业技术人员与外界交流少，缺乏国家重大人才工程和引智项目向井冈山革命老区倾斜的政策支持，高层次人才很难到井冈山革命老区投资创业，院士工作站和博士后科研工作站几乎没有可能办到老区，创新创业团队建设、重点科研基地建设等严重缺乏。

井冈山革命老区县域经济
发展的机遇、潜力与后发优势

党中央国务院对加快井冈山革命老区的建设越来越重视，随着中部崛起战略的实施和长株潭城市群、环鄱阳湖城市群建设上升为国家战略，随着"五县一市"列入罗霄山脉连片特困区扶贫开发的范围，中央和有关省、地级市的政策支持和扶持力度也在进一步加大，井冈山革命老区的定点帮扶、集中连片开发、先富帮后富的气候正在形成。但长期以来，由于"五县一市"发展基础差、底子薄，大部分区域还处于欠发达状态，县域经济发展的质量和速度与发达地区相比存在较大差距，尽管"五县一市"有些乡镇没有受到传统工业化带来的污染和过多资源的开发，但发展的质量和效益明显落后于发达地区。在国家大力转变发展方式、加速结构转型升级以及着力加强生态建设的大背景下，井冈山革命老区通过转变发展方式，调整经济结构的后发优势正在不断显现，再加上革命老区拥有大量的红色资源和绿色资源，通过近几年的大力开发，也正在形成发展优势。老区农村大量剩余劳动力转移到服务业、加工业及特色高效生态农业产业中就业，劳动力资源的优势正在得到发挥。这一系列的变化和优势条件，为井冈山革命老区的崛起带来巨大的机遇和潜力。同时，井冈山革命老区的"五县一市"正享有鄱阳湖生态经济区建设、长株潭城市群建设、支持赣南等原中央苏区振兴发展、罗霄山片区区域连片扶贫开发等多个国家发展战略的支撑，必将产生政策叠加促进效应，拉动"五县一市"经济社会的强势发展。

第一节 中央、省、地级市的重视与扶持力度正不断加大

一 中央、江西和湖南两省扶持贫困县域范围逐年扩大

新形势下加快中西部地区经济发展，推动区域经济均衡发展，是我国积极扩大内需、拓展经济社会发展空间的必然选择，是我国产业经济

结构战略性加速调整和经济发展方式加快转变的迫切需要，是缩小我国城乡和东部、中部、西部地区区域发展差距、全面实现"两个一百年"建设目标的重要举措。这些年来，在党和政府不断重视老区发展的背景下，井冈山革命老区受到越来越多的政策支持和对口定量帮扶。根据表4-1，在2000~2012年之间，"五县一市"只有2000年茶陵、炎陵两个县不是国家或省级贫困县，其他县（市）在2000年以来一直是国家贫困县。这一方面说明井冈山革命老区目前确实处于落后状态，另一方面说明中央也正在不断加大对"五县一市"扶持。2011年"五县一市"同时进入《中国农村扶贫开发纲要（2011—2020）》确定的罗霄山脉连片特困区扶贫开发范围。

表4-1 　"五县一市"享受国定、省定集中连片扶贫开发政策的情况汇总

年份 地区	2000	2001	2002	2003	2004	2005	2006	2007	2008	2009	2010	2011	2012
茶　　陵	否	省定	省定	省定	省定	省定	省定	省定	省定	省定	省定	国扶	国扶
炎　　陵	否	省定	省定	省定	省定	省定	省定	省定	省定	省定	省定	国扶	国扶
遂　　川	国定	国定	国定	国定	国定	国定	国定	国定	国定	国定	国定	国定 国扶	国定 国扶
永　　新	国定	国定	国定	国定	国定	国定	国定	国定	国定	国定	国定	国定 国扶	国定 国扶
莲　　花	国定	国定	国定	国定	国定	国定	国定	国定	国定	国定	国定	国定 国扶	国定 国扶
井冈山市	国定	国定	国定	国定	国定	国定	国定	国定	国定	国定	国定	国定 国扶	国定 国扶

资料来源："五县一市"调查问卷。

二　扶持的项目和资金逐年增多

就经济建设而言，项目可以理解为在一定的时间和一定的预算内所要达到的预期目的，项目侧重于过程，它是一个动态的概念。"项目经济"是一个泛概念，到目前为止尚没有统一而明确的定义，不论项目建设投资本身对经济的贡献，还是对经济的拉动作用，或是相对于一个地方未来经济的长远影响，项目投资都发挥着重大的经济引擎和撬动的效应。在相当长时期内，作为欠发达地区老区，"项目经济"的发展，既是发展的核心，也是政府工作的中心。"项目经济"在一个地方发展中处于特殊地位，具

有重大的意义和作用。"项目经济"是贯彻落实科学发展观的本质体现和
有效载体，是促进经济社会发展的推动力和支撑，是增强区域综合发展竞
争力的保障和举措，是保证区域可持续发展的现实途径和长远基础。①

　　在振兴老区发展实践中，资金与项目是紧密关联的。有针对性地上报项
目与同时下达资金控制数，是充分发挥资金使用效益，避免撒"胡椒面"的
有效做法。凸显革命老区专项转移支付资金地位和作用，必须在资金管理上
采取有效措施，通过建立项目责任制、项目验收和竣工决算制度、项目支出
绩效评价体系和奖惩机制、有效的奖励和惩戒等机制，努力把资金用到实
处。"专项转移支付资金项目在革命老区实施后，有效改变了革命老区交通
不便、信息不畅等落后状况，革命老区重点纪念性建筑物得到了较好的维护
和改造，公益事业进一步发展，新农村建设进程明显加快。"②

　　根据表4-2，以"五县一市"取得项目支持的情况来看，2000年到2012
年12年间，炎陵县总共获得了58个支持项目，茶陵县获得63个支持项目，莲
花县获得20个支持项目，井冈山市获得52个，永新总共获得50个项目支持，
这些项目主要以扶贫资金、雨露计划、移民资金等项目名称出现的。

　　根据表4-3，从2000年到2012年，"五县一市"得到支持的金额数
也在不断地增加，其中茶陵县从2000年的350万元提高到2012年的1795
万元，在13年中总共获得了8479.7万元；炎陵县从2000年的80万元提
高到2012年的1257万元，是2000年的15.6倍，13年获得的资金支持总
额是7285万元；遂川县在2000年到2012年中获取的项目支出数量最多，
达到29037.7万元，并且每年的支持资金都在千万元以上；永新县2000年
获取的资金支持是350.9万元，2012年获取了3452.54万元，是2012年六
个县（市）获取资金支持最多的一个县，13年累计获得18403.98万元；
莲花县在2000年获得283万元资金支持，2012获得了379.6万元，13年
获取资金支持总额为10175.8万元；井冈山市在2000年获得的资金支持是
100万元，在2012年获得了3404.5万元，13年总共获得了11753.2万元

---

① 王存沐：《项目经济：县域发展的有效载体》，《浙江经济》2011年第23期，第46~47
页。
② 宁新路：《创新资金管理方式　为老区建设保驾护航》，《中国财经报》2010年11月9
日，第002版。

表4-2 "五县一市"获得的支持项目

年份\地区	2000	2001	2002	2003	2004	2005	2006	2007	2008	2009	2010	2011	2012	总计(个)
炎陵	贫困村扶持	基础设施、连心工程、科教工程、商业扶贫、省扶贫贷款贴息、扶贫贷款贴息	基础设施、连心工程、科教工程、"摘活一摘帽"、中央扶贫贷款贴息、省扶贫贷款贴息	基础设施、产业开发、连心工程、中央扶贫贷款、省扶贫贷款贴息	扶贫建房、基础设施、农村能源、种养业、人畜饮水、产业开发、科教培训、中央贷款贴息	扶贫建房、农村能源、建整项目、扶贫贷款贴息	基础设施、产业开发、扶贫培训、农村能源、建整项目、扶贫贷款贴息、贫困监测及建档立卡	基础工程、生产发展、科教推广及实用技术、劳动力转移培训、示范及其他	基础工程、生产发展、科教推广及实用技术、劳动力转移培训、扶贫示范及其他、扶贫贴息资金基金		基础工程、生产发展、科教推广及实用技术、劳动力转移培训、两项制度衔接、其他及互助金			58
茶陵			基础工程、生产发展、实用技术、扶贫贴息或资金基金			基础工程、生产发展、科教推广及实用技术示范及其他		基础设施、产业开发、社会事业、扶贫培训、农村能源、建整扶贫、建档立卡	基础设施、产业开发、扶贫培训、扶贫贷款、统计、监测、扶贫教育、贴息、其他		两项制度、雨露计划、贫困村资金	整村推进扶贫资金、"两项制度"资金及雨露计划资金、困村扶贫资金、扶贫贴息资金	两项制度、雨露、贫困村扶持	63

续表

年份\地区	2000	2001	2002	2003	2004	2005	2006	2007	2008	2009	2010	2011	2012	总计(个)
遂川	未填	未填	未填	未填	未填	未填	未填	未填	未填	未填	未填	未填	未填	未填
永新	贫困县专项扶持资金	整村推进等	整村推进、沼气扶贫等	整村推进、沼气扶贫等	整村推进、移民搬迁等	整村推进、移民搬迁、雨露计划、贷款贴息	整村推进、移民搬迁、贷款贴息	整村推进、移民搬迁、雨露计划、贷款贴息、产业扶贫等	整村推进、移民搬迁、雨露计划、贷款贴息、产业扶贫等	整村推进、移民搬迁、雨露计划、产业扶贫、互助金等	整村推进、移民搬迁、雨露计划、贷款贴息	整村推进、移民搬迁、雨露计划、贷款贴息、产业扶贫、互助金等	整村推进、移民搬迁、雨露计划、贷款贴息、产业扶贫等	50
莲花	革命老区县、八七扶贫攻坚县政策		革命老区县、国家级扶贫开发工作重点县政策			革命老区县、国家级扶贫开发工作重点县政策	革命老区县、国家级扶贫开发工作重点县	革命老区县、国家扶贫开发工作重点县、比照实施兴东北地区等老工业基地西部大开发政策	革命老区县、国家级扶贫开发工作重点县、比照实施老工业基地西部大开发政策	革命老区县、国家扶贫开发工作重点县、比照实施振兴东北地区等老工业基地政策	革命老区县、国家级扶贫开发工作重点县、比照实施西部大开发政策、比照实施振兴东北地区等老工业基地、资源枯竭型城市政策	革命老区县、国家级扶贫开发工作重点县、比照实施西部大开发政策、比照实施振兴东北地区等老工业基地、资源枯竭型城市政策、罗霄山区连片特困地区扶贫攻坚政策	革命老区县、国家级扶贫县、比照实施西部大开发政策、比照实施振兴东北地区等老工业基地、资源枯竭型城市政策、罗霄山连片特困地区扶贫攻坚政策	20
井冈山市	沼气扶贫、沼气扶贫					"十五"贫困村整村推进、沼气、扶贫、移民扶贫搬迁、雨露计划	"十一五"贫困村整村推进、科技扶贫、扶贫贴息贷款、移民扶贫搬迁、雨露计划、产业扶贫连片开发					"十二五"贫困村整村推进、扶贫贴息贷款、移民扶贫搬迁、雨露计划、产业扶贫连片开发、彩票公益金		52

的支持资金。从 13 年的数据来看，遂川县获得的支持资金最多，为 29037.7 万元，炎陵县最少，只有 7285 万元。

表 4 – 3　"五县一市"获得支持的资金数额
单位：万元

年份 地区	2000	2001	2002	2003	2004	2005	2006	2007	2008	2009	2010	2011	2012	小计
茶　陵	350	370	407	481	402	258	441	621	670.7	717	822	1145	1795	8479.7
炎　陵	80	204	432	407	385	223	661	528	580	645	883	1000	1257	7285
遂　川	1279.1	1431.3	1264.2	2027.7	2006.1	1954.1	2310.9	2439.6	2771.4	2620.5	3164.1	3428.52	2340.2	29037.7
永　新	350.9	431	787.4	703	929.1	1097.4	991.9	1228.5	1666.4	2040.3	2158.8	2566.74	3452.54	18403.98
莲　花	283	379.6	285	414.2	1135.2	1100	913.7	1154.5	999.6	1342.2	1506.2	283	379.6	10175.8
井冈山	100	394.4	385.4	299.8	435.7	465.5	586.4	661.5	670	1079.9	1419	1851.1	3404.5	11753.2

资料来源："五县一市"调查样本整理。

三　帮扶政策措施逐年完善

据表 4 – 4，从"五县一市"享受的政策支持方面来看，2000～2010 年，炎陵县、茶陵县、莲花县和井冈山市相比均没有享受比井冈山革命老区更优惠的政策支持，遂川县享受到了革命老区县、八七扶贫攻坚县政策，后期还增加了比照实施西部大开发、罗霄山区连片特困地区扶贫攻坚政策等。永新县 2001 年起享受到了以"十五"43 个扶贫开发工作重点村为单位，每年安排 10 万元，连续 5 年开展整村推进扶贫、安排专业沼气扶贫资金，用于补助农村沼气池建设、安排科技扶贫资金，专项用于扶持县域主导产业基地发展；从 2004 年起，对居住在深山区、库区、地质灾害频发区群众实施移民搬迁，每人补助建房资金 3500 元；自 2005 年开始组织开展农村劳动力转移培训，对参与培训的学员安排专项扶贫资金给予补助；自 2006 年开始对扶贫龙头企业和农户贷款实施贴息、贫困村开展财政扶贫互助金试点工作，通过财政专项扶贫资金，投入用于在贫困村组建扶贫互助社、吸纳当地群众入社，并在社员中开展有偿借款，循环使用的财政扶贫资金管理新机制；从 2012 年起，省财政每年安排每一个片区县和原中央苏区县 1000 万元产业化专项扶持资金，用于扶持县域主导产业的发展壮大等。

表4-4　"五县一市"享受的政策支持的情况

年份\地区	2000	2001	2002	2003	2004	2005	2006	2007	2008	2009	2010	2011	2012
炎陵	未填	未填	未填	未填	未填	未填	未填	未填	未填	未填	未填	比照实施西部大开发、罗霄山区连片特困地区扶贫攻坚政策	比照实施西部大开发、罗霄山区连片特困地区扶贫攻坚政策
茶陵	未填	未填	未填	未填	未填	未填	未填	未填	未填	未填	未填	比照实施西部大开发、罗霄山区连片特困地区扶贫政策	比照实施西部大开发、罗霄山区连片特困地区扶贫政策
遂川	革命老区县、八七扶贫攻坚县政策		革命老区县、国家级扶贫开发工作重点县政策					革命老区县、国家级扶贫开发政策，比照实施西部大开发政策				革命老区县、比照实施西部大开发工作重点县，罗霄山区连片特困地区扶贫攻坚政策	
永新	一	以"十五"43个扶贫开发工作重点村为单位，每年安排10万元，连续5年开展整村推进扶贫　安排科技扶贫专项资金，用于扶贫资金项目用于扶持县域主导产业基地发展　补助农村沼气池建设			自2004年开始，对居住在深山区、库区、地质灾害频发区群众实施移民搬迁，每人补助建房资金3500元	自2005年开始组织开展农村劳动力转移培训，对参与培训的学员安排专项扶贫资金给予补助	自2006年开始对扶贫龙头企业和农户贷款实施专项扶贫资金贴息	通过科技扶贫项目资金用于扶持县困主导产业发展	贫困村开展财政扶贫互助金试点工作，通过财政专项扶贫资金，投入用于在贫困村组建扶贫互助社，并在社员中开展有偿借款、循环使用的财政扶贫资金管理新机制			一	从2012年起，省财政每年安排每一个片区县和原中央苏区县1000万元产业化专项扶持县域主导产业的发展壮大

续表

年份地区	2000	2001	2002	2003	2004	2005	2006	2007	2008	2009	2010	2011	2012
莲花	未填	未填	未填	未填	未填	未填	未填	未填	未填	未填	未填	比照实施西部大开发,罗霄山区连片特困地区扶贫攻坚政策	比照实施西部大开发,罗霄山区扶贫攻坚政策
井冈山	未填	未填	未填	未填	未填	未填	未填	未填	未填	未填	未填	比照实施西部大开发,罗霄山区连片特困地区扶贫攻坚政策	比照实施西部大开发,罗霄山区扶贫攻坚政策

资料来源:"五县一市"调查样本整理。

第二节　定点帮扶、集中连片开发、
先富帮后富气候的形成

根据 2011 年底颁布的《中国农村扶贫开发纲要（2011—2020 年）》，纳入罗霄山脉片区共 23 个县（市），其中江西省 17 个，分布在赣州（11个）、吉安（4 个）、抚州（1 个）、萍乡（1 个）；湖南省 6 个，分布在郴州（4 个）、株洲（2 个）。整个罗霄山片区涉及 2 省 6 市 23 个县（市），特别是井冈山革命老区的"五县一市"只有从区域发展的角度加强县市之间的相互衔接沟通，通过项目跨县市的建设对接，如铁路、高速公路建设项目，红色旅游的互通合作开发，点、线、面的协调联动，才能实现集中连片合作共赢，共同促进并发展的效果。如株洲市，在与赣州、吉安的项目对接上主要提出：交通建设、生态保护、旅游开发、产业发展等四大类项目，在与两地召开的座谈会上，就郴赣铁路、桂遂高速、共建生态屏障，打造赣南、湘南脐橙产业带，共建茶叶、烟叶、药材基地，打造罗霄山红色、绿色旅游圈等项目，各方充分交换了意见，交流了大量信息，初步达成了互通信息、互相支持、建立定期协商机制的多项共识。在区域配套联动协调发展，共同打好扶贫攻坚战的大背景下，"五县一市"在扶贫开发上探索了不少新做法，创造了一些新经验。

一　扶贫开发的体制机制逐步形成

党和国家十分重视区域间的协调联动发展，高度重视落后地区的扶贫开发问题，不断为中部地区、罗霄山片区、赣南原中央苏区进行外部"输血"，为这些地区恢复"造血"功能、加快发展提供了重要保障。"五县一市"地区的发展处于多重国家战略政策支持的叠加期，为该区域大力发展县域经济提供了难得的历史机遇，同时为加强对内开发与对外合作、加快发展崛起营造了良好的环境。近年来，"五县一市"紧密将扶贫和开发结合，加速释放革命老区的政策红利，扶贫开发的体制机制逐步形成，并形成了一些新做法和新经验，为井冈山革命老区"五县一市"的联动崛起创

造了条件。以下以遂川县和井冈山市为例就创新扶贫开发机制体制的做法
予以总结。

（一）遂川县创新财政扶贫机制，将财政扶贫资金用在"刀
刃上"

遂川县认真落实国家发布的《中国农村扶贫开发纲要（2001—2010
年)》，切实遵照"省负总责、县抓落实、工作到村、扶贫到户"的扶贫工
作总体机制要求，不断创新财政扶贫开发机制，紧紧围绕农民增收总目
标，以工业化理念谋划农业，大力推进农业结构调整、农业产业化经营和
新农村建设，努力提高农业生产效益和农产品市场竞争力，不断加大农村
劳务输出力度，拓宽农民增收渠道。近十年，该县多方筹措扶贫资金，累
计达4.8亿多元，给该县贫困乡镇注入了新的生机与活力，贫困人口大幅
度下降，综合经济实力有了增强。财政扶贫工作取得了明显的成效。

1. 将财政扶贫基金注入乡村基础设施建设

近十年，该县累计投入乡村基础设施建设的财政扶贫资金达2.35亿
元，实施扶贫项目近700个，该县108个扶贫开发重点村的环境卫生"脏、
乱、差"以及"五难"等问题得到基本解决。十年来，该县兴建和改造了
近350公里乡村公路，实现了村村通公路，兴建了100座桥梁，基本实现
了乡村桥梁全翻新；兴修了近200处水利设施，全面推进了"户户通"自
来水工程，村民的"饮水难"问题、"行路难"问题、"用电难"问题、
"上好学难"问题、"看病难"问题得到较好的解决，极大地改善了农村生
产生活面貌，极大提升了村民的生活满意度。

2. 将财政扶贫资金注入农村产业基地建设

近十年，该县认真探索"一乡一业、一村一品"的发展模式，累计投
入财政扶贫资金7400多万元用于产业基地建设，建成30多处400亩以上
的连片产业基地，同时还建成了近450万亩的多种农产品经营基地。其中，
果茶基地158万亩、中药材基地4.4万亩、木竹基地239万亩、桑蚕基地2
万亩、畜禽饲养及加工基地46.6万亩。五个主导产业、450万亩产业基地
已成为该县真正的经济引擎和扶贫龙头。以2010年数据为例，该县的主导
产业和产业基地实现了10.4亿元的总产值，占该县农业总产值的一半以

上。在扶贫中发挥了重要的辐射引领作用，辐射农户11.4万户，覆盖了该县83%的农户。

3. 将财政扶贫资金与惠民工程相融合

一是公正核定重点扶贫对象。严格按照国家新一轮扶贫开发工作的要求，公正制定贫困户认定标准，完善核定程序，每三年由扶贫办牵头对贫困户进行一次重新核定，并建档立卡。二是落实国家和省市出台的各项优惠政策。比如，国家从2003年开始实施移民搬迁工程，该县抓住这一良好机遇，通过建立"县负总责、乡镇实施、群众参与、部门帮扶"的工作机制，不断强化工作措施。三是切实解决贫困户贷款难问题。该县自2004年开始推行扶贫到户贷款贴息改革试点工作。工作中，坚持"贫困户受益、向重点村倾斜、市场化运作"的原则，至2011年，全县共向15896户贫困农户发放了扶贫贴息贷款9860万元，同时发展了农村金融市场。可以说，通过上述举措，解决了求医、就学、行路难的问题，从根本上改变了移民的生存环境，逐步实现了"搬得出、稳得住、逐步富"的目标。

4. 不断加强公共财政资金的管理

该县把制度建设作为基础，健全完善了五项制度。一是项目申报认证制度。突出扶贫重点，论证建立扶贫项目库，突出项目建设的可行性、效益性。二是项目管理制度。公共财政支持的扶贫项目全部实行合同制管理，对项目实施的内容、质量、时限、责任等在合同中进行明确规范。对财政补助资金达到一定额度以上的基础设施建设项目，规定必须通过招投标或议标选择施工单位。三是财务管理制度。为加强扶贫资金的管理，监督扶贫资金的使用，制定了《遂川县财政扶贫资金报账制管理实施细则》。四是项目的财务审计制度。采取过程监督与事后审计监督相结合的方式，对扶贫资金使用后进行专项审计监督，确保了财政扶贫资金的专款专用。五是项目信息公开制度。对资金安排使用情况、项目进展情况及时向上级汇报，向乡镇通报，向建设单位公开，增加透明度，主动接受社会监督。

（二）井冈山创新科技扶贫机制，迈出救济扶贫向开发扶贫转变新路子

井冈山既是中国革命的摇篮，也是《中国农村扶贫开发纲要（2011—

2020年)》确定的连片特困地区之一。1988年，科技部下达的井冈山区科技扶贫计划正式启动；1990～2011年，科技部先后派出25届科技扶贫团奔赴井冈山区，帮助当地人民组织科技扶贫开发工作。为了更好地指导"十二五"期间井冈山区科技扶贫开发工作，加快脱贫致富步伐，受科技部井冈山区扶贫团委托，江西省科技厅下达了编制《井冈山区"十二五"科技扶贫发展规划》研究任务，"九五"以来连续4次参加井冈山区科技扶贫五年规划的编制工作。井冈山区科技扶贫规划主要内容包括："十一五"工作回顾，"十二五"指导思想、基本原则，发展目标与主要任务，重点产业和实施项目，配套政策和保障措施等五个方面。《井冈山区"十二五"科技扶贫发展规划》的顺利完成，为井冈山人民科技兴业致富描绘了蓝图。井冈山区以科技扶贫为契机，发扬革命传统，着力实施科技扶贫开发工程，积极探索以资源为基础、市场为导向、科技为依托、效益为中心，发展区域性支柱产业扶贫新路径，实现了由单纯的救济型扶贫向开发性科技扶贫的重大转变，使山区经济和社会全面发展，人民生活水平不断提高。

二 集中连片开发的区域轮廓渐趋清晰

在新时期的扶贫开发工作中，集中连片贫困区成为扶贫攻坚的主战场。自《中国农村扶贫开发纲要（2011—2020年)》实施以来，特别是罗霄山区扶贫计划实施以来，"五县一市"抢抓历史机遇，着力发挥自身的比较优势和后发优势，形成了革命老区集中连片开发中"多点开花"的良好局面。与此同时，鉴于井冈山革命老区人缘相亲、地缘相近，并且共同经历了革命的岁月，六个县（市）在齐头并进的过程中，越发将集中连片开发作为自身发展的思路和出路。在以红色文化旅游为主线的串联下，"五县一市"集中连片开发的势头愈加迅猛，以井冈山革命老区为轮廓的经济社会增长板块轮廓日渐清晰，这为"五县一市"在扶贫开发中共同崛起创造了可能。

（一）"五县一市"依托优势资源，齐做红色旅游大文章

井冈山"五县一市"拥有得天独厚的红色历史文化资源、丰富的生态

旅游资源和深厚丰富的历史文化旅游资源。"红色旅游的发展使革命老区与经济发达地区产生了良好的互动效应：红色客流促使老区政府将改善交通、住宿、通讯等旅游基础设施的建设放在经济工作的重要位置；通过打造红色旅游产品，扩展旅游产品链，延长了旅游者的游览时间，提高了消费水平，为老区带来了巨大的经济效益；促进了老区人民观念的变化和进步；推动了老区知名度的提升。"[①] 科学整合红色经典、特色山水、乡村风情等各类特色旅游资源，优化旅游空间结构，使"五县一市"旅游产品突现了"红""绿""古"三色互融、交相辉映的优势，构建"红""绿""古"产业相互依托、相互促进、联动协调和可持续发展的新模式。

（二）罗霄山区扶贫攻坚红利加速释放

实施集中连片特困地区扶贫攻坚，是新阶段国家扶贫方式的重大转变。《中国农村扶贫开发纲要（2011—2020 年)》确定，罗霄山区、武陵山区等 11 个连片特困地区为我国新十年扶贫攻坚主战场，"五县一市"同步列入罗霄山脉连片特困地区扶贫范围，炎陵、莲花县位列其中；再是拥有国家重点扶持的机遇和优惠，享受国家在财税支持、投资倾斜、金融服务、产业扶持、土地使用、生态建设、人才保障等方面的特殊政策，为脱贫致富创造条件。

炎陵县和莲花县都是井冈山革命根据地 6 个核心县之一，属于典型的革命老区和"老、少、边、穷"地区。其中炎陵县贫困人口 4.5 万人，低于 1119 元的人口占 20%，贫困村 60% 以上是贫困人口。全县 90% 的面积是山区，水利设施薄弱，建设成本高，经济总量小，加上地理条件差，自然灾害频发，因灾返贫现象严重，迫切需要国家的进一步扶持。2011 年 9月 13 日，炎陵县正式被国务院扶贫办列入罗霄山脉连片特困地区扶贫开发范围。莲花县贫困人口超过 10 万，全县 90% 的面积是山区，水利设施薄弱，建设成本高，经济总量小，加上地理条件差，自然灾害频发，因灾返贫现象严重，迫切需要国家进一步扶持。

通过调研了解到，目前炎陵县、莲花县正按照《中国农村扶贫开发纲

---

① 《国家旅游局与国家开发银行签署合作协议，共同推进红色旅游事业发展》，《中国旅游报》2004 年 3 月 14 日。

要（2011—2020 年）》的目标要求和罗霄山脉连片特困地区扶贫开发的新精神、新要求，结合县情实际，认真组织制定新十年扶贫规划，力争提前实现中央提出的"两不愁，三保障"目标。

三 先富帮后富的气候日益形成

改革开放总设计师邓小平在阐述中国的发展问题时就指出，要允许一部分人先富起来，从而带动更多人共同富裕，这就是著名的先富带后富论断。纵观当前全国形势，中部依然处于待崛起阶段；纵观中部崛起形势，"五县一市"的革命老区是短板也是重点。当前，"五县一市"地区与其他地区的发展差距没有缩小，同时"五县一市"内部之间也存在横向差距，微观到单个县域内部同样存在贫富差距。如果这些发展不平衡问题长期得不到有效解决，不仅会导致社会心理失衡、产生仇富社会心理，还会引发其他社会矛盾，由此扶贫任务十分艰巨。先富帮后富，不是杀富济贫，而是需要先富的人在致富的方法上、致富的条件上，拿出实实在在的东西来帮助后富者，使之脱贫致富有真正的、长效的途径，既"授之以鱼，又授之以渔"。自罗霄山片区扶贫攻坚以及赣南等原中央苏区振兴规划实施以来，"五县一市"通过借助外部先富资源支持后发优势发挥的方式渐趋成熟，"五县一市"内部集聚富裕资源逐个歼灭贫穷区域的先富帮后富气候日益形成，这为整个井冈山革命老区先富帮后富的扶贫开发运营模式的展开创造了良好的条件，也为"五县一市"迈向共同富裕，使人民群众共享发展成果提供了思路。

（一）茶陵县"授之以渔"式扶贫开发结硕果

"发扬革命传统，争取更大光荣！"这是 1951 年毛泽东为茶陵人民亲手题写的。从 2005 年开始，湖南省民政系统坚持"一任两年办好一个驻点村"，到 2008 年已派出该县四任工作队，多途径筹措扶贫资金 1000 万元，推动驻点村率先建成该县社会主义新农村建设样板。以地处偏僻的茶陵县马江镇东冲村为例，2005 年第一任省民政系统工作队进驻时，农民年人均年纯收入不足 1000 元，社会治安混乱，村级工作几乎陷入半瘫痪。工作队驻村两年后，工作队帮东冲村选择了烤烟、蔬菜、水果、水产等主要产业。现在，该村农民年人均纯收入达到 5000 元。该村千亩无公害绿色蔬菜产业园已经建成，大面积种植烤烟获得大丰收，烤烟成了农民脱贫致富的"黄金叶"。随着农民收入水平的增长，乡村文明程度也得到提高，成了远近有名的"卫生村"和"文明示范村"。

又如腰陂镇竹塘村，2009 年第三任全省民政系统工作队驻点进村时，村里是种田没效益、养鱼塘缺水的穷山窝。工作队进村后，把发展渔家乐作为村里的产业发展方向，帮村里高标准规划了一个集休闲、垂钓、餐饮于一体的生态"渔家乐"基地，塘中养鱼、养鸭，塘上养鸡、种菜，塘边种果树、建农舍。目前村里发展形势喜人，受到农民交口称赞。

（二）永新县扎实推进移民扶贫工程，给"后富重灾区"雪中送炭

地处湘赣边界罗霄山脉中段、风光秀美的永新，因为"七山一水"的地理风貌，"移民扶贫"成了一个绕不过的词。为了让处于深山区、库区、地质灾害频发区居住环境恶劣的贫困群众，拥有自己宽阔的天地，呼吸到现代生活的气息，永新县加大了移民扶贫工作。自 2004 年以来，共搬迁了 1403 户 6322 人，建立移民集中安置点 35 个，安置移民 756 户 3561 人。

第一，强化上下层组织联动。永新成立了以县委书记为组长的移民扶贫工作领导小组；各移民扶贫实施乡镇相继成立了以党委书记或乡（镇）长为组长的工作组，指派 2 ~ 3 名干部扑下身子、沉下心来"粘"住移民工作。同时，他们还把此项工作纳入全县重点工作考核，制定工作方案和日程安排表，县、乡、村形成三级合力。

第二，坚持集中安置。对于移民扶贫，永新采取以集中安置为主，集中安置和分散安置相结合的原则。"村还是那个村，人还是那些人，只是从深山里搬出来，住在整齐规划的新村里了。"以自然村为单位整体搬迁集中安置，保持了完整的生活原生态，在村民自治、邻里关系、村规民约等方面与搬迁前基本一致，促进了社会和谐，让广大移民吃上了"定心丸"。

第三，坚持移民与致富双轮驱动。为了念好移民"致富经"，永新县

派出农技专家到移民安置点指导群众抓好农业生产，还优先在移民户中开展劳动力转移培训，让搬迁出来的群众掌握一技之长，并建立和完善社区管理机构，动员党员干部与移民困难户开展"1＋1"帮扶活动。该县还在移民扶贫村重点扶持一批文化程度较高、头脑灵活、经济条件较好、有创业愿望的农户，在资金、技术、项目等方面给予帮扶，培养出一批种植、养殖大户，通过种养大户辐射带动其他农户发展。目前，该县在移民扶贫工作中共建立蚕桑、大棚蔬菜、鱼苗繁育、优质油茶、金银花、花卉苗木、果业等特色产业基地 30 多个，扶持种养专业户 280 余户，辐射带动农户 1000 余户，移民安置点群众的综合素质大为提升，致富能力不断增强。

第三节　老区人力资源的优势开始释放

一　人才理念发生重要转变

资源是一切能够投入生产力系统的能量的总称，它包括：实体性资源，含劳动者、劳动对象和劳动资料；渗透性资源，含科学技术、教育、知识、信息等；运营性资源，含分工协作、管理协调、资源运作等。人力资源是能够投入生产力系统的人力的数量和质量的总和，包括正处于生产力系统中的人力资源和能够而且愿意投入生产力系统中的人力资源。根据人力资源的知识含量的多寡，可将人力资源分为初级人力资源、中级人力资源和高级人力资源。高级人力资源也就是通常所说的人才资源。[①] 人力资源要能发挥作用，必须配置到正常运转的生产力系统中去。而要充分发挥人力资源作用，则必须实现人力资源的优化配置以及各类资源在生产力系统中的优化配置。目前"五县一市"已经充分认识到自身由于现代新型人才匮乏导致的发展受限问题。同时也认识到老区不可能单靠发展资源密集型和人力资源密集型产业，必须通过促进人力资源向人力资本转变，做大做强生产力系统，为全面建成小康社会提供可能。随着井冈山革命老区

---

① 时新荣：《人力资源向人力资本转变的重要性》，《天府新论》2004 年第 1 期，第 50～53 页。

的加速发展，特别是在井冈山红色旅游业蓬勃发展的带动下，一个以旅游业为龙头，以低碳工业和生态农业为两翼的新发展模式正在形成。老区居民在服务业、现代农业等领域学会和掌握了一至两门技能和知识，外出打工人员返乡创业的人员日渐增多，人力资源的优势正在老区的崛起发展中逐步地释放。

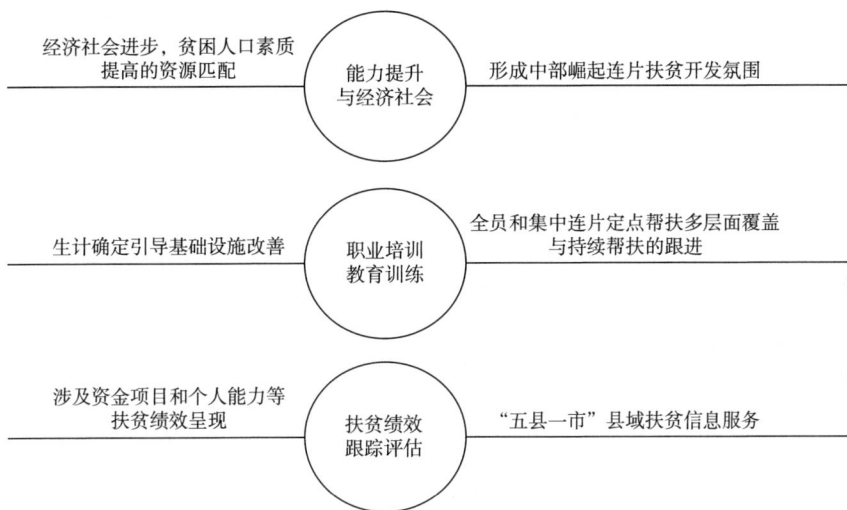

图4－1　经济社会发展扶贫开发与人力资源水平提升层次结构

二　人力资源开发与经济发展逐步融合

同时，由于"五县一市"地区人口基数大，农业人口和外出务工人员较多，伴随着新型城镇化的推进和劳务经济拐点的到来，"五县一市"地区在承接沿海产业转移，特别是在发展劳动密集型产业的过程中，人力资源的优势将继续保留，加之老区教育水平的日渐提升，劳动力的素质日益提高，发挥人力资源优势仍然有很大的潜力和空间。这必定为"五县一市"地区县域经济的大发展注入强大的活力和动力。

从"井冈山市积极为人力资源与经济发展对接搭建舞台"的具体做法中可以看出。

（一）大力发展旅游服务产业，吸纳了大量的富余劳动力

近年来，井冈山市以旅游为主的第三产业蓬勃发展，旅游产品不断

丰富，完成了杜鹃山景区、荆竹山（雷打石）、井冈山革命烈士博物馆新馆等景区景点建设，大力打造了大型实景演出《井冈山》，完成了主峰、龙潭、水口、黄洋界等景区景点的改造。同时，红色培训事业得到了大力发展。旅游接待能力和档次明显提升。全市星级宾馆由2000年的6家增加到24家，旅游接待床位由5000余张增加到17000余张。2011年，接待游客数达671.08万人次，实现旅游收入达49.36亿元，分别是2000年的14倍和57倍。旅游业的发展吸纳了当地大量的农村剩余劳动力，促进了农业转移人口的市民化，也为当地县域经济的发展提供了人力资源支撑。

（二）着力推进农业产业化，促进了人力资源优势的就地发挥

近年来，井冈山市进一步推动了农业产业化发展，重点引导扶持了茶叶、油茶、金橘、奈李、无公害蔬菜、魔芋、山葵、金银花、有机大米、金葡萄、木槿花、休闲农业、特色养殖、花卉苗木、生猪养殖、竹荪等农业产业项目。目前，全市共建有各类农业产业基地55个，农业专业合作社137家，农业产业发展带动农户上万户，人均增收1800余元。扶持了一批农业龙头企业，全市现有省级农业龙头企业4家，吉安市级农业龙头企业10家。改善了农业生产条件，完成了龙江河河堤整治、井冈冲水库、石市口水库等河堤水库除险加固工程和小农水重点县等项目建设。2011年，实现农业经济总产值达7.6亿元，比2000年增加了4.3亿元，年均增长5.31%。井冈山特色农业的发展和农业经营体系的进一步完善，培育了农业经济新的增长点，也激发了当地农业人口发展农业生产的积极性，从而将人口优势和当地经济发展优势有机地结合了起来。

三　人才机制创新更加活跃

近年来，"五县一市"大力实施人才强县战略，紧紧抓住人才引进、培养、使用三个关键环节，努力做到人才资源优先开发，人才结构优先调整，人才投资优先保证，人才制度优先创新，人才工作扎实有效推进，人才队伍建设不断得到加强，各类人才快速成长壮大，为县域经济发展提供了良好的体制机制保障。以遂川县为例，遂川这几年不断加大人才机制创

新，大力实施人才强县战略，人才活力竞相释放。目前，全县人才资源总量达 9.49 万人，其中专业技术人才 7900 多人，占总人口比重的 16.8%。强有力的人才支撑，有效地促进了县域经济的快速发展。其主要做法包括以下几方面。

（一）"栽好梧桐树，引得凤凰来"

为了减轻和消除各层次人才创新创业的后顾之忧，遂川县出台了《关于实施人才强县战略切实加强人才工作的意见》等文件，成立由一把手担任的县委人才工作领导小组。每年安排人才发展专项资金 20 万元以上，重奖做出突出贡献的各类人才。同时积极为引进人才及家属提供住房、解决配偶待遇、子女上学等全方位的服务。近年来，遂川县共引进各类人才740 名，不动编引进副高以上职称人才 28 人，动编引进硕士研究生以上人才 17 人，先后聘请 20 多名资深教授（专家）来县开展技术指导、学术交流、担任项目顾问或进行产业知识专题讲座等。

（二）因材施教，玉琢成器

结合当地产业发展，遂川县通过"走出去、请进来"的方式实现人才技能交流，先后派人赴外地学习先进生产技术等。并邀请专家队伍来县，分别作茶叶、物流、油茶、电子和旅游等产业知识讲座。各个乡镇在培养人才上"八仙过海，各显神通"。汤湖镇每年评选农村"十佳能人"和"茶王"；西溪乡积极开展农村致富能人、科技示范户等评选和党建帮带活动；泉江镇积极为农村实用人才创业提供资金支持等。

（三）千帆竞发，人尽其才

为了实现人才与基层项目的有效对接，遂川县积极开展了"百名专家服务基层行"活动，选派具有副高以上职称资格或具有一定专长的 100 多名中青年专家到基层开展技术服务、科技服务、人才服务、示范服务和项目服务活动，为基层解决了系列技术难题，建立了一批科技示范基地，促进了基层发展。

第四节　后发优势的显现与结构调整作用的发挥

后发优势,是指后起国家或地区在推动工业化方面的特殊有利条件,这一条件在先发国家是不存在的,是与其经济的相对落后性共生的,是来自于落后本身的优势。后发展是相对于先发展而言的,因而后发优势涉及的主要因素是时间纬度,至于国家之间在人口规模、资源禀赋、国土面积等方面的差别则不属于后发优势范畴,而与传统的比较优势相关。后发优势也常被称为"后发性优势"、"落后优势"或"落后的有利性"等。后发优势理论为美国经济史学家格申克龙(Gerchenkron)于 1962 年最先创立。格申克龙对后发优势做了比较清晰和完整的界定,概括起来有三方面:一是相对落后造成的紧张状态,二是替代性的广泛存在,三是引进先进国家的技术、设备和资金。[①]

概括起来,格申克龙的后发优势理论主要包括以下几方面的内容:"(1)相对落后会造成紧张状态,从而激起国民要求工业化的强烈愿望,以致形成一种社会压力,激发制度创新,并促进以本地适当的替代物填补先决条件的缺乏。(2)替代性的广泛存在,使后进国在吸收先进国家的成功经验和失败教训的基础上形成和设计工业化模式时,具有可选择性和创造性。由于缺乏某些工业化的前提条件,后进国家可以,而且也只能创造性地寻求相应的替代物,以达到相同的或相近的工业化结果。替代性的意义不仅在于资源条件上的可选择性和时间上的节约性,更重要的在于使后进国家能够根据自身的实际,选择有别于先进国家的不同发展道路。(3)引进技术是一个正在进入工业化国家获得高速发展的首要保障。后进国家引进先进国家的技术和设备,可以节省科研经费和时间,加速人才培养,能在一个较高的起点上推进工业化,同时资金的引进也可以解决后进国家工业化过程中资本严重不足的问题。"[②]

---

① 徐莎莎、黄春兰、盛杰:《后发优势理论研究述评》,《沿海企业与科技》2009 年第 10 期,第 22~23 页。

② 郭丽:《后发优势理论演进及其启示》,《当代经济研究》2009 年第 4 期,第 57~60 页。

一　红色旅游资源优势逐步显现

井冈山革命根据地是中国共产党在土地革命战争时期创建的第一个农村革命根据地，"五县一市"作为井冈山革命根据地的核心区，拥有大量的红色资源，著名的有井冈山博物馆、井冈山五大哨口、毛泽东故居、烈士陵园、三湾改编旧址、第一红色政权旧址、遂川工农兵政府旧址、莲花起义广场等。同时，井冈山革命老区主要土地都被森林覆盖，拥有非常丰富的绿色资源，"古南岳"的云阳山，有"千岛湖"之称的东阳湖、龙潭、水口、杜鹃山景区、玉壶山风景名胜区、含山森林公园、景天岩自然保护区、汤湖温泉、神州第一陵——炎帝陵、国家级自然保护区——桃源洞森林公园、神州第一山——湘水公园。近年来，随着中央对党的历史教育、革命传统教育和爱国主义教育更加重视，红色资源和绿色资源进入了一个新的开发与利用时期。这些红色资源、绿色资源也是井冈山革命老区的发展新优势。从井冈山市依托红色资源优势，探索旅游业发展的"井冈模式"实践中可以看出：井冈山充分利用红色资源，加大旅游开发，创造性地整合了红色教育和旅游资源，把再现革命情景、体验红色文化、考验自我品格和锻炼团队精神等教育内容融合在一起，形成了红色培训的"井冈模式"。同时充分发挥市场作用，引导与旅游相关的服务业大力发展。比如井冈山发展出 200 多家"农家乐"，带动加工经营红色旅游产品的农民已达 2000 余户，开发特色"红色品牌"20 多种，涌现出遍布全市城乡的土特产加工企业 110 多家，有 30 多个专业村，近万人从事"红色品牌"商品的生产。同时，井冈山市紧紧抓住文化产业大发展机遇，充分挖掘城市文化产业资源，大力发展文化事业和文化产业，不断提升文化产业的核心竞争力，整合文化资源，推动文化产业发展，形成了以广播电视、印刷发行、报刊、影视、文娱演艺、文化旅游、动漫制作、网络游戏等为主体的产业发展体系，呈现出了投资主体社会化、经营成分多样化、市场功能效益化的格局。2009 年、2010 年、2011 年文化产业主营业务收入分别为47 亿元、75.4 亿元、106.7 亿元，年均增长 40% 以上，实现了文化产业的跨越式发展。

表4-5　2005~2012年井冈山市旅游业发展情况

人数与收入　　年份	2005	2006	2008	2010	2011	2012
接待人数（万人）	200	250	367	454	671	848
旅游收入（亿元）	10	13.4	26	33.2	49.4	62.8
旅游收入占地区生产总值比重（%）	78.8	89.45	118.6	106.7	129.7	141.5

资料来源：根据调研数据整理。

二　生态产业发展后发优势明显

井冈山革命老区在21世纪显现出来的后发优势主要体现在红色、绿色资源丰裕，具体包括土地、劳动力、地表地下资源、旅游资源及生态资源等方面，目前该地森林覆盖率超过70%，为当地发展立体农业、循环农业、休闲农业、林下产业及其他生态产业创造了良好的条件。以下以炎陵、茶陵两个县的具体做法来说明。

炎陵、茶陵两个县地理位置比较特殊，地形地貌复杂多样，立体气候呈现多样性，同时各类农业发展资源十分丰富，该县结合自身的农业发展基础和发展条件，在不同地区只能采取相应的现代农业发展模式，着力推广"猪—沼—果""猪—沼—菜""猪—沼—粮""猪—沼—鱼""猪—沼—茶"的生态农业模式，着力打造特色农业生产集群。

表4-6　炎陵县、茶陵县生态农业发展基本模式

模式类型	模式建设的基本思路与内容	适宜发展区
果→菜→花→禽→沼→鱼小循环模式	一是种植葡萄、柑橘等小水果和花草美化庭院；二是林间种杂粮、蔬菜饲养生猪、家禽，用猪、家禽粪便制沼气，用沼液、沼渣养鱼，用鱼塘污泥还地；三是农作物副产品秸秆经过青贮和氨化发酵制成饲料喂养家禽；四是将禽蛋、花卉包装进城销售，增加农民收益	二县城郊和农村庭院
果→烟→粮→菜→猪→鸭→沼→渔水陆循环模式	充分利用二县沿江河谷地带的自然资源和人力资源，一是发展以柑橘、楠竹、油茶为主的果林；二是种植优质水稻，稻田放养食草鱼苗，发展渔业；三是种植杂粮、蔬菜养殖生猪；四是利用水塘、沟港、湖汊湖汊养殖良种鱼、优质白鹅和麻鸭等，形成"以农促农，以农养农"的水陆循环模式	二县河谷地带生产区，海拔100~200米之间

续表

模式类型	模式建设的基本思路与内容	适宜发展区
橙→粮→经→畜禽→茶→沼共生互惠模式	一是以优质脐橙、楠竹、油茶、绿茶等高效经济林和用材林为生态屏障，保持水土，培肥地力；二是采用轮作、间作、套种方式发展粮食作物和经济作物；三是养殖生猪、白鹅、麻鸭、土鸡，以畜禽粪便制造沼气，替代农村生活能源，用沼液、沼渣促进粮、果、油生产，形成共生互惠型生态农业	二县丘冈生产区，海拔200~400米之间
林→杂粮→经→草→畜禽水土保持型模式	从山顶到山脚植树造林、种草，形成立体型防护体系，林种以水土保持林、楠竹、柑橘、生态林为主；二是种草建设人工草场，养殖菜牛；三是利用山丘区环境资源放养优质山土鸡、白鹅；四是坡改梯田、条田，采用轮作、套种方式发展烟叶和种植玉米、高粱、小麦等粮食	二县低山丘冈生产区，海拔400~600米之间
楠竹→油茶→药材→烟→菜名优土特型模式	营造以楠竹为主的经济林、水土保持林，防治水土流失和山洪等自然灾害，一是大面积发展楠竹、油茶、茶叶等果林；二是采用轮作或间作方式，种植魔芋、藠头、大蒜、生姜等特色经济作物，种植山区反季节蔬菜，优质烤烟；三是发展优质中药材；四是建设人工草场放养菜牛、白鹅等草食畜禽	二县中、高山生产区，海拔600米以上

资料来源：根据相关资料整理；唐耀辉等《两型社会背景下的生态农业建设》，http://www.zgxcfx.com/Article/44202.html。

第 五 章

井冈山革命老区县域经济发展路径的选择

区域经济的发展实践告诉我们，只有在专业化劳动地域分工和商品经济发展的市场经济条件下，市场机制配置资源的经济运行规律才能引导经济活动主体把稀缺而分布又不均衡的经济资源配置到有效的产业部门和优势区位，使具有密切经济技术联系的经济活动在特定的地域空间集中，并吸引周围区域的生产要素和经济主体的聚集。① 新世纪新时期，井冈山革命老区应从县域实际出发，借助红色旅游优势、绿色生态优势，利用特定区域某类产业或产品生产的特殊有利条件，抢抓新型工业化和城镇化发展机遇，按照劳动地域分工规律，大规模集中发展某个行业或某类产品，然后向区外输出，以求最大化经济效益，② 促进县域经济的专业化、集群化发展，走出具有老区特色的县域经济发展新路子。具体来讲，"五县一市"应在选择主导产业时必须充分考虑自身条件和外部环境，突出地方特色，实现适度规模化，选择少数几个特色产业做优、做强、做精，并在此基础上适当延长和丰富产业链条。③

第一节　以红色文化开发为引领，做大做强现代服务业

井冈山老区"五县一市"的一大优势是拥有丰富的红色文化资源。要把红色文化的优势转变为经济社会发展的优势，必须加大红色文化建设的力度。尽管井冈山革命老区发展相对滞后，但其旅游资源优势十分明显，旅游业作为当地县域经济中最有条件率先崛起的产业，其发展潜力和优势远未释放出来。自20世纪以来，国外就有许多学者将旅游和贫困的研究结合起来，探索旅游减贫的意义、潜力、路径等。英国国际开发署联合英国

①　吴传清：《区域经济学原理》，武汉大学出版社，2008。
②　孙久文、叶裕民：《区域经济学教程》，第2版，中国人民大学出版社，2010。
③　陈耀：《打造特色产业　培育新的增长点》，《现代企业》2010年第1期。

环境、交通和区域部委托 Goodwin 起草了名为《可持续旅游与消除贫困》的讨论报告，呼吁将旅游作为扶贫的手段，从此 PPT（Pro - Poor Tourism 的缩写，译为"有利于贫困者的旅游"）的概念正式形成，标志着在国际上旅游与贫困被第一次正式结合起来。[①] Bennet 等从旅游业自身的特性以及与人力资源、农业与渔业相关性等方面分析了其减轻贫困的潜力，具体包括：第一，旅游是一种劳动密集型产业；第二，旅游与农业和渔业有一定的关联潜力，能减少旅游漏损；第三，旅游多发生在贫困人口集聚的边缘地区；第四，旅游一般会雇用大量的女性、青年人及低技能的个体，而这些人群在贫困地区占有很高的比例；第五，与制造业及其他出口活动相比，旅游的进入门槛较低；第六，旅游已经在许多经济欠发达国家以高速率增长。[②] Ashley 等指出在经济利益方面既要关注宏观经济效益中影响贫困人口获利的部分，更要直接关注贫困人口从旅游发展中实际的获利和发展情况。[③] Blake 等将经济学与旅游和贫困问题融合起来，应用一般均衡理论模型，深入研究了巴西旅游发展是否有利于贫困者脱贫这一问题。[④] Meyer 指出，现有的研究已经意识到仅通过旅游产业自身的就业而不考虑旅游价值链上的关联产业的影响是不可能达到满意的减贫效果，而且会低估旅游的减贫作用。[⑤]

红色资源有强烈的意识形态导向和价值，是以爱国主义精神为核心的民族精神的凝结，是中国先进文化的载体，是马克思主义中国化的历史见证，是社会主义价值体系的重要精神来源，是中国共产党和中国人民宝贵的精神财富和政治优势。红色旅游要通过对革命传统红色资源的挖掘、整

① Goodwin, L., Sustainable Tourism and Poverty imination. DFID/DETR Workshop on Sustainable Tourism and Poverty, 1998.

② Bennet O., Roed, Ashley C., Sustainable Tourism and Poverty Elimination Study：A Report to the Department for International Evelopment, Delo-itte and Touch, IIED and ODI, London, 1999；Pro - Poor Tourism Working Paper No. 16［Z］. 2004. 12 - 13.

③ Ashley. C., D. Roe, H. Goodwin, Pro-Poor Tourism Strategics：Making Tourism Work for the Poor. ODI, IIED, and CRT, 2001.

④ Blake, A., J. Arbache, M. Sinclair, Tourism and Poverty Relief, *Annals of Tourism Research*, 2008, 35（1）：107 - 126.

⑤ Meyer D., Pro-Poor Tourism—can Tourism Contribute to Poverty Reduction in Less Economically Developed Countries, Cloles, Morgann. Tourism and Inequality：Problems and Prospects, ODI, 2010. 164 - 182.

理、提炼，上升为育人的时代优势。红色文化就是实现老区振兴的核心要素，一个红色文化繁荣的地区，也必定是红色资源开发利用得好、红色旅游产业得到长足发展的地区。特色是文化的生命，培养社会主义国家公民的文化立场、文化自觉和文化尊严，必须遵循文化发展的规律，坚持以人为本，以文化人，必须利用红色文化的推动力，提升井冈山革命老区的经济社会发展水平，为井冈山革命老区"五县一市"的全面协调发展营造文化氛围，提供文化支撑。

"红色旅游的开发应提升这些遗址的文化价值，赋予其神圣的精神内涵，并借鉴国外战争遗址旅游资源的开发经验，避免旅游开发的庸俗化，将这些遗址打造成净化旅游者灵魂的革命朝圣地。"① 旅游文化是旅游发展的灵魂，红色旅游产品是中国革命进程的体现，井冈山精神的文化遗址是中华传统精神的延续和实体展现，并深深打上了革命老区文化的烙印。近年来，革命老区结合自身的后发优势，集中人力、物力，着力挖掘红色文化旅游资源，但当前"五县一市"地区大多数红色文化资源尚处在初步开发与利用阶段，红色文化资源优势尚未完全转化为经济优势和产业优势，正走在以红色旅游促进老区人民脱贫致富的新路子上。不过总体说来，近些年井冈山革命老区借助国家和省大力发展红色旅游的有利时机，取得了较好的效果，既弘扬了红色文化，也树立了一些发展红色旅游的典型和模式，这为"五县一市"进一步打好红色文化开发牌奠定了基础，也提供了有益的借鉴与启示。

一 开发红色资源、延长旅游产业链

井冈山革命老区拥有丰富的红色资源，著名的有三湾改编旧址、井冈山会师广场、井冈山革命博物馆、烈士陵园、黄洋界哨口等。这些都是历史留下来的宝贵资源，井冈山老区的发展离不开这些丰富的红色资源。要加大红色资源开发力度，围绕把第一、第二、第三产业联动发展串起来，尽量延长其产业链。同时，井冈山革命老区位于罗霄山脉中段，拥有丰富的绿色和古色资源，这些资源也是"五县一市"的发展优势。井冈山革命老区的发展要

---

① 李小波：《红色旅游的人文精神回归》，《中国经济周刊》2005 年第 2 期。

不断开发和利用这些资源，利用这些资源不断做大做强利用业及现代服务业，围绕绿色发展不断做大做强生态农业及现代服务业，同时在发展过程中应注重"红""绿""古"资源串联起来发展，形成整体效应。延长"五县一市"旅游产业链，最根本的是借助井冈山革命老区"红色"品牌，改变传统的门票旅游模式，竭力在"吃、住、行、游、购、娱、学"等旅游要素上做文章。结合该区域实际，应重点做好以下几个方面：

（一）大力发展红色培训产业，进一步传承红色基因

要加强旅游资源整合和旅游产业区域合作，构建旅游开发协作网络。以集培训、参与、体验为一体的红色培训"井冈模式"为引领，充分利用"五县一市"的红色资源和周边优美的自然风光，发挥中国井冈山干部学院、全国青少年井冈山革命传统教育基地等培训机构的作用，让井冈山成为红色文化传承创新先行示范区、党性教育活动教学实践地，让遂川、永新、莲花、茶陵、炎陵等成为红色培训的分部。以"发扬传统、锤炼党性"为核心的培训理念，吸引全国各地、各行业、各阶层的党员干部、军人、企事业单位职工前来接受红色培训教育。同时注重采用独特的培训方式，创新培训方法，强化培训效果，如通过广大游客参与"吃一顿红军套餐、听一堂革命传统教育课、走一段红军小路、祭扫一次红军烈士墓、唱一首红色歌曲、看一场红色经典歌舞"的旅游活动，将红色旅游与革命传统教育紧密结合起来。

（二）壮大红色文化产业，推进文化和旅游的紧密融合

提升井冈山老区精神、原中央苏区精神影响力，深度挖掘"五县一市"红色文化内涵和优势，不断进行文化体制机制创新，创作一批红色题材的优秀作品，做大做强以《井冈山》实景演出为代表的歌舞、影视、戏剧文化品牌。鼓励红色影视基地建设，吸引更多的电视、电影媒体来"五县一市"实地拍摄，扩大当地的知名度。推进客家文化、炎帝文化的挖掘、整理、保护和传播等。

（三）不断丰富旅游特色产品，拓宽旅游商品市场

依托黄杨木雕、三湾老酒、莲花白莲、遂川狗牯脑茶、茶陵白芷、炎

陵白鹅等当地知名特产，要加快建设红色旅游工艺品、文化用品、旅游食品、旅游纪念品等生产基地。要做好做细做精传统商品，提升特色产品品位；另一方面要整合产品，形成井冈山革命老区旅游品牌。要加强旅游休闲购物街区、购物商店的开发建设，鼓励有实力的旅游商品生产企业建立自己的品牌专营店，方便旅游者购物。最后，还要注意特色产品的质量，在实用、收藏、馈赠价值，开发工艺上下大功夫，要精心设计、精美包装、深度加工，制作成便于携带、外形美观、包装设计有文化内涵的系列旅游食品和旅游礼品，适应消费者的偏好和需求，进一步提高旅游产品的附加值。

（四）改变单一的门票旅游模式，激活更多旅游要素

要充分利用中国红色旅游博览会、中国红歌会、井冈山国际杜鹃花节等平台，加强红色旅游品牌的宣传，注意打造精品旅游线路，推出徒步游和自驾游新产品，促进红色旅游与传统观光旅游、生态旅游、民俗旅游、乡村旅游、休闲度假旅游、都市旅游、温泉旅游等项目融合发展，延长游客逗留时间，从而在"吃、住、行、游、购、娱"等旅游要素方面创造旅游价值。

以莲花县开发红色资源、延长产业链的路径规划为例，可以看出旅游业发展的前景。

莲花县结合莲花的地域特色，围绕建设宜居宜业风景区的战略目标，加快新型城镇化建设，树立"莲花福地、红色枪王、生态休闲"三张旅游品牌，大力发展旅游产业，把莲花县建设成具有鲜明特色的旅游公园和莲文化园。充分利用媒体，多渠道扩大莲花旅游影响力，将红色旅游、绿色生态与莲文化紧密结合起来，推出莲花精品线路游，积极融入赣湘红色旅游线、井冈山旅游区。突出"莲"字造福地，依托莲子基地，建设莲花休闲观光产业带，展示"接天莲叶无穷碧，映日荷花别样红"的如诗风景。推出"莲花人家"旅游新村，成立"莲花人家"旅游公司，引导民宿建设和经营，整合旅游资源，提供优质服务，满足旅游者欣赏田园风光、体验农家生活、感悟地方文化、品尝乡村美食等回归自然、愉悦身心的需要。创建莲花科技博览园，引进高科技农产品加工企业，

研发莲子酒、莲芯茶、莲藕粉、莲花粉、莲饮料等一系列莲产品和莲餐饮文化，推进莲产品深加工，打造"莲花"品牌食品。举办好莲文化节，大力发展种莲、品莲、赏莲、颂莲等莲经济、莲旅游、莲文化产业，做大做强莲花品牌。突出"红"字塑枪王，积极整合和优化红色资源，融入大井冈旅游圈，加大莲花县一支枪纪念馆、将军农民甘祖昌先进事迹陈列馆、花塘官厅（列宁学校）和棋盘山等红色旅游景区建设开发力度，重点打造一批红色景点景区。突出"绿"字显生态，依托玉壶山省级风景名胜区、寒山省级森林公园、湖仙山生态公园和高天岩省级自然保护区等山水景观，宣传莲花的绿色生态、绿色风光，引进旅游开发公司，深入挖掘、开发生态旅游资源。

二　加强"红""绿""古"产业的配套建设

从产业形成发展的特色、规模和潜力来看，"红""绿""古"资源多且特色鲜明是井冈山"五县一市"旅游产业的突出特点和优势。如何扬优成势，通过加强"红""绿""古"产业的配套建设，打造旅游经典目的地和精品线路，提升旅游业的发展质量与水平，形成错位竞争、优势互补、相互支撑的"五县一市"旅游产业协调发展新格局，这是井冈山"五县一市"需要统筹考虑、积极组织实施的重要发展问题。井冈山市和茶陵县结合本地实际，依托项目建设，进行了一些有益的探索。

（一）打造"五县一市"红色旅游精品线

在巩固全国三十条红色旅游精品线之一的"井冈山—永新—茶陵—株洲线"基础上，立足"红""绿""古"产业的配套建设，突出各自特色，着力打造旅游经典目的地和精品线路，形成错位竞争，优势互补，互相支撑，"五县一市"旅游产业协调发展的新格局，打造革命摇篮之旅红色经典旅游线：井冈山（茨坪革命旧址群、黄洋界、井冈山烈士陵园等）—永新县（三湾改编旧址、龙源口大捷旧址、贺子珍纪念馆等）—莲花县（莲花县一支枪纪念馆、莲花革命烈士纪念馆、花塘官厅等）—茶陵县—炎陵县（中国工农红军在炎陵县革命活动纪念馆、名人园、接龙桥战斗遗址、红军标语博物馆等）—遂川县（红军长征始发地等）。

（二）构建大井冈山红色与生态文化旅游协作区

以井冈山为中心，推进井冈山市和遂川、永新、莲花、茶陵、炎陵等县旅游产业统筹规划与协同发展，构建大井冈山红色与生态文化旅游协作区。在"五县一市"红色旅游精品线的基础上，将红色旅游与"绿""古"旅游相结合。应着力开发周边的独特的绿色风光和历史人文景观，从而将资源优势、生态优势转化为县域经济优势。具体来说，要通过完善经济区配套设施和打通景区旅游通道来将井冈山笔架山、龙潭瀑布群、杜鹃山、威武农业观光采摘等，永新县三湾国家森林公园等，茶陵县云阳山风景名胜区、鹿原陂等，炎陵县炎帝陵、神农谷国家森林公园、洣泉书院等，玉壶山风景区、高洲水云山风景区、遂川县泉江名胜区、白水仙风景区等有效串联，进一步提升当地旅游的竞争力和知名度。

表 5 – 1　大井冈山旅游重点交通建设

类　　型	具体线路
铁　　路	加快衡（阳）茶（陵）吉（安）铁路建设
公　　路	茶陵—炎陵调整公路改造升级；加快推进永新—炎陵、莲花—永新、莲花—茶陵、茶陵—炎陵公路建设
机　　场	加快井冈山机场改扩建，研究区域内围绕井冈山大旅游的其他通勤机场建设问题

资料来源：根据"五县一市"提供的资料整理。

（三）打造串联"五县一市"的旅游交通体系

以罗霄山片区"三纵两横"交通运输主通道为主方向，统筹考虑"五县一市"旅游发展需要，鼓励井冈山机场根据旅游客源情况，适时增开更多的航线、航班和旅游包机，尝试积极推动开通红色旅游经典景区至机场的客运直达班线，探索在五县一市布局可起降固定翼小型飞机和直升机的通用机场，主要用于旅游资源开发。加速规划建设"五县一市""县县通高速"，完善客运站与红色旅游景区、景点之间的接驳服务。加大国省道干线公路改造力度，加快推进永新—炎陵、莲花—永新、莲花—茶陵、茶陵—炎陵公路改造升级与建设，加速建设为旅游经典景区和红色旅游精品

线路配套的旅游公路，为"五县一市"旅游业的发展提供更加便利快捷的
互联互通条件。

三 立足特色，打响井冈山革命老区红色县域经济品牌

发展县域经济，要有经营的策略和思路。要根据资源条件，大力培育
具有比较优势的县域经济品牌。[①] "五县一市"要立足特色，挖掘"五县一
市"的特色优势，以抱团取火的方式让"红""绿""古"的老区旅游生
机勃勃，进一步打响井冈山革命老区红色县域经济品牌。新时期，"五县一
市"既要擦亮自己县域的亮点和名片，发挥自己的独特性，又要以联动协作
思维奏响振兴井冈山革命老区发展的"协奏曲"，彰显整体特色的普遍性。

表 5-2 "五县一市"的特色及共性

"五县一市"	自身特色及名片	共同的红色记忆	长远战略规划
茶 陵	"茶乡""湖南省旅游强县""湖南历史文化名城""国家卫生县城"等	县级红色政权——工农兵政府旧址等	建成湘赣边界中心县
炎 陵	炎帝文化，"全国文化先进县"，神农谷国家级自然保护区等	中国第一家红军标语专题博物馆，朱毛第一次会面（万寿宫）等	"生态立县、旅游活县、人才兴县、文化强县"
遂 川	"中国金橘之乡"，"中国板鸭之乡"，"中国名特优经济林油茶之乡"等	遂川县工农兵政府，草林红色圩场，《十送红军》等	"山水生态、宜居宜业"
永 新	"中国民间艺术（书法）之乡"，"国家级森林公园"等	"三湾改编"，"龙源口大捷"所在地等	全面建成"四新永新"
莲 花	全国文明县城，全国扶贫开发工作先进集体，江西省外贸出口先进县等	一枝枪纪念馆，莲花革命烈士纪念馆，花塘官厅等	建设全国闻名"莲花之乡"
井冈山市	首批国家5A级风景名胜区，国家生态文明教育基地，国际杜鹃花节等	"中国革命摇篮""红色旅游发源地"等	坚持"红色传承、绿色发展"理念

资料来源：根据"五县一市"提供的资料整理。

---

① 陈耀：《打造特色产业 培育新的增长点》，《现代企业》2010年第1期。

在新的历史时期，"五县一市"要深度发掘自身的红色文化、历史文化、人文风情等方面的比较优势，不断培植新的经济增长点，释放县域经济发展的活力和动力，把激活红色基因，培育、做大做强文化和旅游产业，发挥特色资源优势，转化为经济发展优势和区域竞争优势。

第二节　以生态优势为依托，拓展农业发展新途径

生态农业是现代农业发展的高级形态，是与可持续发展相协调的农业业态，它是指按照生态学原理和生态经济规律，因地制宜地设计、组织、调整和管理农业生产和农村经济的系统工程体系。在发展生态经济的实践中，"五县一市"针对农村河塘淤积，坑塘、沟渠连通性差，生活污水无序或自流排放现象比较普遍等问题，特别是猪、牛、鸡、鸭养殖场和开荒或毁林破绿发展果业造成库区河流、山塘、水库的污染，探索出适合山区、老区、贫困地区的"猪—沼（沼气）—果（蔬菜）"种养模式，或山上种树、山边种果（蔬菜），山坑水库养鱼、养蟹、养珍珠贝、养鹅、养鸭的立体生态循环生产模式。同时，依托当地丰富的农村文化资源和特色农产品资源，积极探索"农旅结合、以农促旅、以旅强农"的乡村旅游发展模式，形成将旅游资源和农业资源相融合的生态休闲农业发展方式，扩展农业发展的新途径，为建设天蓝、地绿、水净的宜业、宜居、宜游的"新三区"创造条件。

要根据井冈山老区、山区、贫困地区的林业资源、土地资源丰裕的实际，通过鼓励城乡创业，把外出务工人员多的优势转变为经济发展的优势。要建立县域循环经济的绿色技术支撑体系，支持循环经济加快发展。"以发展高新技术为基础，大力开发和建设包括环境工程技术、废物资源化技术、清洁生产技术等在内的'绿色技术'体系。通过采用和推广无害或低害新工艺、新技术，降低原材料和能源的消耗，实现投入少、产出高、污染低，尽可能把污染排放和环境损害消除在生产过程之中。"[1]

---

① 陈维健、马善泉、高飞：《大力发展循环经济》，《光明日报》2004年6月30日，C3版。

一 因地制宜发展高效生态农业，提升农业品牌知名度

"宜业、宜居、宜游"是"五县一市"森林覆盖率高、生态环境好的最好证明。依托井冈山革命老区丰富的农业发展资源，因地制宜地发展高效生态农业，一方面可推动"五县一市"传统农业从单纯的生产型逐步向经济型、生活型、生态型、观光型和文化型等功能拓展，推进农业生产过程中环境保护、生态调节和生态循环。另一方面，将发展高效生态农业与建设"五县一市"富裕和谐秀美乡村相结合，可改变传统农业生产经营形态，提高对资本、科技等生产要素的吸纳能力，接受工业成果和城市文明的辐射带动，有助于为贫困地区农民脱贫致富、实施扶贫开发提供机遇。根据"五县一市"的农业发展基础和条件，应坚持因地制宜重点发展生态农业，详见表5-3。

表5-3 "五县一市"高效生态农业发展重点

"五县一市"	生态农业发展重点
茶 陵	积极创新农业经营体制，应继续巩固发展粮食、生猪等传统农业和养殖业，培育竹木制品加工及农产品加工业，做大做强"一叶两茶"（烟叶，油茶、茶叶）等特色农业，提升茶陵大蒜、茶陵黄牛的品牌影响力
炎 陵	加速推进以炎帝旅游线路为核心的生态休闲观光农业示范基地建设，推动"果蔬茶鹅"等生态特色农业提质扩面，支持农民专业合作经济组织建设，着力发展黄桃、白鹅等富民产业
遂 川	以进一步打响"狗牯脑茶""遂川金橘"等农业品牌为引领，加快食品产业转型升级，培育一批农产品精深加工龙头企业，打造重要的绿色食品生产加工基地
永 新	加快农业龙头企业、农民专业合作社等载体建设，加快发展高产油茶、井冈蜜柚、花卉苗木、金银花、白茶等新兴产业，推动优质稻、蚕桑、蔬菜等传统产业优化升级
莲 花	依托江西最大的莲子示范种植基地，大力发展莲花产业，将莲产业打造成集农业休闲、农产品加工、购销、生态旅游于一体的品牌产业，形成全国知名的品牌农产品基地和莲产品交易市场
井冈山市	应重点扶持茶叶、油茶、毛竹、果蔬、花卉苗木和特色养殖等农业产业，并积极延长农业产业链条，推动传统农业从单纯的生产型逐步向经济型、生活型、生态型、观光型和文化型等功能拓展

资料来源：根据"五县一市"提供的资料整理。

二　通过调整和优化农业产业结构，提升农业现代化水平

要围绕建设优质、高产、高效、生态、安全的农业生产基地，加大种植业调整结构的力度，积极发展绿色无公害蔬菜、油料、有机茶、特色果业和中药材高效经济作物；依托山区森林资源丰富、草地多的实际，发展南方特色的畜牧业、林业、花卉苗木和生态旅游业，积极推进农业产业化经营，切实抓好一乡一业、一村一品，形成特色农业产品区域化布局，推进集约型、效益型、外向型农业发展，提高农民的组织化程度，提升农业产业化经营水平。

三　加强农业农村基础设施建设，建立健全农村公共服务体系

要根据老区的地貌特征和年降雨量、光照、积温和无霜期的情况，加强农村水利设施建设，完善防洪减灾体系，做好病险水库的除险加固工作，积极发展农村水电、风电、太阳能、沼气等清洁能源，加强生活和农业生产基础设施和农村教育、文化、医疗、卫生、体育设施建设，并通过整村推进、易地搬迁、以工代赈、社会帮扶等形式，做好减贫和抗灾救灾工作，为县域农民一起奔小康夯实基础。

四　通过加快建设新农村步伐，促进城乡一体化发展

中央提出新农村建设要按照生产发展、生活富裕、乡风文明、村容整洁、管理民主的目标来操作。这对于构建农村和谐，提高县域农村居民的幸福指数，具有关键性、导向性的作用。要通过建立以政府为主导、以农民为主体、以社会参与为补充的投资机制，把科学规划的古村保护好、新村建设好，使中心村像中心，生态环境村靠生态，特色村有特色，真正依托于老区美丽和谐幸福的县县乡乡，使老区人民真正享受新农村建设带来的实惠。以永新县和遂川县加强新农村建设为例，老区、山区在城乡一体化发展和产业特色化发展上取得了不小的成效。

（一）永新立足生态休闲农业，开辟农民增收新路径

近年来，我国休闲农业和乡村旅游的市场潜力巨大。永新县因势利

导，在坳南、石桥、在中、龙源口、三湾、文竹等地扶持建立农家乐饭店20 余家，对农家乐饭店从业人员进行相关知识培训，举办了三届全县范围内的农家乐饭店厨师烹饪比赛。同时，相关部门加强监管力度，确保农家乐饭店的安全卫生、健康发展和服务质量。2011 年全县涌现出三星级和二星级农家乐饭店 4 家，推出"永新狗肉""酱萝卜老鸭汤""永新血鸭"等地方特色菜肴40 余个。同时，该县根据各地的自然特色、区位优势、生态环境等特点，着力培育创建了百里金花长廊的万亩油菜基地、大棚蔬菜示范基地、绿色水稻标准化生产基地等一批休闲农业旅游基地。这些基地的建立既拓展了农民致富渠道，又增加了农民收入，还成为休闲农业和乡村旅游的天然景点。此外，该县根据各村的文化底蕴、传统习俗等，对乡土民俗文化进行收集、整理和挖掘，打造出一批特色文化村，使乡土民俗文化在休闲农业和乡村旅游业的发展中得到传承和保护。目前，全县共打造出三门前刘沆文化村、樟枧千年文化村、观音阁许和子文化村、南塘盾牌舞文化村、黄琪斗笠文化村、枧田酱制品文化村、团结茶馆文化村等 20多个特色文化村，吸引了不少游客前往参观学习和休闲旅游。2012 年，该县休闲农业和乡村旅游达到 20 余万人次，带动 1 万多户农民受益。

（二）遂川县打响特色农产品金字招牌

遂川县境属中亚热带湿润季风气候，年平均气温为 15.1℃～18.1℃，年平均降水量 1421.2 毫米，年平均无霜期 284 天。林业和水能资源十分丰富，是国家重点茶油生产基地和全国最著名的杉木产区之一，现有活立木蓄积量 1000 余万立方米，毛竹 4700 万根，森林覆盖率达 78%。水能储量30 万千瓦。矿产资源主要有钨矿、硅矿、黄金、花岗岩、瓷土、石灰石等20 多种。有地热温泉 5 处，是江西省第二大温泉集聚地。该县物产丰富。狗牯脑茶、金橘、板鸭被誉为"遂川三宝"。狗牯脑茶于 1915 年荣获巴拿马—太平洋国际博览会金奖，此后又多次荣获国际、国内大奖，获得了国家地理标识产品认证，先后通过了 AA 级绿色食品标识、有机食品认证和QS 食品生产许可认证。金橘自宋朝以来就被历代王朝列为贡品，金橘面积、产量、品质均居全国四大金橘主产区之首，遂川金橘被评为"江西省名牌产品"，2007 年被列为中国绿色食品原料（金橘）标准化生产基地。

遂川板鸭号称"腊味之王"，年加工量 600 多万只。此外，遂川还盛产粮食、生猪、水禽、松香、山苍子、香菇、木耳、竹笋、生姜，中药材川芎、白芍、杜仲、绞股蓝等。

第三节　以新型工业化为方向，
带动、推动县域经济大发展

一　主动承接沿海产业转移

加强与珠江三角洲地区、海峡西岸经济区以及长江三角洲地区等沿海地区的对接发展，将承接产业转移与结构调整相结合，促进产业转型升级，提升市场竞争力。同时要加强区域互动合作，加速建立省际产业转移统筹协调机制。坚持工业强县，加快壮大工业支柱。紧紧抓住国内外产业加快转移的机遇，加快融入吉泰工业走廊，集中力量发展电子、轻纺、林产、矿产、能源、医药等主导产业，重点扶持培育好骨干企业，壮大产业集群。积极引进电子信息、新能源、生物医药、绿色食品等战略性新兴产业，推动产业结构优化转型，增强工业发展后劲。以"决战园区"为契机，以做大总量、做优品牌、做长产业链为目标，积极完善园区基础设施建设，提升工业园区的规模、档次和水平，把园区建设成为对外开放的窗口、开放型经济的载体、优化服务的阵地和加快发展的平台。

二　积极推进央企入老区工程

央企是国民经济的重要支柱，是党执政的重要基础，是全面建成小康社会的重要力量。引导国有大型企业运用企业制度优势、资金技术优势对老区进行项目合作和投资支持，是中国社会主义制度安排应该有的内容。这些年来，通过以"国有经济结构调整"为主的企业改革，国有企业在"有进有退，有所为有所不为"上有了新的思路和作为，特别是在建立健全产权制度，完善公司法人治理结构，加快调整国有经济布局和结构，建立、健全国有资产管理和监督体制，坚持政府公共管理职能，与国有资产出资人职能的分离等方面，取得了显著的成效，政府不再作为对企业进行资源配置的主体，"政府也不再是企业制度设计的主体和国有产权的代表，实现了政企分开、政社分开、政资分开，企业自主发展的能力进一步增强。据统计，到 2011 年，中央企业资产总额 24.3 万亿元，净资产达 9.5 万亿元。其中公司制企业所占比重已经达到 70%，一批大型国有企业先后在境外资本市场上市。目前中央企业资产总额的 52.55%，净资产的 68.05%，营业收入的 59.65% 都在上市公司"①。要根据中央企业改革和整体上市但国家要处于控股地位的要求，引导国有企业对井冈山革命老区进行项目对口扶持和定点扶贫，使老区的落后面貌尽快得到改善。

三　构建 "五县一市" 现代工业体系

坚持市场导向，依托优势资源，加快结构调整，大力承接产业转移，重点发展农林产品加工、矿场资源加工、生物医药、制造业等现代产业，培育壮大特色鲜明、竞争力强、生态友好的支柱产业，完善 "五县一市" 现代产业体系。

表 5 - 4　"五县一市" 工业发展重点与路径

工业重点产业	重要举措
农林产品加工	实施品牌战略，提升发展茶产业，积极推进油茶、果蔬、食用菌和畜禽水产品加工。大力促进竹林产品深加工和精细加工，积极发展竹纤维制品等加工业
矿产资源加工	加强矿产资源勘查，按照清洁生产、集聚发展的要求，支持井冈山陶瓷、茶陵建筑陶瓷等产业基地建设。大力发展循环经济，提高矿产资源利用效率
生物医药	发挥中药材资源优势，积极引进制药企业进行中药有效成分提取和成药制剂加工。支持药品、食品等企业直接参与中药材生产基地建设，培育壮大种植、加工及销售一体化的医药产业
制造业	大力发展电子信息、纺织服装等产业，积极培育战略性新兴产业，支持茶陵电工电器等产业基地建设

资料来源：根据 "五县一市" 提供的资料整理。

从茶陵县因地制宜推进 "2511" 产业工程和永新县工业与旅游业双轮驱动的经验做法中可以看出，老区县域经济发展具体路径选择应当立足县

---

① 张卓元等：《新中国经济学史纲（1949～2011）》，中国社会科学出版社，2012，第264页。

域实际。

（一）茶陵县因地制宜推进"2511"产业工程

茶陵县依靠自身的资源优势，推进"新型工业化、新型城镇化、农业产业化、旅游规模化"建设，发展园区经济，壮大工业。茶陵结合自身的资源状况，制定了"十二五"时期的"2511"产业工程：打造有色、建材两个支柱产业，到2015年，力争有色产业年产值突破20亿元，建材产业突破50亿元；发展清洁能源、农副产品加工（含烤烟、生猪、油茶等产业）、房地产、现代物流、旅游等5个重点行业；培育德安居陶瓷、湘东钨业、洮水水库、贵派电器、红星实业等10个过亿元企业；支持一个以上条件成熟的企业上市。坚持走龙头企业带动产业发展、重点产业支撑茶陵发展的思路，大力支持中国五矿加强战略投资，带动有色产业发展；支持投资3.8亿元的华盛陶瓷、投资10亿元的德安居陶瓷早日投产，带动建材产业发展；支持获得国家驰名商标的贵派电器提质升级，带动电器产业发展；支持东信、粤港扩规增量，带动纺织产业发展；支持投资6亿元的湘赣物流园加快建设，带动物流产业发展，到2015年，形成日物流量1万吨、年产值20亿元的物流仓储产业链。对建材、有色两大产业，用超常规的手段去谋划、去推进，力争用3~5年的时间把它们培育成支柱产业。

（二）永新县工业与旅游业双轮驱动

永新县大力发展工业，工业产业从粗到精，从小到大，工业经济强劲增长，对经济增长的贡献率达到64.1%，实现了县域经济结构的有效嬗变，实现了从农业为主向工业主导的成功转型。工业园发展实现跨越，基本形成了"一园六区"格局（一园即万亩工业园，六区即小屋岭产业园区、皮制品产业园区、铜制品产业园区、药化产业园区、永新嘉善罗星产业园区和返乡创业园区）。创新机制发展永新旅游，逐渐形成"政府主导、社会参与、多元投入、市场运作"的旅游经济发展机制，大力实施出让、租赁、股份合作的管理模式，吸纳各类资本开发旅游业。几年来，结合农村公路建设，完善三湾、龙源口、碧波崖等重点景区的以旅游公路为主的旅游基础设施，提高景区的通达程度，进一步加强与井冈山、萍乡、炎陵等周边地区的旅游经济协作，加强与国内外各大旅行社的合作，并围绕"吃、住、行、游、购、娱"六大要素，加快餐饮住宿、交通运输、休闲娱乐等涉旅产业发展。

第四节　以新型城镇化为引擎，促进产城融合发展

"五县一市"要通过发展以人为本的新型城镇化，使农民向第二、第三产业转移，促进农村有限土地集中耕种，从而提高土地的规模经营和集约化程度，降低生产成本，提高产出效率，促进农业的发展。同时，随着城镇化步伐的加快，城镇人口的增多，生活质量的提高，刺激了更多种类的农产品如牛奶、肉食、蔬菜和水果消费的迅速增长，促进了农业生产的发展。城镇化和工业化是一对孪生兄弟，工业化的发展成果，可以反哺农业和旅游业，加快农业现代化进程，促进旅游业发展层次进一步提升。

一　将推进老区县城镇化作为促进县域经济发展的重要抓手

井冈山"五县一市"与发达地区县市发展的主要差距之一，就是城镇化率低，人口居住相对分散。在城乡二元结构的影响下，农民转变成市民的难度比较大，特别是"退一""进二""进三"制约条件比较多，就业门路少，城镇聚集人口的能力差，使得县域内县城和中心镇的功能作用发挥不正常，统筹城乡发展，消除城乡二元结构的难度加大。城镇化是工业化的孪生兄弟，与工业化共生共荣，也是县域经济的主要增长点，必须稳步推进、稳步发展。

二　将加快县域城镇化步伐作为推动移民扶贫工作的新方法

"五县一市"山区面积比较大，特别是高寒路险的山区，林业居民在罗霄山脉中的有关县市还有不少。改善山区农民的居住条件，保护祖宗留下的青山绿水，是"五县一市"实现低碳、绿色发展，建设"资源节约型、环境友好型社会"的重要途径。要坚持在做好规划的前提下，把城镇移民与扶贫开发结合起来，通过产业帮扶、职业培训提升能力，为老区、

山区、林业居民转变为市民创造条件。

三　将建设好新城镇作为加速县域工业化和农业现代化的重要依托

以城带乡，以工促农，需要发挥工业吸纳劳动力的作用，并通过建设有特色的乡镇产业园区，为特色产业进入园区，传统产业的改造打好基础。要围绕办好工业促农业，办好农业促工业，加速推进县域农业农村现代化，通过把特色农业做大做强，为乡镇和县域农产品加工业提供原料，为城乡居民增加收入开辟新的渠道。

综合各方面的分析结果可以看出，"五县一市"地区城镇化发展潜力巨大。积极稳妥扎实有序地推进新型城镇化和城乡一体化，将有效促进城镇化、工业化、信息化、农业现代化和绿色化同步协调发展，推动人们生活的现代化，对革命老区全面建成小康社会、加快经济社会向现代化转变具有重要意义。在新形势下，"五县一市"应紧紧把握当前新型城镇化的发展趋势，结合老区实际，走出一条符合革命老区发展的新型城镇化路子。新时期，"五县一市"应结合自身特点加速推进新型城镇化和城乡一体化，明确发展重点，多措并举，用新型城镇化的发展带动县域经济的发展。"五县一市"新型城镇化发展重点及举措见表 5-5。

表 5-5　"五县一市"新型城镇化发展的重点与举措

"五县一市"	县城建设	统筹城乡一体化建设
茶陵	按照"拉大框架、东扩南移、改造老城、开发新城"的要求，着力打造湘赣边界中心县，积极创建国家卫生县城	以促进城乡统筹为目标，加大财政投入，集聚生产要素，集中农村人口，集成城镇人口，加快城郊农村融乡入城步伐，促进城区基础设施与城郊无缝对接，逐步实现城乡基本公共服务均等化
炎陵	按照"一心两区多点"的城镇发展格局，进一步实施"南拓北提、东延西展"战略，争创省级园林城市	按照"依托产业、市场引导、突出特色"的发展思路，实施"一镇一品"战略，着力发展霞阳城市经济；鹿原、十都建设特色旅游名镇；水口打造红色重镇；三河打造工业强镇
遂川	坚持"一江两岸""三大片区"城市发展格局，打造山水生态县城，突出庐陵风格或客家特色，稳步推进"三城同创"	以草林、大汾等重点镇为依托，以其他乡镇和中心村为支撑的城乡体系，扎实推进镇村联动和"一群四带"城镇组团建设

续表

"五县一市"	县城建设	统筹城乡一体化建设
永 新	按照"一江两岸、一城三区"的发展思路，大力推进"东跨北拓"，打造湘赣边界重要商贸城市	加速建设一批产业突出、环境优美的新型小城镇，大力推进镇村联动、村落连片工程，改善农业基础条件，扎实推进美丽乡村建设，促进农业增效、农民增收、农村发展
莲 花	将莲江新区组团作为城市建设的重点，加快全面推进一江两岸、文化园、保障性住房与棚户区改造等工程建设，促进城区人口聚集，拉大城市框架，不断提升城市品位	加快促进基础设施、公共服务向农村覆盖，推动城镇先进生产要素和生活要素向农村延伸。持续推进319国道沿线新农村建设，以全省百强中心示范镇——坊楼镇为重点，打造一批环境优美、宜居宜业的乡镇集镇
井冈山市	按照"井冈山一张图"要求，推动基础设施和城市管理向乡镇延伸，通过沿线景观提升和示范村建设，把"一城带两镇"打造成省级精品示范带，大力推进省级森林城市创建	依托山水田园独特风光，纵深推进城乡一体化试点和美丽乡村建设，不断优化空间布局，协调发展城市和乡村，积极开展全省"美丽乡村建设示范县"工作

资料来源：根据"五县一市"提供的资料整理。

第五节 以信息化为契机，提升县域经济综合竞争力

当今时代，全球信息互联网技术飞速发展，信息化对各类资源的优化配置和发展模式的创新产生了深远的影响。近年来，"五县一市"地区信息化发展水平有了不同程度的提升，有力地促进了当地县域经济的发展。但"五县一市"地区信息基础设施硬件条件与发达区域的差距较大且呈现拉大趋势，信息技术对当地经济社会的支撑引领作用十分有限。而当前信息技术的日新月异却让"五县一市"地区站在了发展的同一起点上，在某种意义上具备了弯道超车的后发优势。因此，"五县一市"要抢抓信息化发展的重要机遇，加速布局现代信息基础设施，强化信息技术对经济社会的支撑和引领作用，促进信息化与县域经济的深度融合和互动发展。

一 整合老区信息资源，加强信息基础设施建设

"五县一市"地区的信息基础设施硬件条件整体比较薄弱，发展层次

参差不齐，特别是信息基础一体化程度偏弱。针对硬件不硬的问题，"五县一市"地区应建立共享共用机制，加强资源整合，共同争取国家和省级信息基础社会建设的优惠和支持政策，加速布局覆盖"五县一市"地区的现代信息基础网络。具体来说，要结合信息化发展趋势，不断完善通信普遍服务补偿机制，抱团推进城乡宽带、固定通信、移动通信、下一代广播电视网络和下一代互联网等信息基础设施建设和互通互联、共建共享，加快实现行政村宽带普遍服务，加强对自然村、交通沿线和旅游景区的信号覆盖，促进多种网络无缝链接，提高网络传输能力和覆盖率，进一步满足"五县一市"经济社会发展对信息化的需求，提高信息化对县域经济的支撑能力和引领能力。

二　大力推进普及培训工作，缩小城乡"数字鸿沟"差距

"五县一市"区域信息化起步偏晚，信息化发展意识薄弱、重视程度不足，特别是"五县一市"内部城乡信息化发展程度严重不平衡，农村农业信息化支撑作用十分微弱，一些偏远地区处于"信息孤岛"当中。针对这一系列问题，必须进一步强化"五县一市"发展的信息化理念，大力推进信息化的普及与培训，挖掘释放农村农业发展的信息化发展优势。具体来说，"五县一市"应加强交流合作、统一开展面向该区域的全社会的信息化应用，各级财政要加大对信息技术应用培训等公益性活动的支持，特别是要加强乡村地区中小学信息技术、信息安全的相关教育。此外，"五县一市"要整合涉农资源和社会力量，优先支持该区域农村、欠发达地区综合信息基础设施建设和改造，推进信息网络向边远地区延伸，推动电子政务、电子商务服务向乡（镇）和村庄延伸，从而逐步化解城乡"数字鸿沟"。

三　提升应用管理水平，发挥信息化特别是物联网的作用

信息技术能够优化各类资源的配置，而"五县一市"区域特色农业、生态旅游、红色文化等资源非常丰富，信息惠民缺口非常大，加快推进信息技术手段与这些领域的深度融合发展，能够有效开拓新的发展空间，能够有效培植新的发展模式和新的发展优势。具体来说，要围绕"五县一市"地域特色，以农业信息化、文化旅游现代化为重点，借助信息化手

段，采用农村电子商务、信息化旅游等模式，不断挖掘和释放特色农产品、农业休闲旅游、红色旅游等资源新优势，将"五县一市"的发展优势推介出去，形成新的县域经济增长点。

物联网是新一代信息技术的高度集成和综合运用，推进物联网的应用和发展对于提高"五县一市"区域经济和社会生活信息化水平具有深远的意义。"五县一市"应抢抓物联网发展的后发优势，围绕经济社会发展的实际需求，有序推进物联网持续健康发展。具体来说，一方面，要重点利用物联网技术改造传统产业，围绕农业生产、商贸流通、物流配送等推动物联网技术的集成应用，为促进县域经济可持续发展做出积极贡献。另一方面，要在社会保障、医疗卫生、民生服务、城镇化建设等领域，超前布局和推进物联网典型应用示范，构建更加便捷高效和安全可靠的智能化社会管理和公共服务体系，促进社会管理和公共服务信息化，为老区发展注入现代元素。

第六节　以区域联动为手段，推进县域经济互补、融合发展

加强老区建设，提升"五县一市"县域经济社会发展整体水平，必须解决"条条"与"块块"的矛盾，处理好几个"婆婆公公"的关系。应当看到，行政管理职权实施过程中遇到的权力碎片化、分散化、低效率化与"条块分割""属地管理"关系密切。就现实而言，"条条"在行政区划内的政治和经济生活中喧宾夺主的情况常有发生，特别是掌握重要资源审批权的部门，而实际上是"块块"肩负着本区划内社会事务管理责任。"五县一市"地方政府，常常处于责任和权力不对称、义务与条件不匹配的尴尬境地。比如在连片开发扶贫、支持老区建设等方面，有时由于自己的财力、物力、人力不足，承担的只是一个"传声筒"或"协调人"的角色。"条与块的矛盾，核心在于资源配置权力的纵向化与社会管理责任的横向化所导致的二元治理结构上的不平衡。"① 解决这个问题，必须加大行

---

① 宋亚平：《咸安政改》，湖北人民出版社，2009，第59页。

政体制改革力度，围绕建设服务型政府，转变政府职能，提升服务质量和水平，促进区域融合协调发展。

一　打破区域条块分割的限制

"五县一市"的当地政府应着力配合加强老区社会管理，积极转变政府职能，做好区域条块分割的"减法"，将整个老区的承接产业转移、交通设施、旅游业大发展、生态环境保护等一体化发展。要学习城市社区管理的先进经验，在区域经济大发展的时代管理好老区。网格化管理是近年来城市依托数字化城市综合管理、社会面立体防控和城市应急管理体系，提高城市管理水平的一种较为成功的做法。在打破"条块分割""属地管理"格局的前提下，"五县一市"地区可尝试根据"完整性、便利性、差异性"的原则，在组建井冈山革命老区"五县一市"特区的基础上，引入"网格化管理"的经验，把"五县一市"的管辖区划分成若干网格单元，实施动态和全方位的管理。面对社会管理要素纷繁复杂的新情况、新问题，应探索建设"五县一市"特区，要注意做好条块分割与属地管理两种管理机制的对接优化工作，在户籍人口与流动人口的融合、民间融资与金融风险的协调等方面围绕新探索、新发展，有新的设计、新的理念、新的举措。

如井冈山市应围绕做强做大做优旅游业为出发点，把井冈山的基础设施及旅游接待的硬件做扎实，再提高井冈山旅游接待的软实力，增加井冈山旅游接待量。同时要联合其他五个县努力构建大井冈山红色与生态文化旅游协作区，尝试在井冈山革命老区"五县一市"推行大旅游、大流动、"一票通"等区域联合发展的做法。

二　推动"五县一市"基础设施、公共服务的互通互联

一方面，"五县一市"地区交通运输能力不足，县与县以及县与乡公路网络化程度低，电力供应能力不足，普通中小学教育师资力量薄弱，职业技术教育学校少，基层卫生服务能力不足，农业技术推广体系不健全等问题较为突出，公共服务水平都与发达地区存在较大差距，对经济社会的支撑作用薄弱。另一方面，随着我国社会结构由封闭走向开放，社会的流

动性急剧增加，流动人口的公共服务问题成为井冈山革命老区这样的外出打工、亦农亦工、职业与身份相分离人员多的县（市）加强社会管理的一道难题。因为"一方面，快速涌入的人口与城市规模及经济发展有限容量存在着矛盾；另一方面，流动人口的无序流动，与我国主体功能区的整体规划存在一定的矛盾"①，特别是因为"五县一市"公共服务程度的大小不一以及均等化程度的普遍较低等因素的制约，"五县一市"在崛起过程中不是统筹规划、"齐头并进"，而是"各走各的独木桥"，"各吹各的地方调"。

三　建立"五县一市"区域一体化发展的体制机制

在促进井冈山革命老区县与县之间的协调联动、合作开发、共同发展的实践中必须十分关注公共服务问题和区域公共服务业一体化问题，否则，老区县域经济发展的成果会由于公共服务水平的不匹配而很难保住和惠及民生，县域经济的发展也将难以持续。所以"五县一市"要努力打破行政界限，建立区域内以及本区域与萍乡市、吉安市、株洲市等三市城乡公共服务一体化协调机制，统筹教育、卫生、文化、就业与社会保障等公共服务领域的规划建设，方便群众跨行政区就近就学、就医和就业。完善针对农村进城务工人员的相关政策和配套措施，解决就医、住房、社会保障和子女入学等公共服务方面的问题。加强区域性救灾应急保障体系建设，建立和完善重大传染性疾病、突发公共卫生事件联防联控机制和相互支援机制。

第七节　以绿色化、可持续发展为导向，加强生态环境保护

"五县一市"地区生态系统较齐全，生物资源丰富，森林覆盖率高。2010年该地区平均森林覆盖率达到75%，远高于湖南和江西两省以及全国

---

① 沈立江等：《社会管理新探》，中共中央党校出版社，2012，第186～187页。

平均水平。近年来，江西和湖南两省大力实施生态立省、绿色发展战略，较好地处理了经济发展与环境保护的相互关系。但仍存在一系列生态问题。一是生态环境退化，自然灾害加剧。二是矿产资源的不合理和过度开发造成区域性重金属污染较重。三是工业"三废"对环境污染较大。四是生活污水对环境污染较大。此外，井冈山革命老区是江西和湖南重要的生态安全屏障，其水源涵养、水土保持和环境污染防治任务重。在国家高度重视生态文明建设和江西着力建设生态文明示范区的大背景下，针对这一系列问题，"五县一市"应该在加速推进县域经济绿色发展的同时，共同保护好革命老区的好山、好水、好林、好田、好风光，进一步增强绿色生态优势，推进县域经济的绿色、低碳发展。

一　构筑"五县一市"绿色生态屏障

要根据保护就是发展的理念，树立红线意识和底线思维，进一步明确"五县一市"生态保护区范围，在广大乡村设立生态保护区，实行生态红线管控，严禁污染项目进入革命老区，让水更绿，山更青，空气更清新。可根据"五县一市"经济社会发展状况，统筹划分优化开发、重点开发、限制开发和禁止开发4个功能区，让各地能够因地制宜地发展经济或者做好生态保护。同时要以"森林城乡、绿色通道"建设为总抓手，严厉打击乱砍滥伐、违法采砂、乱排乱放等违法行为，进一步保护好森林资源，形成覆盖六县（市）的生态绿色屏障。

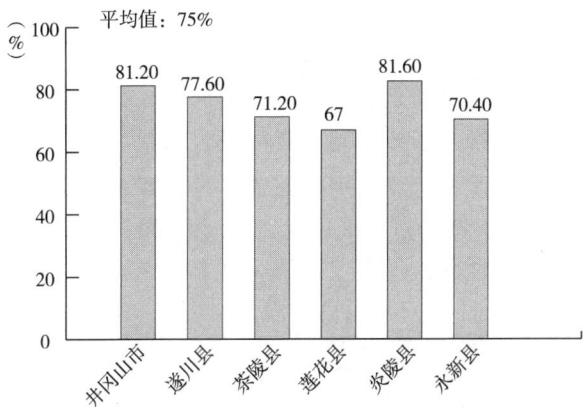

图 5 - 1　2010 年井冈山革命老区"五县一市"森林覆盖率

二 推进县域经济绿色化、低碳化发展

要积极调整转变"五县一市"经济结构，大力发展特色农业、低碳工业和生态旅游业，着力推进县域经济绿色转型发展。农业方面，要积极推行立体农业、循环农业发展模式，加速延伸特色农产业链条，促进农业优质、高效、生态、绿色发展。第二产业方面，要加速工业向低碳化延伸，用节能环保技术和现代生产技术推动工业提质增效，严格控制污染类工业项目进入革命老区，避免盲目扩张工业项目和产能过剩，同时要尝试发展低碳高效的新兴产业。对于旅游业来说，要统筹考虑当地环境承载能力，因地制宜发展生态旅游业，着力打好井冈山的绿色牌、红色牌，延伸旅游产业链条，培育更多的经济增长点。

三 建立健全生态文明制度体系

要改革政绩考核机制，把保护自然资源、维护生态安全、绿色发展等指标和实绩作为重要内容，建立体现生态文明要求的绿色政绩考核制度。要严格落实"五县一市"节能减排目标责任制、"一票否决"制和区域限批制，在大力发展县域经济的同时，做好节能减排工作。同时要加快建立资源有偿使用制度，完善对"五县一市"重点生态功能区的生态补偿机制，推动以六县（市）为整体与其他地区间建立横向生态补偿制度。

四 全力打造生态环境保护的示范区

生态优势和红色文化优势是"五县一市"的绝对优势，应充分发挥环境品牌优势，全面开展节能节水产品、清洁能源、环保建材、绿色出行活动，将生态文明理念融入和拓展到全省经济、政治、文化、社会等方方面面，走出一条既保护生态、又利用生态资本建设两型社会的路子，努力把"五县一市"共同打造成全国绿色崛起的典型示范区。

第 六 章

振兴发展老区县域经济的对策与建议

井冈山革命老区发展相对滞后，发展空间和发展潜力却很大。目前，党中央、国务院及省市政府部门都在加大对该地区的扶持力度，井冈山老区正面临着巨大的历史性转折期。"五县一市"要根据实际区情，紧紧抓住机遇，充分把握难得的发展时期，争取更多的支持政策，调动各方积极性，集中一切力量，朝着建成"新三区"（"绿色、红色产业重点发展的示范区"，"后发优势整体释放的振兴发展区"，"和谐秀美的宜业、宜居、宜游的幸福区"）的目标前进。

　　建设"新三区"既要抓住机遇，乘势而上，又要立足实际，量力而行。要根据"五县一市"现有的发展水平和要素构成条件来制定发展规划，明确建设任务和目标，落实战略措施和保障力量，使"新三区"的建设真正成为建设美丽井冈、美丽吉安、美丽萍乡、美丽株洲、美丽江西、美丽湖南的先行示范区，成为建设美丽中国的样板区。示范区、发展区、幸福区"新三区"建设主要指标要求是：

　　建设的"新三区"要求，是相对于"老三区"（老区、山区、贫困地区）提出来的。建设目标的设定，既要顾及现有基础条件和未来发展能力，又要充分考虑全面建成小康社会的目标和时限要求已经对革命老区、山区、贫困地区形成倒逼态势；既要靠党中央、国务院的高度重视和大力支持，又要靠老区人民继续发扬艰苦奋斗的革命传统，拿出"跳起来摘桃子"的勇气、信心和动力，还要有率先实现现代化的发达地区的大力对口支持帮扶。通过扶贫攻坚特别是精准扶贫，让"新三区"的建设指标能给井冈山"五县一市"人民带来更多的获得感、安全感、幸福感。

表6-1　井冈山"五县一市""新三区"（示范区、发展区、幸福区）目标

生产发展，生活富裕，生态良好
人均生产总值高于全国平均水平

续表

受教育程度达到全国平均水平
人均寿命高于全国平均水平
医疗卫生机构人均床位数接近全国平均水平
城乡美丽，森林覆盖率处于全国最高水平
4A级以上风景名胜区数量多、红色旅游资源丰裕
水质状况评估指标高于全国水平
城镇居民可支配收入水平增速高于全国平均水平
农民人均纯收入增速高于全国平均水平

建设"新三区"，推进老区"五县一市"县域经济的科学发展，必须坚持的主要原则是：第一，"五化"（工业化、信息化、城镇化、农业现代化和绿色化）联动发展的原则；第二，先富帮后富，优势互补，区域协调发展的原则；第三，坚持以人为本，科学发展的原则；第四，可持续发展的原则。

表6-2　井冈山"五县一市"建设"新三区"的主要指标体系

主要指标	细分指标	目　　标
获得感	城镇居民可支配收入水平	增速高于全国平均水平
	农民人均纯收入	增速高于全国平均水平
	全员劳动生产率	增速高于全国平均水平
	每万人口发明专利拥有量	达到全国平均水平
安全感	每万人口治安事故数	低于全国平均水平
	森林覆盖率	保持或高于当前水平
	基本养老保险参保率	达到或超过全国平均水平
	贫困人口发生率	低于全国平均水平
	城乡基本医疗保险参保率	达到或超过全国平均水平
	亿元地区生产总值事故死亡率	低于全国平均水平
幸福感	互联网普及率	增速高于全国平均水平
	恩格尔系数	低于全国平均水平
	城镇新增就业人数	增速高于全国平均水平
	劳动年龄人口平均受教育年限	达到或超过全国平均水平
	人均寿命	高于全国平均水平
	离婚率	低于全国平均水平

第一节 转变发展方式、调整产业结构的重心移向老区

一 用足用好帮扶政策，提升自我发展能力

随着中部崛起战略的出台，长株潭城市群建设、鄱阳湖生态经济区规划的实施，支持赣南等原中央苏区振兴发展的若干意见相继出台，对于井冈山革命老区"五县一市"的振兴发展、促进原中央苏区尽快改变其贫困落后面貌、确保与全国同步实现全面建设小康社会目标、充分发挥其自身比较优势、逐步缩小区域发展差距、建设我国南方地区重要生态屏障、实现可持续发展、加快和谐社会建设步伐有着十分重大的意义。中央国家机关和省直部门对口支援老区机制的建立，人才、技术、产业、项目等方面的对口支援的增强，对于井冈山革命老区发展将是一个千载难逢的好机会。

根据区域连片扶贫工作开展的实际，2011 年国务院批复了《罗霄山片区区域发展与扶贫攻坚规划（2011—2020 年）》（以下简称《规划》），原井冈山革命根据地核心区的"五县一市"划入国家新一轮扶贫开发攻坚战的范围，罗霄山片区区域发展上升为国家层面。这对于加大扶贫攻坚力度、保障和改善民生、促进革命老区振兴发展和加快扶贫对象脱贫步伐有着重要的作用。《规划》明确提出，到 2015 年，产业转移承接要取得明显效果，特色优势产业发展水平、交通、能源等基础设施建设要有新的进展，基本公共服务水平要得到有效提升；生态建设和环境保护初见成效，扶贫开发区的综合实力显著增强，城乡居民生活水平明显提高，贫困人口数量减半。到 2020 年，实现扶贫对象"两不愁"（不愁吃、不愁穿），"三保障"（义务教育、基本医疗和住房保障）。特色优势产业集群得到发展壮大，扶贫开发区的经济增长质量和效益得到较大幅度的提升，基础设施显著改善，社会事业全面发展，基础设施建设加强，良性互动的生态环境保护与经济社会发展格局形成，可持续发展能力逐步增强，城乡居民收入和经济总量实现与全国其他地区的同步增长，农民人均纯收入增长幅度要高于全国平均水平，全面建成小康社会的目标与全国同步实现。

全面建设小康社会关键在农村，难点在农村，而农村的关键又在老区、山区、贫困地区。加快老区、山区、贫困地区的建设，应当成为各级党委、政府的重要职责和使命，切实发挥党委政府的组织领导、统筹协调等作用，以科学发展观为指导，克服等、靠、要思想，坚持自力更生、自主创业。当前，做好老区、山区、贫困地区定点扶贫工作，应当用足用好以下几方面的政策。

（一）实行对口支持的财政政策

对于财政政策来说，国家要对老区与非老区、发达地区与不发达地区实行不同的财税政策，对老区、山区和贫困地区，先少取，而后再多予。要探索建立中央和省级公共财政预算投入向老区和贫困地区倾斜的有效机制，尤其是要设立中央和省级政府建立老区建设基金或专项资金，将公共财政投入主要用于对老区基础设施、产业建设、社会发展，并提高扶贫到户项目的补助标准。

（二）实行差异化的产业政策

"五县一市"地区产业发展的特色不尽相同，各县主导产业和支柱产业存在差距，产业发展的方向也存在差异。在这种情况下，要立足各个县域的产业特点，强力实施差别化产业发展政策，鼓励各县域的优势产业资源就地转化，重点支持以旅游业为主的服务业、农产品精深加工和具备资源优势、有市场需求的矿产资源深加工等产业的发展，可尝试在财政金融支持、土地政策、项目审批等方面给予政策支持。

（三）抓好老区基础设施和公共服务建设

为进一步改善"五县一市"地区的生产生活条件，要积极用好国家各项支持政策，统筹做好交通、水利、能源、通信信息和城镇基础设施建设，并着力推进区域内部有条件的地区实现基础设施的一体化建设、一体化共享。同时应积极用好国家、省级以及市级的各项支持政策，为"五县一市"的崛起和发展提供充足优质的教育、医疗卫生、科技文化、社会保障、社会管理等公共服务，并根据区域联动发展的需要，统筹推进各项公共服务在"五县一市"内部实现一体化，为公共服务均等化和全面建成小康社会提供保障。

（四）建立扶贫长效机制

国家要在原有政策的基础上，加大中央和国家机关、国有企事业单位、军队系统等单位对该区域定点扶贫的支持力度，要针对重点群体、重点项目、重点地区进行定点帮扶，既给他们"雪中送炭"，也帮助他们就业创业，发展生产，形成自身长远发展的内部动力。同时，定点帮扶的牵头单位应该因地制宜地采取多样性的帮扶手段，落实各项帮扶的责任，确保帮扶取得成效。同时"五县一市"内部也要建立相应的帮扶机制，鼓励县与县之间结对子，在产业发展、交通设施建设、城镇化等方面相互帮扶。

同时，面对区域发展进入全面转型的新时代，老区扶贫开发应适应全面转型时代的要求，充分吸取珠三角、长三角、京津冀的资源环境问题已经接近"天花板"的经验教训，探索生态文明的老区发展新路径。吸取不可持续的教训，高起点规划，分步分段实施，综合稳妥推进，引导扶贫开发走上可持续发展之路。

二　注重转型发展的时代性、科学性、长效性

加快经济转型升级是时代发展进步的必然选择，是在经济发展新形势下推进"五县一市"县域经济持续健康发展的现实需求。据国家统计局的统计数据，2012 年 1～11 月，全国固定资产投资同比名义增长 20.7%，其中，东部为 18%，中部为 26.2%，西部为 24.2%。从工业增加值来看，2012 年 1～11 月，全国工业增加值增长 10%，其中，中西部地区增长较快，如安徽达到 16.2%，重庆 16.3%，贵州 16.2%，陕西 16.6%，广西 15.9%。从数据可以看出，中西部地区在固定资产投资、工业增加值等方面继续保持较快的增长速度。"只有落后地区增长速度较快，才能缩小差距，这是区域协调发展的重要方面，显示我国区域协调发展的良好态势在继续。"① 转型发展要根据国家宏观调控的政策和区域重大战略，特别是

---

① 魏后凯：《区域发展进入全面转型时代》，《中国经济时报》2013 年 1 月 18 日。

要根据"五县一市"的具体情况来实施。在产业选择、项目论证、规划制定等方面，既要考虑发展的科学性和持续性，又要紧跟时代步伐，积极应对后国际金融危机时期带来的各种风险和挑战。要根据中央重视中西部发展的实际，增加对中西部发展投入的情况来调整县域经济发展的策略。

（一）转型发展要瞄准国家区域发展战略

湖南、江西两省已经纳入长江经济带，"五县一市"被全部纳入罗霄山片区扶贫开发规划，同时井冈山市、永新、莲花、遂川四个县（市）也被纳入赣南苏区振兴的国家大战略，炎陵县、茶陵县也在长株潭区域大战略的范围内。在这种条件下，"五县一市"的转型发展之路必须在因地制宜的同时，瞄准国家这些区域战略，积极对接这些区域战略发展的总体布局与规划，充分利用区域政策红利，带动老区的扶贫开发和转型发展，从而将老区打造成新区。

（二）要扬长补短，发挥典型示范带动作用

近年来，"五县一市"围绕调结构、促发展、保稳定、促改革、扩内需、惠民生等方面做了大量工作，为探索科学发展积累了不少的经验。"五县一市"要在中部崛起战略导向作用和罗霄山脉中段片区扶贫开发规划的牵引下，及时将典型做法和优秀经验加以推广，为转变发展方式、调整产业结构、促进经济健康持续发展树标杆、做示范。

（三）转型发展要尊重客观经济规律，强化创新驱动

经济学认为，一般情况下，经济长期增长动力主要依靠资本积累和劳动力等要素投入。但在要素投入受到较强约束的条件下，经济增长就需要技术进步等内生动力。所以"五县一市"在着力消化吸收国家支持政策的同时，要积极练好内功、做强自我。加大对本土人才的培育，支持当地企业不断提升自身的创新能力，用现代技术手段来延长产业链条，逐步推进产业加工向"微笑曲线"的两端延伸，最终通过创新驱动来实现经济发展的稳中求进和提质增效。

三　因地制宜地推广成功经验与做法，强化示范和放大效应

从国家层面来看，在国家正转变发展方式、调整产业结构的过程中要把重心移向老区，充分发挥老区的土地优势、人力资源优势及生态环境优势，把工作重心和政策重心转移到老区，井冈山革命老区有着丰富的"红色、绿色、古色"的资源，是发展旅游业和一些对环境要求高的工业的理想场所。因此，国家在转变发展方式、调整产业结构的过程中，可以充分利用和发挥井冈山革命老区的优势，在发展井冈山革命老区的同时更好地发展低碳经济和绿色循环经济。

"五县一市"紧紧结合当地资源禀赋，发展壮大特色鲜明的产业，相互借鉴，相互促进，放大整体效应。在新形势下，"五县一市"应继续推进行政管理体制、财税体制、投融资体制改革，深化农村综合改革，破除影响发展的体制机制障碍。积极转变政府职能，进一步清理精简行政许可、行政收费项目，优化政府服务、提升工作效能，扎实改善投资创业环境。坚持抓好招商引资，突出招大引强，着力引进一批投资规模大、产业带动力强、市场占有率高的大企业、大财团。积极抢抓机遇跑项目争资金，发挥西部政策延伸县和罗霄山片区扶贫开发重点县的优势，跟踪国家支持原中央苏区发展振兴政策项目，千方百计争取国家和省里更多的项目支持和资金支持。大力开展全民创业活动，引导和鼓励返乡农民工、在外创业成功人士、本土能人等各类能人在家乡创业。

第二节　县域经济振兴发展与老区民生改善协调推进

基础设施适度超前发展既是一条扩大内需的重要经验，也是一种对经济社会发展具有积极促进作用的有效做法。要根据老区实际，切实抓好基础设施建设。坚持把保障和改善民生作为最大的政治、最大的责任，让更多的群众享受到经济发展成果。统筹抓好养老、医疗、失业、工伤、生育和新型农村养老保险等工作，逐步扩大社会保障覆盖面。完善公共就业服务体系，有序推进农村劳动人口市民化。推进科技进步与创新，抓好科技

计划项目的实施。整合教育资源,加大农村教育投入,优化布局,推动城乡教育均衡发展。加快发展卫生事业,抓好乡镇、村、社区卫生服务设施建设,提高基层卫生医疗保障水平。继续加强和创新社会管理,以群众工作统揽信访工作,健全治安防控体系,有效化解社会矛盾,为发展营造和谐稳定的社会环境。

一　切实提高教育、 医疗卫生保障水平

扩大内需、提高农村居民的收入和消费水平的关键就是让老区人民拥有经济的话语权,只有这样才能有足够的安全保障。在教育、医疗卫生等方面的保障水平不高、保障力度不够的情况下,老区的人民将没有实力和勇气来消费、扩大内需。面对井冈山革命老区科教文卫水平相对滞后的现状,只有使教育、医疗卫生等保障水平得到提高,解决老区人民的后顾之忧,才能更好地促进消费,扩大内需。

"五县一市"在教育发展中存在先天不足,整体教育水平普遍低于地区及市的平均水平,这既有历史的原因,又有现实的原因。历史原因是山区面积较大,交通落后,发展教育的意识一直未得到重视;现实原因是投入不足,教育基础设施建设严重落后,教师资源外流严重。虽然近几年国家教育投放加大,但"五县一市"教育现状没有得到根本改变。当前,促进井冈山革命老区发展,要把教育放在优先发展的重要位置。一要加大投入。在保证各级财政投入的前提下,充分利用国家扶持发展资金,留足定额投入教育。主要用于改善学校基础设施建设,提高教师生活保障,提升教学层次和水平,并要积极落实中等职业教育学校农村学生和家庭经济困难学生免学费政策。二要发展多层次教育。在进一步发展幼儿、小学、初高中教育的同时,兴办职业教育,发展高等教育,为本地发展提供人才支持和智力支持。通过项目、资金、培训等方式扶持当地致富带头人、技术能人、农村经纪人,资助"五县一市"优秀乡土人才到职业院校、普通高校和发达地区接受培训。三要创新人才机制。老区要发展,最后要靠人力资本发挥核心作用,要用创新人才引进机制、用人机制,吸引人才投身老区发展中,同时要充分利用本地人才,让本地人才有想干事、能干事、干成事的环境氛围,鼓励在外地发展取得成功的本地人才回乡兴业发展。以

提高科技素质、职业技能和经营能力为核心，培养"五县一市"贫困村产业带头人，引领当地特色产业发展能力和带动当地贫困人口发展生产、参与市场竞争、共同致富增收的能力。

"五县一市"的医疗卫生保障水平与本地教育发展情况相似，滞后于经济社会发展。结合当前实际，"五县一市"要充分利用政策上的优惠，把提高老区医疗卫生保障水平当作扶贫开发的一个重要任务，作为检验扶贫开发效果的一个重要标准，也是衡量是否全面建成小康社会的标志。要着力健全"五县一市"县、乡、村三级和城市社区医疗卫生服务网络，加强革命老区以全科医生为重点的基层医疗卫生队伍建设，完善重大疾病防控、妇幼保健、农村急救、采供血等公共卫生服务网络，提高疾病预防控制能力、突发公共卫生事件应急处置能力，突出解决当前农村看病难的问题，提高新型农村合作医疗覆盖面、参合率和受益面，统筹资金用于县级医院、中医院、县级疾病预防和控制、妇幼保健、血防机构和乡镇卫生院、村卫生所等的基础设施建设等。

二　稳步推进养老保障事业的发展

提高老区养老保障水平，是实现城乡养老保障服务均等化的重要内容。经济社会发展进入新的发展阶段的重要标志是养老保障需求的增长。在推进老区县域经济发展和发展减贫事业的进程中，要正确处理好养老保障需求不断增长、服务业快速发展之间的关系，正确把握公共服务需求逐步加速增长的趋势，不断增强公共产品的供给能力，切实抓好农村养老保障工作，努力使老区、山区、贫困地区公共服务供给与需求相适应。井冈山革命老区具有同其他欠发达地区相似的经济发展和社会问题，但由于受到地理条件的限制，"五县一市"分属两个省三个地级市，同步加快养老保险均等化尤为重要。加快养老保障均等化体系建设，既是老区经济社会发展的必然要求，也是促进老区科学发展、社会和谐，实现全面建成小康社会目标的重要内容。

当前，随着老区年轻劳动力纷纷外出务工，留守老人群体不断扩大，农村老年人"老有所为、老有所养、老有所乐、病有所医"的问题成为社会保障的短板，同时带来了一系列社会问题。具体表现在以下四个方面。

一是经济收入低，生活质量差。目前除部分享受低保的农户得到扶助外，绝大部分农村老年人没有养老保障。二是生活缺少照料，安全隐患多。由于子女不在身边，日常生活的一些小事，诸如理发、换电灯泡等都成为难题。三是对隔代教育造成沉重的心理负担。单从照顾孙辈的生活起居方面而言，只是增加老人的生活压力，增加劳动强度。四是精神缺少慰藉。老年人的晚年生活压力、精神压力增大，但又缺少子女和社会的及时慰藉。

针对以上问题，要根据老区实际，做好近期、中期、远期规划，循序渐进式推进养老保障事业的发展。一要统筹财政、民间资本，投资兴办农村养老福利事业，走家庭化养老与社会化养老相结合之路。兴办养老院、托老所，成立农村老年人休闲活动中心、老年人互助协会等，让老年人重新找到归属感。二要完善农村医疗保险制度。逐步提高住院费报销比例，减轻60岁以上的农村参保老人这部分弱势群体医疗费用。三要逐步建立农村养老制度，为农村留守老人提供生活保障。扩大农村最低生活保障范围，把符合条件的农村老人全部纳入最低生活保障范围，从经济上保证老年人达到基本生活水平。鼓励企业、个体老板捐资设立老年人基金，对需要帮助的老人给予扶持。四要引导社会建立农村老年人志愿者服务队。可由民政或共青团、妇联等部门组织牵头引导，尽可能在各乡镇都成立农村老年人志愿者服务队，建立一支常年服务的队伍，为留守老人提供诸如理发、环境卫生清理、房屋修缮等日常服务，以缓解留守老人生活中存在的困难。

三　加快推进惠及老区、山区的新农村建设

新农村建设是按照新时代的要求，对农村进行经济、政治、文化和社会等方面的建设，最终实现把农村建设成为经济繁荣、设施完善、环境优美、文明和谐的社会主义新农村的目标。井冈山革命老区"五县一市"本身处于欠发达区域，山区的农村建设更是远远落后于全国、全社会平均发展水平。要围绕建设生产发展、生活宽裕、乡风文明、村容整洁、管理民主的社会主义新农村的目标，突出建设重点，逐步改变老区农村穷、乱、脏、差的形象，着力建设富裕、和谐、秀美的革命老区新型农村。

（一）加强农村基础设施建设

要推进老区城镇基础设施向老区延伸，促进基础设施和县城与集镇的

互通互联。加快老区农村公路建设，实现村村通水泥公路；加快农村电网改造；并针对农村用水、教育和卫生等问题加快推配套设施建设。目前井冈山革命老区的山区还有一些毛坯房，居民生活条件和居住条件比较艰苦，加大井冈山革命老区"五县一市"毛坯房改造工作变得非常紧迫，房屋改造一方面可以拉动经济增长，增加消费，还能改善提高老区人民的生活环境。

（二）千方百计增加农民收入

在现行国家支持农业、农村发展政策基础上，要进一步加大对老区农村发展政策支持力度，可以通过定点帮扶、对口支援等方式，帮扶老区农村建设发展。其中最根本的是要引导支持农村挖掘潜在优势发展特色产业，培育农村自我"造血功能"。引导农村剩余劳动力城镇就业，有序推进老区人民就近市民化，一方面可增加农民收入，另一方面可以带动第二、第三产业发展，促进城镇化。

（三）繁荣农村精神文化生活

通过文化下乡、建立农村书屋和农村活动中心、农技宣传推广等各种方式，提高农民群众的思想水平、文化水平、道德水平，崇尚文明、崇尚科学，形成家庭和睦、民风淳朴、互助合作、稳定和谐的良好社会氛围，并进一步弘扬老区革命精神。

（四）加强农村卫生治理

当前农村卫生状况成了农村发展中的一个突出问题，要通过农村垃圾定点堆放、集中清理、发展农村沼气等，使农村脏、乱、差状况从根本上得到治理，明显改善人居环境，农村呈现农民安居乐业的景象。

（五）提高农村村民自治程度

应进一步扩大农村基层民主，完善村民自治制度，真正让农民群众当家做主，调动农民群众的积极性，群策群力，共同建设新农村。

四　大力推进农村贫困乡村贫困人口的减贫事业

贫富差别过大甚至两极分化是社会不公正的表现。在社会学意义上，扶贫的目的是促进社会公正。根据罗尔斯基于公平的正义理论①，社会公正的功能性结构由分配的结果公正、起点公正（机会均等）和过程公正（程序公正）三个要素构成。从这三个功能性要素可以相应推出贫困地区和贫困人口发展的三大原则，即均衡发展原则：贫困地区与发达地区均衡发展，乡村与城市统筹发展，贫困地区和贫困人口享受大致相等的基本公共服务。主体赋权和参与原则：贫困人口是贫困地区发展的主体，享有发展的参与权、决策权、管理权和监督权。优惠合理原则：对应于差别原则和优惠合理原则，贫困地区和贫困人口可以享受额外的照顾和优惠，当然这样的优惠必须遵循合法的理由和程序。国内外研究贫困问题有关专家专题分析认为：贫困内涵的扩展，是从收入贫困到能力贫困再到权利贫困。

贫困定义发展的三个阶段，即从初期的单一收入贫困发展到多元的能力贫困，再到目前包含非经济因素的（政治的、法律的、社会的）权利贫困，对贫困内涵的认识正在不断深化，贫困理论范畴已超越经济范围，更多地融入社会及政治领域。

收入贫困。贫困的定义源于 20 世纪初英国学者朗特里在其著作《贫困：城镇生活研究》中的描述："如果一个家庭的总收入不足以支付仅仅维持家庭成员生存需要的最低量生活必需品开支，这个家庭就基本上陷入了贫困之中。"（Rowntree，1910）这种依据家庭经济状况来界定的贫困被称为收入贫困（income poverty），也叫作物质贫困。收入贫困有绝对贫困和相对贫困的区分。绝对贫困通常是从人体生物学方面维持生存所必需的食品、衣着、住房等最低需要进行界定。

能力贫困。能力贫困（Capability Poverty）是阿马蒂亚·森首创的贫困理论。他在研究不平等问题的同时开始关注贫困问题并提出"能力贫困"的概念。他认为应以一个人所拥有的、享受自己有理由珍视的那种生活的实质自由来判断其个人的处境。因此，贫困不仅仅是收入低下，应拓展为

---

① 罗尔斯的正义论包含三个原则：平等自由原则、机会均等原则和差别原则。

被视为基本能力的剥夺。能力贫困决定其贫困性质具有多维度，从而更真实地反映贫困状态。

权利贫困。20 世纪 90 年代以来，权利贫困（entitlement poverty）的概念被越来越广泛地运用于贫困研究中。所谓权利贫困，是指在缺乏平等权利和社会参与条件下，社会中一部分特殊人群的政治权利、经济权利、文化权利及基本人权缺乏保障，使其难以享有与社会正式成员基本均等的权利而被社会排斥或边缘化所导致的一种生活困难状态。这些社会权利主要体现为社会剥夺、社会排斥、脆弱性等方面（Peter Townsend，1993）。

关于扶贫策略研究：有代表性的分析包括 PGI 三角关联（贫困与经济增长、收入不平等三者间的关系）、益贫性增长和包容性增长。①PGI 三角关联。PGI 三角（PGI triangle）关联是指在贫困（Poverty）、经济增长（Growth）、收入不平等（Inequality）三者之间存在着关联，其含义是任何贫困的变化都可精确地表示为增长和不平等变化的数学函数（Wan，2008）。②益贫式增长。益贫式增长（Pro-Poor Growth）是指有利于贫困人口发展的经济增长方式。③包容性增长。"包容性增长"[①] 初始意义是能创造出生产性就业岗位的高增长，能确保机遇平等的社会包容性，以及能减少风险并能给最弱势群体带来缓冲的社会安全网，其目的在于最大限度地让普通民众分享经济发展成果。包容性增长作为一种新的经济社会发展理论，其内涵是多元的，强调"参与"和"共享"，旨在坚持发展经济，坚持社会公平正义，坚持以人为本，让经济全球化和经济发展成果通过扶贫政策、扩大生产性就业领域、提高人力资源能力和社会保障能力等途径，惠及所有国家和地区，惠及所有人群。利益共建共享是包容性增长的核心价值观，因此包容性增长至少需要满足三个基本条件。一是可持续的经济增长。二是包容贫困人口在内的所有社会成员，给予社会成员平等的机会。三是促进所有社会成员共享发展成果。亚洲开发银行率先提出了"包容性增长"理念，世界银行在深化"有广泛基础的增长"（broad-based growth）和"益贫式增长"等理念基础上，也提出要维持长期的"包容性增长"，并以此制定世界银行的扶贫政策和指导各国扶贫实践。

----

① 亚洲开发银行在《新亚洲、新亚洲开发银行》（*Toward a New Asian Development Bank in a New Asia*）的研究报告中首先提出"包容性增长"的概念。

国内关于贫困基本问题的研究主要涉及贫困标准、贫困的类型、贫困的计量与定量分析等。

在扶贫战略的研究方面：涉及引入效率导向的扶贫战略，通过地区性经济增长缓解贫困的战略，调整人与资源关系的发展战略，建设基本农田解决山区人口缺粮战略；反贫困是政府的一项基本职责，反贫困政策主要应围绕生活救济与发展援助两个方面展开；应通过向贫困地区提供社会服务和直接面向贫困者来调整扶贫战略；提出教育扶贫是根本、政策扶贫是保障的观点；提出了中国第二代农村反贫困战略，认为确定扶贫标准要实现从基本解决温饱向接近国际标准方向转变，利用扶贫资金实现从集中投资生产项目向增加人力资本投资方向转变，分配扶贫资源从县级瞄准向乡、村、户的转变；将反贫困战略重点放在培育和增强社会资本、投资和积累人力资本两个方面，认为反贫困要坚持"以人为本"的科学发展观，实现以人的发展带动和创造经济发展的新格局；反贫困战略的设计应着重从扶贫主体多元化、扶贫客体微观化、扶贫政策规范化，以及提高人力资本水平等多重视角进行；把中国贫困地区定位成重要的生态保障区、原生态文化的发源区、重要的战略资源储备区和国防安全的前沿阵地，并基于贫困地区的功能定位，提出了中国农村反贫困战略调整的思路；认为加快发展方式转变对于减贫产生深刻影响，在新背景下需要调整扶贫战略，将减贫目标更好地融入经济发展战略之中，推进利贫式包容性增长。将人力开发作为增强贫困人口可持续发展能力的着力点，从以开发式扶贫为重点转向"赋能式"综合扶贫，从"救济式"扶贫转向"预防型、保障型、发展型"多维式扶贫；以实施基本公共服务均等化为要领，着力改善贫困地区生产、生活、生态条件，重点健全城乡社会安全网。

在扶贫模式的研究方面，主要成果反映为：依据不同的标准划分了多种扶贫模式，并重点对开发式扶贫模式、小额信贷扶贫模式、异地开发扶贫模式、对口扶贫模式以及企业扶贫模式进行评析，提出中国应选择"政府支持背景下的农户参与式扶贫模式"；政府扶贫存在着财力不足、效率偏低、强化官僚系统及容易滋生腐败等不足，需要重视非政府组织（NGO）在扶贫中的作用；在财政资金边际投入递减的前提下，需要创新中国扶贫体系，让更多非政府组织参与扶贫，发挥其低成本、高效率的优势。发展中国家反贫困模式不外乎两种：一是政府主导的、内向型的经济发展与反贫困模式；二是市场主导的、外向型的经济发展与反贫困模式。而中国实行的是一种政府主导型的、注重物质资本投入的反贫困战略。分析了中国存在的"数字鸿沟"现状，指出信息扶贫的必要性，并提出了信息扶贫的对策；提出了绿色扶贫的概念，突出了生态保护对于扶贫的重要意义，强调扶贫不能以牺牲生态环境为代价，巩固扶贫成果需要发展生态经济。运用新古典经济学理论构建出中国科技扶贫模式的分析框架：科技供给主导模式主要有科技网络推广模式、区域支柱产业开发带动模式和易地科技开发模式；科技需求主导模式主要有龙头企业扶持模式、专业技术协会服务模式和小额信贷模式；从能力建设的角度分析了参与式扶贫对于培育新型农民的意义和作用；总结了中国农村反贫困模式演进与基本经验，将中国农村减贫划分为五个阶段："单一性、救济式扶贫阶段"；"区域性、救济式扶贫阶段"；"全国性、经济开发式扶贫阶段"；"参与性、综合开发式扶贫阶段"；"多元性、可持续发展式扶贫阶段"；提出应建立城乡统筹的反贫困体系。广东省扶贫办（2009）在扶贫开发工作中形成了独具特色的规划到户、责任到人的"双到"模式，其核心要义在于坚持各项工作都要落实到具体的责任人，自始至终贯彻实施扶贫工作的责任制，是我国政府主导、全社会参与扶贫开发实践的成功的社会扶贫模式。

解决贫困乡村和贫困人口脱贫是县域经济发展面临的一大难题。井冈山革命老区的关键问题是地理位置较偏，"五县一市"间的协调性、联动性不足。这就要求在井冈山革命老区建设的过程中同心协力解决基础设施、产业发展、基本生产生活条件、人力资源开发、民生和社会事业、生态建设等六大方面的问题。把基础交通建设好，重点解决由于交通不便带来的难交流、难沟通、难联动的问题，加强货物的流通，加强游客、人力的交流与合作，通过交流与合作增加消费和扩大内需，培育新的县域经济增长点，拉动"五县一市"的整体经济发展。

当前国家密集出台的多个发展战略均与老区脱贫致富有关，要进一步明确落实相应配套政策。要主动对接项目，政策的落实最后在项目，要主动对接，争取国家资金、项目用于老区减贫事业。最主要的是要充分利用财政转移支付用于减贫事业，这可以产生直接的效果；其次要利用支持当地项目发展来脱贫解困，这是老区减贫最重要也是最根本的途径。另外创新方法开展减贫事业。如通过结对子帮扶，对口支援、移民安置促进减贫事业发展。例如，2003 年以来，遂川县在努力建设 19 个移民新村的同时，狠抓移民后续管理，使 6500 多名深山区和地质灾害区群众过上了城里人一样的生活。永新县加大了移民扶贫工作，使老区人民得实惠。实践证明，对于连片特困地区脱贫致富，地处行政管理和经济布局的边缘地带，必须加大省际之间、部门之间统筹协调的力度，齐心协力，攻坚克难，从根本上改变贫穷面貌。

第三节　深化改革设计、完善制度安排的重心转向老区

党的十八大提出，到建党 100 周年时全面建成小康社会。围绕这个奋斗目标，沿海省份得改革开放之先，较早走上了城市化、工业化道路，人民生活水平已达到甚至超过了小康社会。内陆城市聚集政策、资金、人力等要素，城市居民生活水平普遍已达到小康水平，实现全面建成小康社会的目标最大的挑战是老少边穷地区特别是像井冈山"五县一市"这样的集老区、山区、贫困地区为一身的欠发达地区能否建成小康社会。因此，当前各级党委、政府要把深化改革设计、完善制度安排的重心转向老区、山区、贫困地区，加强服务型政府建设，提高促进社会和谐，转变发展方式、完善法规政策等工作的统筹协调性，为加快老少边穷地区早日建成小康社会夯实基础。

一　增强顶层设计的指向性

新中国成立以来，中央一直对老少边穷地区给予了一定的政策支持，但在"十五""十一五"期间井冈山革命老区得到的政策支持还不够明显，在其他贫困地区都享受了较好的政策支持下，特别是东北老工业基地振兴规划、西部大开发战略、沿海地区率先发展等战略的出台和实施，造成了中部地区政策的空洞，特别是井冈山革命老区受区位因素的限制发展滞后更加明显。在这个大背景下，"十一五"末国家制定了中部崛起战略，中部六省都批复了国家战略规划，"五县一市"也陆续地进入罗霄山脉中段集中连片扶贫开发范围，这为"五县一市"的发展带来了新的契机。为了更有针对性地

搞好井冈山革命老区的建设，国家要更加有针对性地制定有指向性的政策，在交通道路、基础建设、人力资源开发、资金扶贫、农田水利、安全饮水、科技创新、医疗卫生及教育等多个方面国家要出台指向性更加突出的政策。

一方面，要重点支持"五县一市"交通基础设施建设。近年，湘赣两省在加强省界交通连接建设，在建的井睦高速、衡茶吉铁路和已建成通车的吉莲高速将使"五县一市"形成交通网络。当前应参照三清山旅游开发的经验，建设环"五县一市"的红色旅游高速公路，更有效地整合"五县一市"红色旅游资源。

另一方面，要全力支持"五县一市"产业发展。通过给予税收优惠、财政专项资金倾斜等方式，支持"五县一市"工业园区建设，推进新型工业化进程，着力培育战略性新兴产业。支持当地发展高效生态农业和休闲观光农业，以及以文化旅游为核心的现代新型服务业；进一步激发民营经济活力，鼓励发展符合当地资源优势的绿色、环保的加工业、手工业、服务业。

此外，要大力支持生态建设和环境保护。建立生态补偿机制，提高公益林补偿标准，缩小与商品林的收益反差；因地制宜实施公益林合理采伐政策，解决公益林抚育间伐和更新采伐所需采伐计划；出台政策鼓励对公益林内的灌木林、稀疏残次林进行改造；增加对生态公益林病虫害防治的资金投入；建立地方森林生态效益补偿基金，适度扩大生态补偿林地的范围，探索实行商品林伐前生态补助。"五县一市"集老区、山区、贫困地区为一身，井冈山人民不但在战争时期为中国革命胜利做出了巨大贡献和牺牲，新时期依然为呵护绿色宝藏而坚守，为保护水土源头、改善生态环境、建设生态文明默默奉献。基于此，建议国家将"五县一市"全部纳入国家区域生态补偿范围，对自然生态保持好、生态贡献大的苏区、老区、林区、贫困地区予以生态补偿。

二　提高扶持政策的含金量

近年来，"五县一市"先后获得了一系列政策支持，国家也给予了政策支持和资金支持，但有一部分政策却要求地方或者县里配套一部分资金。江西和湖南两省都是属于经济实力不强的省，"五县一市"的实际情况也是不容乐观，很多项目政策由于地方配套不了足够的资金，致使政策项目难以发挥作用。现在国家的综合实力大幅提升，在扶持井冈山革命老区方面应该出台更具含金量、更易操作的政策，通过一次性给足资金和全部由国家支撑的形式来办，做到特地特事特办，减轻"五县一市"的负担，给井冈山革命老区一个全方位的扶持政策。

一是加大对原中央苏区和罗霄山脉中段区域连片扶贫开发的财政专项转移支付力度。在农业、水利、扶贫、教育、科学、文化、社会保障等专项资金分配方面向原中央苏区倾斜，并将部分公益性项目的国债转贷资金逐步转为拨款。将"五县一市"财政负担的津/补贴纳入上级财政保障范围。

二是取消上级下达县项目的县本级资金配套要求，由上级财政全额负担。

三是要进一步加快财税体制改革。完善促进基本公共服务均等化和主体功能区建设的政策，全额返还老区上缴的中央税收，并取消各项基金和收费上缴；对设在"五县一市"境内的鼓励类产业企业，减按15%的税率征收企业所得税，销售自产货物实现的增值税实行即征即退50%，在投资总额内进口的自用设备免征关税和进口环节增值税。

四是化解地方债务。支持"五县一市"解决历史遗留的债务，减轻政府、国有企业负担。通过盘活存量资产，转换经营机制，促进企业效应提高。通过引进央企、外企，开展合作经营，提高老区企业的竞争力。

五是要建立支持老区实体经济发展的现代金融体系，加强金融服务，为老区全要素生产率的增长创造条件。全要素生产率（TFP）增长，是国家/地区转变经济增长方式、实现长期经济增长的根本条件，也是老区、山区、贫困地区在区域经济大发展背景下转变发展方式要充分考虑的问题。"如何加快我国金融体系市场化改革，充分发挥其风险分散与流动性供给，以及改善信息不对称及其引发的逆向选择和道德风险的功能，促进资源优化配置和技术进步，已经成为我国提升 TFP、转变经济增长方式，实现长期经济增长的重要战略选择。"[①]

---

① 陈志刚、郭帅：《金融发展影响全要素生产率增长研究述评》，《经济学动态》2012 年第 8 期，第 135 页。

第四节　加强服务型政府建设，提高
振兴发展工作的统筹协调性

建设职能科学、结构优化、廉洁高效、人民满意的服务型政府是行政
体制改革的基本方向和重要内容。面对新形势、新任务、新要求，"五县
一市"政府应着力加强服务型政府建设，全面提升振兴老区县域经济发展
执行力。当初的井冈山、中央苏区、鄂豫皖、晋察冀等革命根据地大多建
立在几省交界处，坚持以经济建设为中心，加强服务型政府建设才能把握
重点，正确处理好经济发展与老区、山区、贫困地区生产生活发展的关
系。"效率和公平失衡"容易引发一系列经济及社会问题，导致"秩序失
衡"现象的发生。构建社会主义和谐社会，缩小贫富差距，平衡社会经济
日益失衡的关系，是确保2020年实现全面建成小康社会目标的重大社会问
题和现实问题。由此，转变政府职能尤为关键，"五县一市"要进一步加
强服务型政府建设，为老区县域经济发展提供优质的政府服务。

一　发挥政府的引导功能，培育特色优势产业

加强服务型政府建设是为了实现政府"看得见的手"和市场"看不见的
手"之间的相得益彰。在推进"五县一市"地区县域经济发展进程中，应当
加快转变政府职能，合理配置当地政府经济调节引导功能和市场经济权力，
探索出具有革命老区特色的政府职能转变的路径。具体来说，要强化市场监
管、提供公共服务、促进就业、稳定经济增长方面的功能，强化支持落后地
区发展、弥补市场缺陷的功能。"五县一市"政府应尊重当地市场经济的客
观规律，顺应经济发展长远要求，科学引导当地产业发展，避免六个县
（市）之间的产业出现内部盲目竞争和产能过剩现象，着力把产业转型升级
战略摆在转变发展方式的突出位置，强化创新驱动、集群拉动和开放带动对
产业转型升级的功能，大力发展以旅游为带动的服务业，围绕绿色发展，加
速传统农业向现代农业转型，加快改造提升传统产业，着力构建现代产业新
体系，形成第一、第二、第三产业协调拉动经济发展的新局面。

二 强化政府招商引资服务工作，做好承接产业转移文章

新中国成立至今，许多革命老区仍然受不同的行政单位管辖，有的跨越数省，行政区划分割形成的行政壁垒对区域经济形成了刚性约束，产生了一种与区域经济一体化相悖的"行政区经济"现象，"这对处于行政区交界的红色景区产生较严重的负面影响，各景区所在地政府为了发展本地经济，往往忽视景区间差异，阻碍生产要素的跨行政区流动，造成了影响旅游业发展的一系列矛盾，如基础设施建设、生态环境保护、边界共有资源争夺、客源市场的非理性竞争等问题，旅游合作开发程度较低"①。

老区产业发展的基础较为薄弱，市场机制还不够健全，所以"五县一市"政府应加速转变政府职能，合理引导、支持和培育当地特色优势产业，积极承接沿海产业转移，从而激发各类产业的发展潜力。政府应以体制机制创新为动力，不断完善以商招商、产业集群招商、定点招商等方式，围绕大项目落地，大投入进入，切实加强革命老区承接产业开放平台的建设，着力完善承接产业转移的软硬件条件，不断为"五县一市"的发展注入开放活力和外部动力。

三 要做好政府权力的"减法"，推进混合所有制经济的发展

在市场进程中，随着改革进入深水区、攻坚期，我国政府与企业的关系也在发生着新的变化。要有效引导国有企业利用其自身优势对老区进行帮扶，必须正确认识政府与企业的关系。在市场经济的条件下，一般来说，政府与企业承担着完全不同的职能，因为政府和企业是两种不同性质的社会组织，政府的重要作用就是弥补市场缺陷，承担市场做不了和做不好的工作，服务型政府的行政出发点和归宿应当是社会整体利益最大化；企业作为市场的主体，利润最大化是它追逐的目标，生产什么、生产多少和如何生产是由市场来决定的，其行为实质上就是企业自身利益最大化。分析不同性质的国家和不同层次的政府，从运作的层面上看，其基本的职能，主要反映在保护性职能、调适性职能、转移性职能、驱动性职能等四

---

① 石培华、冯凌：《红色旅游发展研究——实践探索与理论创新》，中国旅游出版社，2009，第 111~112 页。

个方面。美国学者林德布洛姆（C. E. Lindblom）强调指出："在分析基本的社会机制和制度时，必须把政治和经济联系起来。政府的主要行为很大程度上是经济性的……在世界上所有的政治制度中，大部分政治是经济性的，而大部分经济亦是政治性的。"①

减少政府对微观经济行为的干预，充分激发市场和民间活力，推动经济更有效率、更加公平、更可持续发展。在推进"五县一市"县域经济发展转型升级进程中，产业的转型升级将是重中之重。政府要建立公开透明的市场规则，废除对非公有制经济各种不合理规定和隐性壁垒，坚决破除"玻璃门""弹簧门""旋转门"。加强对非公有制企业金融、财税、创业、科技和人才等扶持，从而最大限度地激发市场主体的活力和创造力，特别是抢抓扶贫开发基于激发民营经济的巨大活力，从而促进老区人民发家致富。

第五节 注重总结发展新经验、新模式，开辟发展新途径

一 培育和推广发展经济的新思路、好模式

21世纪，井冈山革命老区要抓住发展机遇，必须注重推广县域经济发展的新模式，探索发展的新路径。

在县域农业发展方面：井冈山革命老区"五县一市"，积极探索现代农业和生态农业发展的新路子，逐步走出一条综合化、现代化的农业发展之路。近年来，当地传统农业、现代农业和生态绿色有机农业的比例发生了显著变化，其中现代农业、生态农业比重大幅上升，传统农业比重明显下降。同时井冈山还依托特色农业资源，大力实施农业产业化发展，农业产业基地和农业专业合作社发展迅速。

在工业园聚集效应方面：井冈山革命老区"五县一市"依托工业园建设，完善的城镇配套设施以及快捷、便利、高效能的城市行政管理体系，以促进县

---

① 〔美〕查尔斯·林德布洛姆：《政治与市场：世界的政治—经济制度》，王逸舟译，上海三联书店、上海人民出版社，1995，第8~9页。

域经济、社会、人与自然的和谐相处为目标，全力打造成为一个绿色、环保、可持续发展的现代化工业园。比如，井冈山市逐步建立起以电子信息、环保塑胶、绿色食品等为主要产业的工业集群，工业园聚集效应日益凸显。

在第三产业发展模式探索方面：井冈山革命老区拥有丰厚的红色、绿色旅游资源，有优良的生态环境和得天独厚的红色文化背景，有保存完好的革命旧址遗迹，如何让这些资源生动地展现在游客及世人面前，让红色文化"活"起来？井冈山老区"五县一市"积极对以旅游业为主体的第三产业发展模式进行了积极的探索，目前第三产业显现蓬勃发展之势。

二　选树典型要坚持实事求是、服水土

井冈山"五县一市"部分县（市）的后发优势明显，生态资源基础和产业基础较好，要通过增长潜力较大的乡镇或片区作试点，把一些有特色、服水土、能惠民的项目建设好。要坚持实事求是的原则，准确、全面分析产业发展基础，评估产业发展的可行性、可能性以及发展空间，谨慎选择合乎区域自身特点的产业发展路径。井冈山革命老区"五县一市"有相似的要素资源结构，但也有着区别性资源禀赋。这就要求"五县一市"在选树典型过程中要力戒"乱拔高"，要根植于当地的发展实际；要力戒"看风头、赶浪潮、凑指标"等随意性做法，必须尊重科学发展观的要求；要力戒只重视选树典型而忽视执行力，努力使典型的作用在其他县域扎根发芽，真正产生生产力。同时在"五县一市"选树典型过程中，体现国家、江西和湖南等不同地域县域经济发展的新形势新动态，能够把握时代的脉搏，既要发挥典型示范的先行先试作用，又要发挥其示范引领带动作用；同时要增强典型的影响力，通过区域产业品牌、企业品牌等塑造其对外影响力，形成其他区域自动学习和借鉴的辐射力与带动力。

具体说来，"五县一市"地区要在相互借鉴学习的基础上求同存异，立足县情，择业发展。同时，要深入分析各自独特差异化的自然资源、人文资源、红色资源，坚持因地制宜，选择的产业发展要能深入契合当地经济社会发展实际，能充分利用当地资源优势，特别是劳动力资源优势转化为人力资本的优势，努力为老区民众创造更多的就业机会，为老区人民财富增长、幸福指数的提高开辟新的路径。

三　点上经验总结要有利于 "五县一市" 面上的推广与传播

从目前老区比较成功的产业发展例子来看，总的一条经验是：因地制宜发展产业，高起点规划，完善政策配套，集中资源要素，遵循产业发展规律，分步实施，协调推进。同时，不断吸取经验教训，总结规律，不断完善发展产业政策，丰富产业发展实践，努力走出一条农业增产、农民增收、农村繁荣的区域发展之路。

比如当前，为更好地指导井冈山革命老区 "五县一市" 旅游业的发展，应全面分析井冈山市旅游发展的案例，总结经验教训，好的经验及时在其他五县推广，对教训则引以为戒。井冈山市旅游开发取得的主要经验如下。一是打品牌。紧紧抓住品牌是核心竞争力，井冈山市坚持打好井冈山红色旅游这张牌，动员全市人民维护好、宣传好这个品牌；同时加强品牌的对外宣传力度，扩大井冈山品牌影响力和知名度。也正因为打好了井冈山的品牌，井冈山旅游飞速发展，得到中央、省、市各级政府关注和支持，许多实力雄厚大型企业到井冈山投资置业发展，井冈山旅游走上了一条良性循环发展的道路。二是重建设。井冈山坚持旅游开发，基础设施先行，加大基础设施投入，高速公路、铁路等一批交通基础设施先后建成投入使用，形成了一条条连通井冈山与全国各地的大动脉。另外，一批批旅游基础设施不断完善发展，如城市旅游公交运营提高了景区运营效率，同时降低碳排放，保护了生态环境。三是促发展。井冈山以旅游发展为龙头，带动一大批生态农业、手工业、食品加工业、餐饮住宿服务业的发展，形成旅游产业为主导、多产业共同繁荣的经济发展格局，较好地解决了农村剩余劳动力城镇就业问题，使农民收入得到很大提高，城镇化建设加快推进。井冈山旅游开发成功的例子就是很有典型意义的点上经验，值得其他五县借鉴。只要坚持结合各自实际，选择适合自己的产业发展之路，老区、山区、贫困地区发展的领域就宽，路子就广。

四　注重相互学习借鉴平台建设的交互性、稳定性和制度化

"五县一市" 都属于井冈山革命老区，具有相同的县情，在发展中都面临相似的困惑，这就更加要求 "五县一市" 要加强沟通，相互借鉴，相互学习和交流。从大井冈山革命老区的视角出发，整合整个区域内的资源，优化

各种资源要素在"五县一市"内部的流通交换，共同推进区域经济一体化、公共服务一体化、交通一体化和民生扶贫一体化，从而打造对外具有整体竞争力的"新三区"。要以罗霄山扶贫开发规划为平台，打破"五县一市"行政区划界限，建立"五县一市"联席制度，推动六个县（市）在平台建设中互惠互利、互促互进、互通互联，形成"1＋1＋1＋1＋1＋1＞6"的整体合力。

（一）增强平台建设使用的交互性

交互性在这里指两个县域或者多个县域之间能够共同承担区域经济社会发展的责任，也能够共同分享彼此合作达到的成果。在这里主要指"五县一市"能够共同组建井冈山革命老区县域经济统筹协调发展机制，能够优化各类发展要素之间的配置，形成对外的整体竞争力和影响力，形成"1＋1＋1＋1＋1＋1＞6"的整体合力。如要统筹产业布局，避免县与县之间的无序竞争，并根据"五县一市"的产业联系形成具有竞争力的产业集群，从而拉动县域经济转型升级。

（二）增强区域协作的稳定性

在产业发展进程中，"五县一市"应着眼区域长远发展格局，建立稳定性的区域一体化协作机制，探索建立政务、商务和公共服务信息资源共享平台，建立统一的劳务培训和人才市场，实现劳务信息资源共享。建立健全社会管理协作机制，超前布局区域基础设施、公共服务、产业项目等，从而为打造现代新型"革命特区"奠定基础。重点要充分发挥六个县城和重点城镇的辐射带动作用，对区域内其他县域的农业转移人口全部放开，实现区域内以城带乡、以工促农的良好局面，通过区域协作着力打破城乡二元结构，推进城乡统筹一体化发展。

（三）推进"五县一市"互动协调发展的制度化

县域之间学习平台建设的交互性、稳定性的维持有赖于制度化，也有赖于中长期相结合的发展规划和战略的制定。"县域经济发展战略的制定，一方面既要把经济发展、社会发展和科技进步结合起来，也要将物质文明建设和精神文明建设结合起来。另一方面更要体现和贯彻全国总的经济发展战略要求。同时，县域经济发展战略的制定要考虑到经济发展战略的一般性和县域经济的特殊性。"① 如在旅游方面，可以设立"五县一市"旅游一票制制度，游客凭借一张票可以通游"五县一市"的景点。又如可以以井冈山机场为中心，推行"五县一市"贯通高速铁路的一体化交通模式等。通过制度设计和贯彻落实，真正形成一种相互促进、相互学习借鉴、统一行动的良好局面。

第六节　把握体制机制创新的时代性、协调性和全面性

一　把握体制机制创新的时代要求

当前世界正进入快速变革的后金融危机时代，全球经济避险情绪继续升温，外部环境的不稳定性、不确定性将明显增加。我国也处于全面深化改革、全面建成小康社会和跨越中等收入阶段多重任务叠加的关键时期，经济发展将步入"中高速、优结构、新动力、多挑战"的"新常态"。由此，"五县一市"在发展县域经济进程中，必须适应这些大势，创新体制机制，破解县域经济发展转型难题。同时要根据省内外宏观环境的变化和县域经济发展中遇到的即时性问题，与时俱进地完善相关体制机制，保证县域经济持续、健康、稳定地发展。

要对照《国务院关于支持赣南等原中央苏区振兴发展的若干意见》和《罗霄山片区区域发展与扶贫攻坚规划（2011—2020年）》内容，逐项研究，积极对接有关部门，抓紧出台各项配套措施，落实到具体项目上，使中央扶持老区的政策能在"五县一市"生根、开花、结果。结合井冈山革命老区的特点，在产业选择和发展上应注意以下几点。

第一，优化农业区域布局，推进农业结构调整，大力发展特色农业。严格基本农田保护，稳定粮食播种面积，加强生产能力建设，提高粮食生产水平。积极发展蜜橘、茶叶等特色农产品生产。大力发展油茶、毛竹、

---

① 张秀生：《中国县域经济发展》，中国地质大学出版社，2009，第202页。

苗木花卉以及林下经济等特色林业产业，支持油茶示范基地县建设。推动绿色和有机产品认证及国家农产品地理标志登记保护。

第二，利用生态优势，大力发展农林产品加工业。充分利用天然的自然资源，有度、有节发展农林产品深加工业。实施品牌战略，提升发展茶产业，积极推进油茶、果蔬等产品加工，增加农产品附加值。如依托井冈山丰富的竹木资源，大力促进竹林产品深加工和精细加工，积极发展竹纤维制品、竹制地板等加工业。对当前已形成一定规模的井冈山陶瓷产业，要加强产业引导，大力发展循环经济，提高矿产资源利用效率。

第三，壮大文化产业。提升井冈山精神、苏区精神影响力，推动红色文化发展创新，创作一批红色题材的优秀作品，做大做强以《井冈山》实景演出为代表的歌舞、影视、戏剧文化品牌，支持红色影视基地建设。培育和引进文化龙头企业，打造文化精品工程，推动文化产业集聚发展。

第四，开发旅游资源。依托红色教育基地、古村古镇和风景名胜区、森林公园、湿地公园、自然保护区等旅游资源，重点发展红色旅游、生态旅游、乡村旅游、历史文化游。加强旅游资源整合和旅游产业区域合作，构建旅游开发协作网络。以瑞金为中心，构建原中央苏区旅游圈；以井冈山为中心，推进井冈山"五县一市"旅游产业统筹规划与协同发展，构建大井冈山红色与生态文化旅游协作区。开发建设精品旅游线路，加强旅游宣传推介，增强旅游产业整体活力和综合实力。

二 全面深化 "五县一市" 县域经济发展的体制机制改革

制度经济学认为："制度变迁是制度创立、变更及随着时间而被打破的方式，结构变迁的参数包括技术、人口、产权和政府对资源的控制等，正是制度变迁构成了经济长期增长的源泉。"[1] 一种制度在它包含的利益格局发生变化，或者说当一种经济制度的潜在收益丧失殆尽时，其内在就会形成一种要求变迁的动力，而体制机制创新便是这股强大动力。中部崛起战略实施以来，"五县一市"在鄱阳湖城市群和长株潭城市群的辐射带动下，各自确定了自己的发展定位，选择自己的发展主业。在当前改革进入深水区的历史大背景下，"五县一市"必须强化体制机制创新，坚持用改革的办法破解发展难题，抓住经济社会发展中的突出矛盾，深化重点领域和关键环节改革，进一步形成有利于科学发展的体制机制，从而实现发展的全面性、协调性、可持续性。

当前，改革已进入"深水区"，县域经济的进一步发展离不开社会体制、经济体制、政治体制的进一步完善，"五县一市"应以体制、机制改革创新为县域经济发展的突破口，理顺政府职能和市场的关系，推动政府职能重点由经济建设向更加关注社会管理、公共服务方面转变，着力加快推进经济体制改革、加快要素市场体系建设、鼓励非公有制经济发展。基于"五县一市"的地域和经济联系，应加速建立完善的区域协调发展机制，积极推进区域创新，加大落后地区基础建设投入，拉动经济增长；合理配置资源，进一步完善功能区划，明确各区域的定位。

三　注重"五县一市"县域振兴发展的协调性

在大交通、促大旅游的发展对接上，井冈山老区"五县一市"要抓好从点、线、面上的连接，为全面发展县域经济创造必要前提与基础。"五县一市"的经济协调发展是促进老区全面建成小康社会、缩小与其他地区差距的必然要求。各地从逐步完善协调发展评价体系出发，夯实协调发展的产业布局，做到以点带面，点面结合全面推动县域经济的协调发展。"五县一市"要积极依托自己的优势、特色，把握发展机遇，抓住发展关键，在改革开放促发展的时代氛围中，不仅要寻求自身的发展，还应从"五县一市"的全局出发，既要发挥各自的优势、搞出特色，还要与兄弟县市加强横向联系，抱团发展，形成区域经济发展的合力。

以相对独立、相互竞争为主要特征的传统县域经济发展格局正在悄然发生变化。在区域经济大发展的当今时代，县域经济发展出现了：突破行政区域界限，放眼全省乃至全国的更大区域空间谋划县域经济发展；县域之间的竞争与以往相比更趋理性、有序，竞争中有合作、以竞争促合作、错位竞争、差别发展已成为县域经济发展的主旋律；通过资本助推、科技支撑、人才引进，实现由资源资金支撑向人才资本支撑的重大转变等新的趋势和特点。①

　　一是由县域空间布局向区域空间布局转化。区域一体化的发展，促使区域内各县市不论穷富、基础、条件好坏，都必须超出县域的行政界线按照推进一体化的要求来考虑资源配置、资金流动、产业布局、项目摆放、公共服务统筹等。

　　二是由县域的竞争格局向区域的合作格局转化。协作是区域经济发展的必然，在区域经济一体化的大背景下，这种协作既体现在交通体系营造同城效应上，也反映在人流、物流、信息流的交融上，出现了相互投资、经济融合、共赢发展的新趋势，正在向融合发展、一体发展、组团发展方向前进。

　　三是由单一产业形态向优化组合的产业形态转化。从井冈山革命老区"五县一市"县域内部看，产业形态已由以种植、养殖为主的传统农业县，向贸工农多种产业并存的产业格局转变。出现了区域大旅游和以县城商贸区为龙头、以特色商业区为支撑的新型商贸业态。统筹谋划井冈山文化产业园等"五县一市"红色绿色景区打造、文化旅游产品开发、游客服务中心建设、旅游线路规划、景区景点的一体宣传推介，形成集旅游咨询、产品开发、客运、餐饮、住宿等综合服务于一体的大旅游产业形态正在逐步成为老区县域经济新的增长点。

　　四是由传统经济模式向循环经济模式转化。绿色、低碳、可循环项目的实施，节约了资源，提升了产业竞争力。

　　五是由资源资金支撑向人才资本支撑转化。传统的县域发展经济一靠资源，二靠资金。现在，不少县通过资产资本重组、风险投资、股份置换和引进人才、培养人才，打造人才高地等有效措施，强化资本运作，拓展了资源资金的来源渠道，加强职业培训，围绕产业发展有针对性地培养急需人才和产业工人，实现了由资源资金支撑向人才资本支撑的重大转化。

　　井冈山革命老区"五县一市"在促进区域发展过程中，既要保持各自特色和各自优势，又要形成优势互补、协同发展的区域整体发展态势。一要抱团发展。"五县一市"要拧成一股绳，市县政府和人民要达成共识，

---

① 薛蒙林：《从区域合作看县域发展经济》，《经济日报》2012年6月19日。

作为一个整体，争取中央、省部级政策、资金、项目支持。二要统一规划。要坚持全域发展的理念，着手制定井冈山革命老区"五县一市"整体规划，高起点，高标准，把老区建设成"新三区"。三要加强沟通。"五县一市"要加强人流、物流、信息流的交往沟通，构建环"五县一市"的交通圈、经济圈。四要一同建成全面小康社会。"五县一市"要充分利用当前国家支持原苏区振兴和罗霄山片区扶贫开发的政策，加快经济社会发展，增加居民收入，提升居民幸福感，不辜负国家政策的支持，不拖中部崛起的后腿，确保在建党 100 周年时全面建成小康社会。

结　语

井冈山革命老区"五县一市"振兴区域发展，壮大县域经济是主体，改善民生是关键，城乡统筹、科学发展是主题，培育和打造区域特色（特别是红色文化、创意产业、绿色生态产业）是生命力，完善基础设施，提升产业水平，保护资源生态，推进文化传承是重点，优化制度安排，加大扶持力度，推进集中连片扶贫是重要抓手，努力实现新型工业化、信息化、新型城镇化、农业现代化的联动协调发展是方向。解决区域问题，振兴老区发展，要避免再走先城市后农村的"二元经济"老路，加快推进城乡公共服务一体化发展步伐，努力使"五县一市"的基础设施建设统筹规划，联网配套，社会保障特别是养老和医保城乡统筹安排逐步趋于平衡；市场体系建设全面覆盖，产业发展统筹规划。当前要特别抓好大井冈、红色旅游产业的发展统一规划、合理开发、科学管理，真正把井冈山欠发达地区的后发优势建立在自身特色及比较优势上。

在市场经济的条件下，推动和促进欠发达老区、山区"五县一市"县域经济的发展，要注意克服"各自为政""画地为牢""以邻为壑"的弊端，消除省际、市（地级市）际、县（市）际之间的经济壁垒，打破市场分割、条块分割，资源利用率低，市场体系不健全的欠发达地区县域经济发展怪圈，实现老区县域之间内部的资源、要素等优化重组与合作共赢，促进"五县一市"县域经济的健康协调和可持续发展。

把井冈山革命老区"五县一市"作为特区市来建设，具有积极而深远的意义。一是有利于克服两省三市（地级）和"五县一市"的垂直的条块分割行政管理体制给县域经济发展带来的弊端，形成"五县一市"地区"1＋1＋1＋1＋1＋1＞6"的整体合力和群体效应，为实现扶贫开发与经济转型升级发展创造样板。二是有利于解决中部崛起过程中，老区、山区、欠发达县域经济的平衡协调发展问题，促进长株潭地区、环鄱阳湖城市群建设环鄱阳湖地区、赣南等原中央苏区的协调发展。为妥善处理"梯度发展战略"对"五县一市"振兴发展带来的多重复杂影响和关系，形成合理的制度安排，为充分发挥中央、省、地级市和"五县一市"的积极性、创造性搭建平台，提供试验示范园地。三是有利于充分利用井冈山革命老区"五县一市"的红色优势、生态优势，形成特色经济与经济特色，为老区绿色崛起特别是生态与经济的良性转换、县域经济转型升级整体水平的提升创造条件，进而为实现老区与全国同步建成小康社会开辟新的路径。

第一节　建设"新三区"需要继续关注的几个问题

一　政策的统一性、平衡性、协调性

发展壮大县域经济，是推动井冈山革命老区"五县一市"工业化、城镇化、农业农村现代化的有效途径，也是促进老区民生改善的根本支撑点。要充分利用现有国家和省里支持发展政策，推进井冈山革命老区经济社会全面发展，稳妥有序推进各项事业齐头并进，并正确处理好经济发展和民生改善的关系、扶贫与开发的关系、经济发展与生态建设的关系、城镇化与工业化的关系等，增强政策的协调性、统一性、平衡性。

要按照"区域发展带动扶贫开发、扶贫开发促进区域发展"的基本思路，发扬井冈山革命老区精神，锐意进取、开拓创新，加强内部合作、对外开放，大力解决基础设施薄弱、公共服务业均等化程度偏低、社会事业滞后等制约发展的突出问题，在重点领域和关键环节改革上先行先试，切实保障和改善民生，提升老区人民的生活质量和幸福指数，为与全国同步建成小康社会奠定基础。要积极探索老区振兴发展与扶贫攻坚统筹推进的新路子，加快承接沿海产业转移，发展壮大特色优势产业，培育和发展壮大红色旅游、生态农业、加工制造业等特色优势产业，加速推进产业创新和企业创新，推动产业集群式、链条式发展，增强县域经济的核心竞争力。要将"五县一市"作为一个版块和整体，用共建共享、互通互联的方式统筹加强交通、能源、公共服务等基础设施建设，促进基本公共服务一体化，为县域经济的发展和社会的和谐进步提供强大支撑。

要把建立和完善生态补偿体系作为建立生态文明制度体系的一项重要举措落到实处。要通过政府补偿、社会补偿、生态移民补偿、国际合作补

偿等形式，为"五县一市"处理好生态环境保护和发展的关系，因地制宜地选择好发展产业提供保障。生态优势是"五县一市"的绝对优势，要在大力发展县域经济的进程中，加强生活污水和工业污水处理，防治农村面源污染，大力推进绿色发展、循环发展、低碳发展，积极发展循环经济、低碳经济，保护良好老区的生态环境，努力实现经济与生态的融合发展。

要把扩大内需、聚集优势资源推动县域经济生产效率提高、发展方式转变落到实处，增强全社会综合实力，努力使支持老区的优惠政策特别是支持重大项目建设、加大资金支持力度、推进生态文明、教育发展改革试点示范、促进开放合作、强化人才保障等含金量高、刺激强度大的政策能落地生根、开花结果，进而为"五县一市"实现平衡协调发展、共同发展、跨越发展夯实基础。

二 发展的整体性、一体化、可持续

把井冈山革命老区建设成"新三区"，应充分考虑区域发展的整体性、一体化和可持续性。一要实行整体性发展。要以经济一体化和区域一体化发展为目标，打破"五县一市"在发展县域经济过程中的条块分割壁垒，形成"五县一市"抱团发展的合力，达到"1 + 1 + 1 + 1 + 1 + 1 > 6"的发展效果。要正确处理好做大总量与调整结构、传统产业与新兴产业、经济增长与生态环境、市场主导与政府引导的四种关系，用足用好用活中央和省市各级扶持支持老区、山区、欠发达地区县域经济发展的政策。

要坚持以井冈山革命老区拥有的丰富的"红色、绿色、古色"旅游资源为基础，大力发展现代旅游业以及相关配套的服务业，并积极创造条件促进其与其他关联产业之间的融合互动发展。一要树立保护就是发展的意识和绿色、低碳的发展理念。加大农业生态保护开发力度，发展精品、优质、高效现代农业、生态农业，并着力延伸产业链，促进农民脱贫致富；要依托"五县一市"丰富的油茶、竹木资源，发展与旅游有关的加工业，提高产业附加值，促进老区第一、第二、第三产业的协调、互动发展。二要实行一体化发展。应根据当前"五县一市"发展实际，建立区域内以及"五县一市"与萍乡、吉安、株洲等城市公共服务一体化建设的协调机制，统筹教育、卫生、文化、就业与社会保障等公共服务领域的规划建设，方便群众跨行政区域就近就学、就医和就业。要正视当前城乡"二元"发展突出的问题，通过大力加强基础设施建设，推进"五县一市"新型城镇化的稳步协调发展，解决制约农村经济社会发展的瓶颈问题；大力发展第二、第三产业，为广大农民从以农业生产为主转到第二、第三产业中就业，加入农民转为市民的人群中，提高收入水平，促进城镇化发展，打破二元发展困境创造条件，使老区的发展惠及全体居民。三要实施可持续发展。应在加速推进县域经济发展的同时，共同保护好革命老区的好山、好水、好林、好草、好田、好路，进一步增强绿色生态优势，推进县域经济的绿色发展和低碳发展。要审慎科学选择产业发展，综合考虑环境的容量生态持续性、经济发展性和社会可承受性的要求，尊重生态规律和产业发展规律，围绕人与自然的和谐相处，努力保障井冈山革命老区"五县一市"经济社会的长期协调、可持续发展。积极建立健全生态文明制度体系，构筑"五县一市"的绿色生态屏障，全力打造在全国具有影响力的生态环境保护示范区。

三　社会事业公共服务的均等化

老区县域经济发展的主体是县域居民。社会事业公共服务体系建设滞后是制约井冈山革命老区实现全面建成小康社会目标的一大难题。虽然近几年老区社会公共服务方面投入增长较快，但由于投放不均衡，导致受益区域主要局限于县城、乡镇周边地区，农村村级层面的社会公共服务体系建设严重滞后。在促进井冈山革命老区县与县之间的协调联动、合作开发、共同发展的实践中，必须十分关注公共服务问题和区域公共服务均等化、一体化问题，否则，老区县域经济发展的成果也会由于公共服务水平的不匹配而很难惠及民生，县域经济的发展因此也将难以持续。

一要着力加大"五县一市"地区基础教育和职业教育的投入力度，办好区域内各级各类学校，培养和训练大批服务县域经济社会发展的适用型、技能型人才，创新人才培育和引进机制，为老区经济社会的发展积聚优质的人力资源。二要健全"五县一市"县、乡、村三级和城镇社区医疗卫生服务网络，切实提高老区人民的医疗保障水平。针对老区发展与全国其他地区同样面对人口老龄化问题，要创造条件不断完善居家养老、社会养老的服务体系，办好敬老院、幸福苑，保证老区人民老有所养、老有所医。就我国小康社会建设的现实而言，农业、农村现代化和公共服务均等化的重点区域在农村，农民是主体，所以"五县一市"要完善针对农村进城务工人员的相关政策和配套措施，切实解决就医、住房、社会保障和子女入学等公共服务方面的问题。三要充分利用当前支持原中央苏区振兴发展和罗霄山片区区域发展的机遇，推进以农村危旧房改造、乡村道路、饮水工程等基础设施建设；加强农村医疗卫生、农村教育、农村公共服务支撑体系的建设；依托县域新型城镇化，推进城镇、乡村公共服务一体化建设，为全面建成小康社会夯实基础、铺平道路。四要加大"五县一市"地区农村留守儿童、农村老年人、农村妇女的关心力度，加强对困难群体的技能培训和职业教育，切实提高他们就业创业、自力更生的能力和素养。要通过产业帮扶和劳动力素质的提高，促进"输血"与"造血"相结合，充分激发老区经济社会发展的内生动力。

四 绿色、红色产业发展应具有区域特色和成长性

百姓富、生态美是老区县域经济社会发展的追求目标。既要金山银山，更要绿水青山，必须让老区的绿水青山充分发挥经济效益、社会效益和生态效益。绿色、红色是井冈山革命老区"五县一市"产业发展的亮点，也是支撑点。绿色，是井冈山老区"五县一市"的一道风景，绿色也是井冈山革命老区发挥后发优势的本钱。因为资源生态既是老区人民生产生活的投入品，也是老区人民生活不可须臾离开的外在环境。绿色体现在井冈山革命老区具有独特的天然的自然风光，红色体现在井冈山革命老区在中国革命史上独特的、不可复制的历史地位和贡献。绿色产生、红色产业的发展要着力培育区域特色和成长性。

井冈山革命老区各县市在依托绿色、红色资源发展产业中要依托自身的优势，充分发掘各自特色、突出的资源生态优势，形成各县特色明显，优势互补的绿色、红色旅游开发。一方面，井冈山革命老区要充分利用这些资源不断做大做强生态农业及现代服务业，同时在发展过程中应注重"红""绿""古"资源的综合开发利用，为整体效益的形成创造条件。具体来说，要围绕把红色资源利用好、把红色传统发扬好、把红色基因传承

好，以集培训、参与、体验为一体的红色培训"井冈模式"为引领，大力
发展红色教育培训产业，进一步激活红色基因，发扬革命传统，树立科学
信仰；要不断进行文化体制机制创新，深度挖掘"五县一市"红色文化内
涵和优势；不断丰富旅游特色产品，拓宽旅游商品市场；要改变单一的门
票旅游模式，充分激活其他旅游要素，在"吃、住、行、游、购、娱"等
旅游要素方面创造旅游价值。另一方面，要加强"五县一市"绿色、红色
产业的发展协作，推进经济一体化发展。要加速构建大井冈山红色与生态
文化旅游协作区，打造"五县一市"红色旅游精品线和串联"五县一市"
的旅游交通体系，要以红色旅游、红色文化传承同绿色生态保护与享用的
深度融合激发旅游业发展的爆发力，以红色文化旅游、文化创意推动旅游
产业的转型升级，培育县域经济发展的核心增长极。同时各个县的发展应
体现自身特色，避免一哄而起、盲目发展，使兼顾长远和留足子孙后代发
展的资源及产业和经济成长空间的每件实事都落到实处。

五　后发优势释放要有利于发展强项更强和整体性效应的发挥

井冈山革命老区在 21 世纪显现出来的后发优势主要体现在红绿色资源
丰裕、红色文化软实力较强，具体包括土地、劳动力、地表及地下资源、
旅游资源及生态资源等方面。"五县一市"后发优势能否正常释放，要考
虑中部崛起战略和支持罗霄山脉中段集中连片扶贫开发政策的协同配套实
施情况。在全国经济文明建设、社会文明建设、政治文明建设、文化文明
建设、生态文明建设全面推进的大背景下，井冈山革命老区"五县一市"
要实现跨越发展，就应找准自身的比较优势，发挥后发优势，大力依托后
发优势，发展特色优势产业，并突出各自特色，构建"五县一市"区域连
片，优势互补，特色鲜明发展新格局、新模式，使优势项目更优，特色产
业更特，发展后劲更足。

要坚持依托红色文化底蕴深厚的优势，抢抓机遇，集中人力、物力，
着力挖掘红色文化旅游资源，把产业关联度高、带动作用大的井冈山革命
老区红色旅游业做大做强，把大井冈山旅游品牌进一步打响。要依托生态
优势，积极拓展农业发展新路径，大力推广"农旅结合、以农促旅、以旅
强农"的乡村旅游发展模式，积极发展高效生态绿色农业；要依托"红"

"绿""古"资源的集聚效应，拓宽服务业发展新渠道，培育新的服务业增长点、延伸服务业产业链。要通过优化资源整合，制度安排，最终把生态优势、资源优势变成经济社会发展的优势，使过去落后贫穷的井冈山革命老区在经济社会发展大潮中焕发出新的生机和活力，为全国贫困地区、革命老区、山区发展树立发展典型和标杆。

六　和谐秀美的"新三区"建设，必须始终坚持以提高老区人民幸福指数为出发点和归宿

贯彻节约资源和保护环境的基本国策，是发展老区县域经济的重要任务。把生态文明建设融入经济建设、政治建设、文化建设、社会建设各方面和全过程，是建设的"新三区"必须紧紧抓住的关键和根本，也是必然要求和主要途径。而提高老区人民幸福指数既是建设"新三区"的出发点和归宿，也是检验建设效果好坏的标准。必须坚持以人为本，围绕建成"新三区"，切实抓好四个坚持。

一是坚持生态立区。生态好是老区最具核心竞争力的资源，是井冈山革命老区中"五县一市"的立区之本、发展之基、活力之源。生态文明建设是经济社会可持续发展的必然要求，县域经济必须调整产业结构，转变发展方式，大力推进生态文明建设，在节约资源和保护环境的基础上，促进县域经济可持续发展。大力发展生态经济，是欠发达地区县域经济发展的一条重要出路。发展县域生态经济，就要坚定不移地把生态作为立县之基，加大环境保护力度，充分挖掘和发挥生态优势，把生态经济作为县域经济发展新的增长点。①

坚持保护好生态资源，建设好生态环境，发挥好生态效益。要加速构筑"五县一市"一体化绿色生态屏障，进一步增强绿色生态优势，推进县域经济的绿色、低碳发展。全面推行"低能耗、低污染、低排放"，倡导低碳生活方式，以生态型旅游的发展，带动绿色型农业、环保型工业的发展，进一步将生态优势转化为发展优势，为建设国家级和谐秀美的宜业、宜居、宜游的幸福区"示范区"创造条件。

---

① 倪荣远：《县域生态文化建设与县域生态经济发展刍议》，《农村经济与科技》2008 年第 12 期，第 86～87、119 页。

二是坚持旅游活区。旅游业是井冈山革命老区"五县一市"最具活力的朝阳产业，生态优势和文化优势只有通过发展旅游才能转化为产业优势。发展旅游业可以促进县域经济结构调整（包括产业、农业、工业的结构调整）；带动相关产业（如建筑业、交通运输业、轻工业、商业、餐饮业、宾馆业等）快速发展；可以促进生态环境保护和建设；扩大就业门路，保障社会稳定；同时促进城市建设、乡村建设。① 旅游产业能够有效整合人流、物流、信息流，最终带动资金流，推动其他产业融合发展，既可富民，也可强县。努力把旅游产业作为井冈山革命老区重要的经济增长极来培育，把旅游业培育成为战略性支柱产业，并通过旅游业串联带动其他产业的大发展，为老区县市实现跨越式的发展夯实基础。

三是坚持文化强区。文化是一个区域的灵魂反映，加强老区县域文化建设，实现县域科学发展，满足县域科学发展中群众基本精神需求，促进文化为县域经济社会发展服务，经济与文化融为一体，加强文化品牌输出，推动文化影响力向现实生产力有效转化。② 文化建设是促进县域经济发展的根本内容，是县域经济发展的前提，加强县域文化建设，可以推动县域经济的快速发展，满足县域群众基本精神需求。推动文化影响力向现实生产力有效转化。③ 文化资源尤其是红色文化是井冈山革命老区中"五县一市"经济社会发展中最具独特性、不可复制和比拟的优势。红色文化，井冈山精神，苏区精神，炎帝文化蕴藏着农耕文化、中医药文化、宗族姓氏文化等丰富的内涵，在全球华人中有着巨大的覆盖面和影响力。同时，客家文化、民俗文化和红色文化构成了"五县一市"文化资源的层次性和多样性。"五县一市"丰富的古迹、古物、古建筑、革命文物和旧址。要加大力度发掘与传承井冈山革命老区的非物质文化遗产，整理与保护，营造文化事业和文化产业齐头并进的局面，形成强大的文化凝聚力、创新力、传播力、保障力和竞争力。

---

① 王青：《浅析旅游业对县域经济发展的带动作用》，《市场研究》2004 年第 4 期，第 43～44 页。
② 刘卫平：《浅谈文化建设在县域经济发展中的作用》，《大众文艺》2012 年第 16 期，第191 页。
③ 赵文彦：《浅谈文化建设在县域经济发展中的作用》，《赤子》（上中旬）2014 年第 11 期，第 37 页。

　　四是坚持人才兴区。人才资源是第一资源。硬实力、软实力的体现，归根结底要靠人才实力。把"人才兴区"战略作为先导工程来抓，是老区"五县一市"实现发展的首要任务。人才是立县之基、强县之本。革命老区实施人才强县战略，必须把人才资源作为人类社会文明、进步、发展的第一资源，只有高度重视人才资源的开发利用，县域经济才会突飞猛进。发展县域经济，既要筑巢引凤，招揽外地人才，又要慧眼识珠，擢拔本土人才，并努力培养后备人才，为县域经济的发展发挥第一作用。[①] 坚持育才为先，建立广覆盖、多层次、多形式的教育培训网络，全方位培育人才；坚持聚才为要，建立和完善聚集人才的激励机制，创造人才引得进、留得住、流得动的良好环境；坚持用才为本，用好用活人才，提高人才效能，充分发挥各类人才的作用，形成人尽其才、才尽其用、人才辈出的良好局面，为促进"输血"与"造血"相结合，激发内生动力，推进"五县一市"经济社会又好又快发展提供必要的人才保证和有力的智力支持。

第二节　振兴发展的预期及其历史、现实价值与意义

一　"老三区"变"新三区"的可能性、可行性

　　井冈山革命老区中的"五县一市"，从传统观念来看待就是典型的"老三区"，即老区就是老区、山区、贫困地区的代名词。老区代表历史定位，具有悠久传统；山区代表区域位置，地处偏远山区；贫困地区表示经济发展处于欠发达阶段。加快井冈山革命老区发展，要彻底改变"老三区"的面貌，把老区建设成为"新三区"。"新三区"是在新发展阶段，运用优逆转换的思维全面审视"老三区"，从自然、人文、要素禀赋角度为"老三区"做出的发展定位。

　　"老三区"变"新三区"既有可能性，也具备可行性。我国正处在全面深化改革、全面建成小康社会和跨越中等收入阶段多重任务叠加的关键

---

① 肖晋：《人才资源是县域经济发展的第一资源》，《职业》2012 年第 16 期，第 91～92 页。

时期，经济发展将遇到不少的新情况、新问题、新矛盾、新任务。老区县域经济的发展也是如此，既面临区域发展不平衡这个制约我国全面、协调、可持续发展瓶颈因素，也面临着经济结构不合理、科技创新能力不强、资源环境约束加剧等突出矛盾。如何把经济结构调整、科技创新驱动、资源环境保护三者联动起来，统筹把握推进转变发展方式，逐步解决不平衡、不协调、不可持续的问题，是老区县市必须面对和考虑的重大理论问题与现实问题，再加上近期中央密集出台推动区域协调发展的区域政策，在这样的背景下，"老三区"变成"新三区"正契合区域发展战略的需要，使"老三区"变成"新三区"具有可能性、可行性。同时，当前的经济社会发展阶段和我国形成的经济规模和能力，使我国能在经济战略安排上通过先富带动后富、工业反哺农业、城市支持农村等政策和措施推行，为"老三区"实现跨越发展的可能性变成建成"新三区"可行性提供了雄厚的物质基础、科学的制度安排和更好社会环境。

（一）中央、省、地级市的重视与扶持力度不断加大

近年来党中央国务院围绕促进区域经济社会协调发展，加强扶贫开发等制定了系列方针政策，出台了一系列战略措施。各有关省级、地级市支持配套的政策和具体工作措施也陆续出台。随着优先支持和保障老区、山区、贫困地区发展的项目、资金、土地等优惠政策的落实，"老三区"建成"新三区"政策条件和制度环境进一步优化，扶贫开发的政策红利进一步释放。

（二）定点帮扶、集中连片开发、先富带后富的大气候已经形成

为支持"老三区"的发展，我国充分发挥社会主义国家制度安排的优势，形成了定点帮扶、集中连片开发、先富带后富等一系列制度安排及措施，产生了很好的社会效益和经济效益。井冈山革命老区"五县一市"分别与有关部委、省直单位结对子，定点帮扶，精准扶贫等惠及老区、惠及民生的帮扶大气候已经形成，支持和帮扶效果十分显著，深得民心民意。

（三）后发的优势与结构调整的作用得到发挥

井冈山革命老区在转变经济增长方式、加快改革发展的过程中，通过积极挖掘增长潜力，培植后发优势，转变发展方式，调整产业结构，培育新的经济增长点等多措并举，为提高经济增长的质量，加速"老三区"变成"新三区"创造了条件。随着新型工业化、信息化、新型城镇化和农业现代化的联动协调推进，老区的后发优势将进一步显现。

（四）红色资源、绿色产业的开发打造了振兴老区新的增长极

"老三区"找准定位，将红色资源和绿色产业发展结合起来，形成独具特色的产业形态。当前"五县一市"的红色资源、绿色产业开发已初具规模，经济效益和社会效益正在显现，但产业规模不大，层次不高，竞争力不强、产业发展集群化程度不高是未来产业发展要解决的问题。要通过大投入刺激、大项目带动、先进技术推广使用、培育市场主体等手段，拉动老区产业特别是现代服务业和旅游业的发展，为老区县域经济的"绿色崛起"提供支撑资助。

（五）老区人力资源的优势得到释放

人是发展中最宝贵的资源。过去，井冈山老区人民为革命胜利抛头颅、洒热血，很多革命先烈把生命奉献给民族独立和人民的解放事业。今天，老区人民正奋斗在大力发展经济社会事业、努力摆脱欠发达地区落后贫穷羁绊的征程上。在这个过程中，老区人力资源是决定发展成败的第一要素。要充分发挥老区人才的积极性和创造性，一方面要用活、用好现有老区人力资源，通过引导产业发展，把农业剩余劳动力多的优势发挥出来，使人力资源的优势变成实现新的跨越发展的潜力；另一方面，要建立人才引进机制，引进优秀人才，服务老区经济社会发展。

二 历史与现实价值

历史不应该是记忆的负担，而应是理智的启迪。牢记历史，不忘初心，不辱使命，勇于担责，努力把井冈山革命老区"五县一市"建设好，

是建设和谐秀美中国的需要，是推进区域协调发展和统筹城乡一体化发展的需要，也是逐步形成城乡居民基本权益平等化、城乡公共服务均等化、城乡居民收入均衡化、城乡要素配置合理化、城乡产业发展融合化的需要。让老区、山区、贫穷地区与全国一道同步实现建成小康社会目标，其现实意义重大，历史意义深远。

表1 2012年吉安、黄冈、临沂、六盘水市有关数据对比

项　　目		吉　安	黄　冈	临　沂	六盘水
国土面积（平方公里）		25300	17453	17184	9965
人口（万人）		485.36	748.18	1003.94	285.9
城市化率（%）		41.62	39.02	51.3	38.84
地区生产总值（亿元）		1006.26	1192.88	3012.80	738.65
人均地区生产总值（元）		20755	19220	30009.76	25835.96
三次产业结构		17.96:51.72:30.32	27.90:38.97:33.13	9.70:48.5:41.8	5.86:61.13:33.01
财政收入（亿元）	总收入	143.25	154.34	170.10	156.35
	地方财政收入	103.50	121.60	141.26	103.49
全社会固定资产投资（亿元）		975.90	1102	2016.70	1088.90
规模以上工业增加值（亿元）		418.89	346.30	1550	364.42
实际利用外资（亿元）		5.65	0.36	2.40	0.90
进出口额（亿美元）	总额	27.32	4.29	78.60	10.77
	出口	25.73	3.49	39	3.96
社会消费品零售总额（亿元）		263.08	551	1571.86	182.82
城镇居民人均可支配收入（元）		20133.68	16765	24452	18764
农民人均纯收入（元）		7102.86	6141.91	9149	5210
贫困问题	人口（万人）	52.9	132.6	130.3	76
	贫困人口发生率（%）	10.90	17.72	12.05	26.58

　　说明：表中数据来自相关年鉴、统计公报、政府工作报告。

从井冈山革命老区"五县一市"的地级管辖市之一的江西省吉安市与湖北省黄冈市、山东省临沂市、贵州省六盘水市等4个地级市相关指标的比较中可以看出，加大力度扶持老区发展势在必行。从表1中反映的情况可以看出，在这4个地级市的辖区中，不少县市地处井冈山老区、大别山老区、沂蒙山老区、乌蒙山老区。这些老区县市人民—特别是老区人民，为中国革命的胜利和新中国的成立，做出了巨大的牺牲和贡献。新中国成立以来，由于区位条件和资金投入相对不足等原因，这4个老区的不少县市仍然是经济发展相对较慢、规模不大，社会事业特别是民生事业欠账较多，贫困人口较多，贫困人口发生率较高，老区、山区、贫困地区"三区"集中为一体的片区贫困落后特点还比较突出。如何把这些地方建设成为和谐秀美、宜业宜居宜游的幸福"新三区"，这既是突破行政区域界限、谋划县域经济进入优化区域空间格局、推动区域一体化发展的需要，也是推动创新驱动发展，优化组合产业新形态、催生新业态，实施可持续发展的需要，更是实现区域统筹协调发展的需要，是防止老区、山区、贫困地区在全面建成小康社会过程中掉队落伍的需要，是坚持以人为本，落实创新发展、协调发展、绿色发展、开放发展、共享发展，为人民谋得更多的福祉，是革命老区人民有更多的获得感的需要。

一是优化振兴发展井冈山老区的制度安排，加快老区人民脱贫致富步伐，是尊重历史、不忘承诺、回报老区人民的理性选择。井冈山老区人民过去为了中国革命胜利抛头颅、洒热血，为中国革命事业做出了不可磨灭的贡献。牢记这段历史，是对井冈山革命根据地和老区、苏区的尊重。在全面建成小康社会的伟大征程中，正视革命老区、原中央苏区发展滞后于全国发展水平的现实，遵循经济社会发展规律，想方设法不让老区人民与全国人民同步实现小康的目标落空，必须集中必要的人力、物力、财力、智力帮扶老区发展，让老区人民共享改革开放带来的成果和实惠。这既是对老区人民最好的回报，也是对老区革命先烈最好的告慰。

二是支持井冈山革命老区联动协调发展，能给全国老区、山区、贫困地区的发展树立标杆，提振信心。井冈山老区"五县一市"的发展现状，是全国老区发展的缩影，具有很强的代表性。在当今世界，在当代中国，井冈山革命老区振兴发展的绩效更容易在世人面前展示。消除贫困、改善民生、实现共同富裕，是社会主义的本质要求。把井冈山老区建设好、发展好，是历史、是人民、是时代赋予中国共产党的重大政治责任和执政使命。建设好井冈山革命老区，为全国老区、山区、欠发达地区的发展树立一面旗，其示范效应和引领效应不可低估。

三是加速"五县一市"的"新三区"建设,能为中部崛起战略的成功实施和全面建成小康社会添砖加瓦。"五县一市"的发展,是全面建成小康社会过程中不可回避的区域发展问题。要全方位支持"五县一市"的"新三区"建设,使涉及老区民生的义务教育、基本医疗、住房、养老、保险等得到保障,特色优势产业集群不断壮大,经济增长质量和效益有效提升,基础设施显著改善,社会事业全面发展,生态环境保护与经济社会发展良性互动格局全面形成,特别是居民收入增长幅度高于全国平均水平。要采取超常举措,拿出过硬办法,打掉老区人民与全国人民同步全面小康的最大"拦路虎",在推进精准扶贫、就业扶贫、产业扶贫、教育扶贫等工作上定政策、想良法、出实招、求实效,使"输血"与"造血"、"活血"有机结合起来,为实现贫困人口精准脱贫,打赢扶贫开发攻坚战,推动和促进老区人民与全国同步进入小康社会夯实基础,创造条件。

四是推进"五县一市"绿色生态屏障建设,能为区域生态文明建设提供样板。生态优势是"五县一市"的绝对优势,将生态文明理念融入和拓展到"五县一市"的经济建设、政治建设、文化建设、社会建设的方方面面,走出一条既保护生态又利用生态资本建设"新三区"的创新创业之路,做到既要金山银山,更要绿水青山,进而真正把"五县一市"打造成全国绿色崛起的典型示范区,为全国老区、山区、贫困地区的生态文明建设提供有益的借鉴和典型样板。

三 重要作用与意义

消除贫困、改善民生、逐步实现共同富裕,是社会主义的本质要求,是党的重要使命。解决区域性整体贫困问题,实现井冈山革命老区振兴发展的重要作用与意义主要体现在"五个有利于"上。

——有利于兑现执政党向老区人民做出的承诺,实现先富帮后富的区域协调平衡发展,打响消除贫困的攻坚战,不让老区在全面建成小康社会的进程中掉队。

——有利于履行立党宗旨,为实现扶贫攻坚不落下一个贫困地区、一个贫困群众的目标,把真心实意、实实在在地为老区人民服好务,办好事落细、落小、落实。

——有利于发挥区域经济政策制定和调整对优化区域经济空间格局，促进区域经济协调发展，构建长效联动协调机制，增强精准扶贫政策落实效果的导向性及具体指导性作用，避免政府越位和市场缺位，进一步优化制度环境，推动市场在区域协调发展中发挥主体作用。

——有利于加大对欠发达地区的支持，壮大老区县、乡、村经济实力，提高党的基层组织的战斗力、号召力和执政能力，巩固党的执政基础。

——有利于按照"五位一体"的总体布局，加强中国特色社会主义的经济文明、社会文明、政治文明、文化文明、生态文明的建设，切实解决问题区域的区域问题，特别是民生福祉问题，为实现老区人民同全国人民同步奔小康提供有力支撑。

在支持赣南等原中央苏区振兴发展、实施罗霄山片区区域发展与扶贫攻坚规划的基础上，建议中央大手笔、高规格、超常规设立井冈山经济发展特区，其辖区覆盖"五县一市"，赋予中央直接管辖计划单列市的权限。中央政府和江西、湖南两省要统筹集中优势要素资源，大力支持特区基础设施建设，大力支持特区生态环境保护，大力支持特区产业发展，大力支持改善特区社会民生事业，大力促进特区实现跨越发展。到建党 100 周年时，把井冈山老区建设成为集生产发展、生态良好、生活富裕为一体的新特区，让老区人民与全国人民一道共享改革开放的成果，让曾经为革命的胜利、共和国的建立流血流汗的老区人民不再流泪，不再因长期处于欠发达地区谋生存求发展而感到尴尬与失落。

中央高度重视老区建设为老区发展提供了最大的机会。井冈山革命老区"五县一市"要把握历史性机遇，充分利用区域统筹协调发展、先富帮后富的政策驱动和沿海产业转移的时机，让老区享受"走出去"的好处。"走出去"战略是中央对外开放的重大战略，也是"五县一市"发展升级的必然选择，是老区企业生产经营活动突破原来区域向外拓展，在跨区域的要素整合中获取新优势，实现新扩展，做大做强的有效途径。要在加大支持大项目，加大资金投入力度，培植支柱产业的基础上，发挥投资拉动效应，坚持以人为本，立足自身优势，加强规划区域联动协作，强化基础设施和公共服务一体化建设，形成"五县一市"地区的整体合力。同时，"五县一市"要立足自身优势，做大做强特色优势产业，加速传统产业转型升级，大力发展生态经济，努力提高城乡公共服务均等化特别是城乡居民收入和消费水平，促进县域经济的发展成果更多更公平地惠及老区人民。为把井冈山革命老区真正建设成为"绿色、红色产业重点发展的示范区""后发优势整体释放的振兴发展区""和谐秀美的宜业、宜居、宜游的幸福区"而不断拓展发展空间，转变发展方式，创造发展业绩。

参考文献

胡锦涛：《坚定不移沿着中国特色社会主义道路前进　为全面建成小康社会而奋斗》，《中国共产党第十八次全国代表大会文件汇编》，人民出版社，2012。

马凯：《中国资源消耗高有三大原因》，http://finance.people.com.cn/GB/1037/5493475.html，2007年3月21日。

金碚、黄群慧：《中国社会科学院工业经济研究所学科前沿报告：2011》，经济管理出版社，2012。

张建清：《世界贸易组织与中国经济发展》，武汉大学出版社，2002。

张建清、孙元元：《进口贸易技术溢出、技术的空间扩散与地区技术差距》，《南方经济》2012年第10期。

杨吾扬、梁进社：《高等经济地理学》，北京大学出版社，1997。

孙久文、叶裕民：《区域经济学教程》（第2版），中国人民大学出版社，2010。

范恒山主编，张建清、刘苏社副主编：《"十二五"时期促进中部崛起若干问题研究》，武汉大学出版社，2011。

范恒山：《中部地区承接产业转移有关重大问题研究》，武汉大学出版社，2011。

张秀生：《中国县域经济发展》，中国地质大学出版社，2009。

张秀生：《区域经济学》，武汉大学出版社，2007。

陈志刚、郭帅：《金融发展影响全要素生产率增长研究述评》，《经济学动态》2012年第8期。

郭熙保、陈志刚、胡卫东：《发展经济学》，首都经济贸易大学出版社，2009。

邱力生、黄茜：《影响我国国民经济运行安全的因素分析》，《广州大学学报》2006年第4期。

曾国安、刘廷：《影响居民收入差距对社会稳定影响的经济因素》，

《开发研究》2013年第1期。

杨树旺、刘航、易明：《产业研发空间结构演化研究——以湖北省为例》，《中国地质大学学报》（社会科学版）2009年第1期。

吴传清：《区域经济学原理》，武汉大学出版社，2008。

张卓元等：《新中国经济学史纲（1949~2011）》，中国社会科学出版社，2012。

厉以宁：《区域发展新思路——中国社会发展不平衡对现代化进程的影响与对策》，经济日报出版社，2000。

张培刚、张建华：《发展经济学》，北京大学出版社，2009。

胡鞍钢：《地区与发展：西部开发新战略》，中国计划出版社，2001。

安虎森：《区域经济学通论》，经济科学出版社，2004。

金碚：《产业组织经济学》，经济管理出版社，1999。

谭崇台：《发展经济学》，山西经济出版社，2001。

朱舜：《县域经济学通论——中国行政区域经济研究》，人民出版社，2001。

林毅夫：《发展战略与经济发展》，北京大学出版社，2004。

郝寿义、安虎森：《区域经济学》（第二版），经济科学出版社，2004。

于光远：《经济学大辞典》，经济科学出版社，2002。

伍新木、高鑫：《区域经济发展"双倒U型假说"——对倒U型理论的完善与发展》，《理论月刊》2006年第4期。

孙大斌：《由产业发展趋势探讨我国区域经济一体化动力机制》，《国际经贸探索》2003年第6期。

张维迎：《从中国改革看制度变革的演进特征》，《中国改革》2003年第11期。

沈立江等：《社会管理新探》，中共中央党校出版社，2012。

宋亚平：《咸安政改——那场轰动全国备受争议的改革自述》，湖北人民出版社，2009。

凌耀初：《中国县域经济发展战略》，学林出版社，2005。

李刚：《后发优势、学习能力与欠发达县域经济竞争力提升》，《综合竞争力》2010年第3期。

王怀岳：《中国县域经济发展实论》，人民出版社，2001。

〔美〕默里·L. 韦登鲍姆：《全球市场中的企业与政府》（第 6 版），张兆安译，上海三联书店、上海人民出版社，2006。

〔美〕查尔斯·林德布洛姆：《政治与市场：世界的政治—经济制度》，王逸舟译，上海三联书店、上海人民出版社，1995。

张军：《论县域农村经济发展的动力机制》，《改革与战略》2007 年第 2 期。

李盾、董云：《CEPA 与中国区域经济一体化的构建》，《统计与决策》2005 年第 16 期。

〔英〕彼得·罗布森：《国际一体化经济学》，戴炳然等译，上海译文出版社，2001。

罗蓉、罗雪中：《论区域经济一体化演进机制及城市主导作用》，《社会科学战线》2009 年第 9 期。

陈耀：《打造特色产业　培育新的增长点》，《现代企业》2010 年第 1 期。

〔美〕保罗·R. 克鲁格曼、茅瑞斯·奥伯斯法尔德：《国际经济学理论与政策》，中国人民大学出版社，2010。

〔英〕凯恩斯：《就业利息和货币通论》，商务印书馆，1996。

〔英〕亚当·斯密：《国民财富的性质和原因的研究》（上、下），商务印书馆，1996。

〔美〕马歇尔：《经济学原理》（上、下），商务印书馆，1997。

〔匈〕亚诺什·科尔内：《突进与和谐的增长——对经济增长理论和政策的思考》，经济科学出版社，1988。

〔美〕罗伯特·M. 索洛：《经济增长理论：一种解说》，胡汝银译，上海三联书店、上海人民出版社，1994。

〔法〕让－多米尼克·拉费、雅克·勒卡荣：《混合经济》，宇泉译，商务印书馆，1995。

〔美〕约瑟夫·熊彼特：《经济发展理论——对于利润、资本、信贷、利息和经济周期的考察》，何畏、易家详等译，商务印书馆，1990。

〔英〕阿瑟·刘易斯：《经济增长理论》，周师铭等译，商务印书馆，1999。

〔德〕阿尔弗雷德·韦伯：《工业区位论》，李刚剑、陈志人、张英保译，商务印书馆，1997。

〔美〕艾伯特·赫希曼：《经济发展战略》，曹征海、潘照东译，经济科学出版社，1991。

段树军等：《区域发展进入全面转型时代》，《中国经济时报》2013年1月18日。

陈秀山、张可云：《区域经济理论》，商务印书馆，2003。

丁栋虹：《制度变迁中企业家成长模式研究》，南京大学出版社，1999。

肖兴志、吴绪亮：《产业组织理论研究的新领域、新问题与新方法——2012年产业组织前沿问题研讨会综述》，《经济研究》2012年第8期。

伍新木：《县经济概论》，中共中央党校出版社，1988。

李晓浩：《产业集群与县域经济发展》，中共中央党校，博士学位论文，2006。

宋子良等：《在大别山设立"革命老区经济社会发展试验区"的建议》，《华中科技大学学报》（社会科学版）2011年第1期。

〔德〕鲁道夫·吕贝尔特：《工业化史》（中译本），戴鸣钟等译，上海译文出版社，1983。

夏春萍、刘文清：《农业现代化与城镇化、工业化协调发展关系的实证研究——基于VAR模型的计量分析》，《农业技术经济》2012年第5期。

陈清：《关于县域经济问题的若干思考》，《学术论坛》2004年第1期。

熊耀平：《县域经济发展理论、模式与战略》，国防科技大学出版社，2001。

王盛章、赵桂溟：《中国县域经济及其发展战略》，中国物价出版社，2002。

陈锡文、唐仁健：《解读2012年中央一号文件实录》，《农村工作通讯》2012 年第 3 期。

胡灿伟：《"中部崛起"背景下湖北省县域经济组团发展研究》，华中农业大学，博士学位论文，2011。

张金山：《中国县域经济导论》，杭州大学出版社，1997。

刘志澄：《统筹城乡发展　壮大县域经济》，《农业经济问题》2004 年第 2 期。

刘小龙：《中国县域经济论纲》，《中共云南省委党校学报》2003 年第 3 期。

许立全：《县域经济发展的若干问题》，《聊城大学学报》（哲学社会科学版）2002 年第 6 期。

王运生：《关于县域经济中的创新体系建立探讨》，《中共山西省委党校学报》2001 年第 2 期。

谢自奋、凌耀初：《中国县域经济发展的理论与实践》，上海社会科学院出版社，1996。

闫冠宇：《县域经济与城镇化互动发展的内在机理研究》，《武汉大学学报》（哲学社会科学版）2008 年第 3 期。

赵玉芝、董平：《江西省县域经济差异特征及其成因分析》，《人文地理》2012 年第 1 期。

杨建军：《县域经济的可持续发展分析》，东北大学，博士学位论文，2006。

梁兴辉、王丽欣：《中国县域经济发展模式研究综述》，《经济纵横》2009 年第 2 期。

王青云：《县域经济发展的理论与实践》，商务印书馆，2003。

王传民：《县域经济产业协同发展研究》，北京交通大学，博士学位论文，2006。

李英策：《试论我国区域经济发展的三个阶段及其历史演进》，《大众商务》2009 年第 8 期。

陈华、刘永新：《区域经济增长理论与中国区域经济非均衡协调发展》，《国际技术经济研究》2006 年第 2 期。

孙大斌：《由产业发展趋势探讨我国区域经济一体化动力机制》，《国际经贸探索》2003年第6期。

孙学文等：《中国县经济学》，中国经济出版社，1990。

王德第、荣卓：《县域经济发展问题研究》，南开大学出版社，2012。

沈满洪：《生态经济学》，中国环境科学出版社，2008。

孙瑛、刘呈庆：《可持续发展管理导论》，科学出版社，2003。

周海林：《可持续发展原理》，商务印书馆，2004。

周叔莲、郭克莎：《中国城乡经济及社会协调发展研究》，经济管理出版社，1996。

陈栋生：《经济布局与区域经济研究》，东北财经大学出版社，1990。

张可云：《区域经济政策》，商务印书馆，2005。

〔英〕伊特韦尔等编《新帕尔格雷夫经济学大辞典》（中译本）（第2卷），陈岱孙主编、译，经济科学出版社，1992。

〔美〕西蒙·库兹涅茨：《现代经济增长》（中译本），戴睿、易诚译，北京经济学院出版社，1989。

芮明杰：《产业经济学》（第二版），上海财经大学出版社，2012。

周金堂、张建清：《抓住结构调整的重点难点》，《经济日报》2012年6月1日。

钟茂初：《可持续发展经济学》，经济科学出版社，2006。

〔美〕康芒斯：《制度经济学》，于树生译，商务印书馆，2006。

冯之浚等：《区域经济发展战略研究》，经济科学出版社，2002。

张军扩、侯永志：《中国：区域政策与区域发展》，中国发展出版社，2010。

王长远：《县域经济发展战略》，中国经济出版社，1993。

杨开忠：《改革开放以来中国区域发展的理论与实践》，科学出版社，2010。

李平、陈耀、郭华巍：《中国区域经济学前沿（2010/2011）》，经济管理出版社，2011。

高焕喜：《我国县域经济发展中城乡统筹机制形成研究》，中国财政经济出版社，2007。

姚超雄：《县域经济发展战略研究》，武汉大学出版社，2008。

周金堂:《国家背景下的工业化与县域经济发展》, 经济管理出版社, 2005。

Gibbs, D., Prospects for an Environmental Economic Geography: Linking ecological modernization and regulationist approaches, *Economic Geography*, 2006, 82 (2): 193 – 215.

Costantini, V., M. Mazzanti and A. Montini, Environmental Performance, Innovation and Regional Spillovers, Paper presentedat the DIME Final Conference, (2011) 6: 8.

Brereton, F., J. P. Clinch and S. Ferreira, Happiness, Geography and the Environment, Ecological Economics, 2008, 65 (2): 386 – 396.

Hall, R. and C. Jones, Why do Some Countries Produce So Much More Output per, *Quarterly Journal Economic*, 1999, 83 – 116.

Kelly, P. F., Spaces of Labour Control: Comparative Perspectives from Southeast Asia, *Transactions of the Institute of British Geographers*, 2002, 27 (4): 395 – 411.

Rachel Murphy Fertility, Distorted Sex Ratios in a Rural Chinese County, Culture, State, and Policy, *Population and Development Review*, 2003, 29 (4): 595 – 626.

Samersov V. Trepashkol, Power Consumption of Systems of Plant Protection as Criterion of Their Ecological Safety, *Archives of Phytopathology and Plant Protection*, 1998, 31 (4): 335 – 340.

Jan Tinbergen, International Eeonomic Integration, Amsterdam, Elsevier, 1965.

Mankiw, N., Gregory, Macroeconomics, Harvard University Press: Cambridge, 1992.

Mc, Whinney Wiii, Paths of Change: Strategic Choices for Organizations and Society, Sage Publications. Santa Monica C. A., 1992.

Meadows, Doneia, Indicators and Information Systems for Sustainable Development, The Sustainability Institute, 1998.

Coe, N. M. and M. Hess and Yeung H. Wetal, "Globalizing" Regional

Development: A Global Production Networks Perspective, *Transactions of the Institute of British Geographers*, 2004, 29 (4): 468 – 484.

Hayter R. , *Environmental Economic Geography*, Geography Compass, 2008, 2 (3): 831 – 850.

Attfield, R. , *The Ethics of Environmental Concern*, *Athens and London*, The University of Georgia Press, 1991.

Young-Han, Kim, The Optimal Path of Regional Economy Integration Between Asymmetrie Countries in the North East Asia, *Journal of Policy Modeling*, 2005, (27) .

Junxno Kim, Economic Integration of Major Industrialized Areas: An Empireal Tracking of the Continued Trend, *Technological Forecasting and Social Change*, 2001, (67) .

Laura Resmini, Economic Integration, Industry Location and frontier Economies Intransition Countries, *Economic Systems*, 2003, (27) .

Levine, R. and D. Renelt, A Sensitivity Analysis of Cross-country Growth, *The American Economic Review*, 1992, 4 (82): 942 – 963.

Lowe, Emest A. , Stephen R. Moran, and Douglas B. Holmes, Eco-Industrial Parks: a Handbook for Local Development Teams. Indigo Development, RPP International, Emeryville, C. A. (1997.

Florida, R. , C. Mellander and K. Stolarick, Inside the Black Box of Regional Development: Human Capital, the Creative Classand Tolerance, *Journal of Economic Geography*, 2008, 8 (5): 615 – 649.

Michael yon Hauff and Martin Z. Wilderer, Eco-Industrial Networking: A Practicable Approach for Sustainable Development in Developing Countries, Presentation at the Helsinki Symposium on Industrial Ecology and MaSerial Flows, Helsinki, 2000.

Martin R. and Sunley P. , Path Dependence and Regional Economic Evolution, *Journal of Economic Geography*, 2006, 6 (4): 395 – 437.

Smirnov, Measuring Self-sustainability of Economic Development County Level, *The Annals of Regional Science*, 2002, 36 (4): 683.

Boudeville, J. , *Problems of Regional Economic Planning*, Edinburgh University Press, 1966.

Baldassare M. Suburban, Communities: Change and Policy Response. JAI, Press Inc. , Greewich CN, 1994, 12 (6): 236 –315.

Cynthia Miidred Duncan, Civic life in Gray Mountain: Sizing up the Legacy of New England's Blue-collar Middle Class, *The Journal of Socio-economics*, 2001, 30 (2), 133 –137.

Myrdal, *Gunnar, Economic Theory and Underdeveloped Regions*, Duckworth, Methuen, 1957.

Posner, M. , *International Trade and Technical Change*, Oxford Economic Papers, XIII , (1961) .

Sebnem, Kalemli-Ozean, Bent, E. , Sorensen and Oved Yosha. Economic Integration, Industrial Specialization and the Asmetry of Macroeconomic Fluctuations, *Joural of International Eeonomics*, 2001, (55) .

Salvador Barrios and Juan Jose de Lucio, Eeonomic Integration and Regional Business Cycles Evidenee from the Iberian Regions, Oxford Bulletin of Economics and Statisties, 2003, 4.

Asheim, B. , P. Cooke and R. Martin, Clusters and Regional Development: Critical Reflections and Explorations, Economic Geography, 2008, 84 (1): 109 –112.

Oleg Smirnov, Measuring Self-sustainability of Economic Development at the County Level, *The Annals of Regional Science*, 2002, Vol. 36, Issue 4: 683 –696.

Newman Peter, *Sustainability and Cities.* , Qvercoming Automobile Dependence, Washington D. C. and Covelo, California, Island Press, 1999.

Asheim, B. , P. Cooke and R. Martin, Clusters and regional development: Critical reflections and explorations, *Economic Geography*, 2008, 84 (1): 109 –112.

Hilyard, Nann Blaine. The Public Library Funding Crunch: A Decennial Event 7, *Public Libraries*, 2003, Mar, Vol. 42, ssue 5: 284 –287.

Geral Dine. County Pulls Funding for Cooperative Extension, Good fruit grower. Jun. , (2002) Vol. 53, Issue 5: 26 – 27.

Shashi Rant and Marian Chiu. Bamboo Sector Reforms and the Local Economy of Linan County, Zhejiang Province, People's Republic of China, *Forest Policy and Economics*, 2000, 1 (3 – 4): 283 – 299.

Worster, *Nature's Economy: A History of Ecological Ideas*, Cambridge, Cambridge University Press, 1985.

Balassa, B. , *The Theory of Economic Integration*, London, Allen & Unwin, 1990.

Baumol, W. J. and W. E. Oates, *The Theory of Environmental Policy*, Cambridge, Cambridge University Press, 1998.

Bela Blassa, *The Theory of Economic Integration*, London, Allen & Unwin, 1962.

V. N. de Jonge and Rute Pinto R. , R. Kerry Tumer, Integrating Ecological, Economic and Social Aspects to Generate Useful Managemement Infomation under the Direcctives "ecosystem proach", *Ocean and Coastal Management*, 2012, (68): 69 – 188.

Philip Cooke. , Regional Innovation Systems, General Findings and Some New Evidence form Biotechnology Clusters, *Journal of Technology Transfer*, 2002 (27): 133 – 145.

Goodwin-L. Sustainable Tourism and Poverty imination, DFID/DETR Workshop on Sustainable Tourism and Poverty, 1998.

Bennet O. Roed and C. Ashley, Sustainable Tourism and Poverty Elimination Study: A Report to the Department for Intemational evelopment, Deloitte and Touch, IIED and ODI, London, 1999.

Pro-Poor Tourism Working Paper, No. 16. 2004, 12 – 13.

Ashley, C. , D. Roe and H. Goodwin, Pro-Poor Tourism Strategics: Making Tourism Work for the Poor, ODI, IIED, and CRT, 2001.

Blake, A. , J. Arbache and M. Sinclair, Tourism and Poverty Refief, *Annals of Tourism Research*, 2008, 35 (1): 107 – 126.

Meyer, D. , Pro-poor Tourism-can Tourism Contribute to Pover-ty Reduction in Less Economically Developed Countries, CLOLES, MORGANN. Tourism and Inequality: Problems and Prospects. ODI, 2010: 164 – 182.

Herman Daly. , *The Economics of SD*, Translated by Zhu Dajian, Hu Sheng, et al. , Shanghai: Shanghai Translation Press, 2001.

World Commission on Environment and Development, *Our Common Future*, New York, Oxford University Press, 1987.

Turner, M. G. , Landscape ecology: the Effect of Pattern on Processes, *Annual Review of Ecology and Systematics*, 1989, 20: 171 – 197.

Grant J. , P. , *The State of the World's Children in 1994*, New York: UNICEF/Oxford University Press, 1994.

Perrings, C. , The Economics of Biological Invasions, *Land Useand Water Resources Research*, 2001, (3): 1 – 9.

Spangenberg, J. H. , Precisely Incmwcct: Favored by most Sconomists, the GDP Makes Clearcut Prognoses That Have Only a Loose Connection to Reality, *Ahernatives Journal*, 2007 (33) (2/3): 32 – 36.

Daly Farley, *Ecological Economics: Principles and Applications*, Zhenzhou: Yellow River Conservancy Press, 2007.

Norgaard, R. B. , Ecosystem Services: From Eye-opening Metaphor To-com Plexity Blinder, *Ecological Ecomomics*, 2009, 69 (6): 1219 – 1227.

Nicholas Stern, The Stern Review of the Economics of Climate Change, 2006.

附　件

井冈山红色旅游与绿色生态融合共生模式研究[*]

摘　要： 在绿色发展理念下，在红色旅游如火如荼发展的大背景下，许多红色旅游发展区域存在生态环境承载力下降的现象，同时也存在生态优势弱化、生态优势难以转化成发展优势的问题。井冈山具有光荣的革命传统，是中央苏区的重要组成部分，蕴藏着丰富的红色旅游资源。同时，井冈山是生态大县，森林覆盖率超过85%，绿色生态底子厚，绿色发展潜力巨大。在绿色发展理念逐步深入经济社会方方面面的新时期，红色旅游资源应该更强调生态化开发和与其他领域的深度融合，井冈山的典型做法无疑为其他区域如何发挥当地基础优势、比较优势和后发优势，走绿色发展新路，提供了样板和借鉴。

本文采用SWOT分析的方法分析了井冈山红色旅游资源生态化的优势、机遇及劣势；利用生态足迹的实证方法对井冈山红色旅游的8个方面进行了测度，得出了井冈山市在旅游业快速发展的同时，生态承载力、压力渐趋变大结论；结合井冈山发展生态经济的实际，总结了井冈山近几年形成的红色文化与绿色生态互动融合发展的五种新模式，即红色旅游与绿色旅游、红色旅游与绿色政治生态、红色旅游与乡村旅游、红色旅游与绿色城镇、红色旅游与扶贫开发；针对发展中存在的问题，提出了在推进旅游经济健康快速发展进程中，应始终坚持绿色发展、"全产业链"、品牌建设、创新驱动四大理念，促进和维护旅游地文化生态和谐，提升经济、生态综合效益。

关键词： 红色旅游　绿色生态　融合共生模式　对策　井冈山

＊ 2011年江西省软科学研究计划项目：建设绿色生态江西模式和路径研究——以井冈山发展绿色生态、红色旅游经济为例。项目编号：赣财教〔2011〕125号，学院课题编号：20112BAA10026。课题主持人：中国井冈山干部学院副院长、教授、研究员，周金堂。课题参与人：中国井冈山干部学院教务部罗勇硕士，江西农业大学硕士研究生吴春平。韩迟硕士研究生、吴春平参与了研究报告的起草工作。

一 引言

(一) 研究背景

党的十八大报告提出:"把生态文明建设放在突出地位,融入经济建设、政治建设、文化建设、社会建设各方面和全过程,努力建设美丽中国,实现中华民族永续发展。"习近平总书记也指出:"环境就是民生,青山就是美丽,蓝天也是幸福。"旅游业作为第三产业的龙头,具有"一业兴,百业旺"的波及效应和倍增效应。然而,旅游在发展到一定程度时,对环境所产生的负面影响会逐渐显现出来。在红色旅游资源开发过程中,如果缺乏科学的标准和引导,很难避免企业对自然和文化资源的过度开发,往往当旅游规模增长到一定程度的时候,负面影响就逐渐显现,甚至导致严重的环境恶化和生态资源优势的弱化。同时,旅游业的发展对生态环境的依赖度非常高,而往往地方经济较为落后的区域生态资源和特色旅游资源十分丰富,这是经济和生态环境发展的两难问题。对于这类区域来说,如何立足当地比较优势,以经济效益和生态效益双赢为导向,推进绿色惠民,建立绿色共享,引导绿色共建,走发展旅游与生态保护有机融合的路子,努力实现该区域的可持续发展,具有非常重要的理论研究和现实意义。

目前,红色旅游已成为众多区域新的经济增长点,随着人们绿色发展理念的增强,近年来学术界对基于旅游业与生态保护融合发展的研究逐渐重视,一些学者从生态环境保护的角度对城镇化、扶贫开发、县域经济发展等方面进行了研究,还有一些学者针对红色旅游这一领域展开了深入的研究,但真正从"红、绿"结合角度进行相关研究的学者较少,相关理论与实践研究成果相对较少。江西——特别是像井冈山市这样的地区,如何深度融入长江经济带发展战略,突出生态优先,始终坚持在保护中发展、在发展中保护,促进生态与经济协调发展,加快绿色崛起,加快红色旅游与绿色生态融合发展,必须结合井冈山发展的先行模式及探索展开研究,并运用其研究成果更新红色旅游理念、丰富红色旅游理论,促进绿色旅游的新发展,让赣鄱大地天更蓝、山更绿、水更清,环境更优美,人民群众游是一种专项、特色、主题性强的旅游形式，具有鲜明的中国特色。随着经济效益、社会效益及政治影响驱动，红色旅游持续升温，并带动建筑、商贸、交通、电信、加工业和农业等诸多关联产业发展，红色旅游逐渐步入了一个社会共同关注的兴旺发展新阶段。红色旅游活动是一项具有特殊意义、特殊功能的旅游经济活动，红色文化作为其灵魂，贯穿于整个过程。

（二）绿色发展的内涵

党的十八届五中全会提出，绿色是永续发展的必要条件和人民对美好生活追求的重要体现，必须坚持可持续发展，坚定走生产发展、生活富裕、生态良好的文明发展道路，形成人与自然和谐发展的现代化建设新格局。从"大"的层面来看，绿色发展就是要建设生态文明；而从"小"的角度着眼，绿色发展就是要推动生产生活方式的绿色转型。

综上而言，绿色发展是在传统发展基础上的一种模式创新，是建立在生态环境容量和资源承载力的约束条件下，将环境保护作为实现可持续发展重要支柱的一种新型发展模式。具体来说，包括以下几个要点：一是要将环境资源作为社会经济发展的内在要素；二是要把实现经济、社会和环境的可持续发展作为绿色发展的目标；三是要把经济活动过程和结果的"绿色化""生态化"作为绿色发展的主要内容和途径。

（三）红色旅游与绿色发展的内在联系

生态环境是旅游发展的前提，红色旅游作为旅游产业的一个重要组成部分，同样离不开生态环境这个基础。从可持续发展的角度来看，红色旅游与绿色发展是相辅相成、相互促进的关系。

一方面，只有得到精心保护的自然环境和人文景观，才能更好地激发人们的旅游愿望并转化为现实的旅游需求。红色旅游区域的许多地方仍保留着原始风貌和良好的生态环境，为红色旅游的发展提供了得天独厚的条件。此外，红色旅游地珍贵的历史遗迹、人文景观和特有的风俗民情，为红色旅游的发展提供了广阔前景。若没有蓝天、碧水和青山的依托，即生态资源和生态环境的保障，红色旅游便成了无源之水。因此，生态环境保护为红色旅游乃至整个旅游业的可持续发展提供了基础，创造了条件。

另一方面，红色旅游的健康发展在促进社会经济发展和提高人民精神文化生活水平的同时，也加强了对生态环境的保护。首先，红色旅游具有促进人与自然和谐共处的功能，能够增强旅游主体保护生态环境的责任感和使命感，提高保护生态环境的自觉性。同时，旅游收入又可为生态环境建设提供物质支撑，从而改善当地生态环境和旅游条件。其次，红色旅游通过对红色文化资源和自然资源的直接开发转换成间接利用，减少了资源直接开发造成的环境破坏，从而保护了当地的生态环境。最后，红色旅游和生态旅游都是一种特色旅游产品，二者的相互融合能够激活更多旅游要素，共同促进旅游经济发展和生态保护。

总之，生态环境的保护与红色旅游的发展紧密相关、相互促进。只有处理好两者的关系，使红色旅游与大自然、社会和人类环境和谐地形成一个整体，实现既满足当前和未来旅游业的发展，又不损害旅游地当前和未来的利益，红色旅游的魅力才能保持长久，才能实现红色旅游与生态保护的协调发展，才能实现短期利益和长期利益的统一。

三 井冈山市经济社会发展特点与特色

（一）旅游经济发展强劲，"三、二、一"产业结构特征明显

近年来，围绕"红色传承，绿色发展"理念，井冈山"稳增长、促改革、调结构、惠民生"取得重要成效，经济保持平稳发展，社会保持和谐稳定。2014年，井冈山市全市地区生产总值、全社会固定资产投资均接近55亿元，同比分别增长11%和17%；消费的拉动作用日趋明显，社会消费品零售总额超过18亿元，同比增长14%；全市财政总收入近7亿元，其中公共财政预算收入近6亿元；城乡居民生活水平有了较大提升，差距逐步缩小，城镇居民人均可支配收入24794元，同比增长12.5%，农村居民人均可支配收入5926元，同比增长16.54%（见表1）。

表 1　2011～2014 年井冈山市主要经济指标情况

项　目	2011 年	2012 年	2013 年	2014 年
人口（万）	16.3	16.4	16.4	16.81
地区生产总值（亿元）	38.1	44.04	49.28	54.6
人均地区生产总值（元）	23367	28653	31794	35349
财政总收入（亿元）	5.12	6.45	6.52	6.95
城镇居民人均年可支配收入（元）	17110	19462	22029.47	24794
农村居民人均纯收入（元）	5400	6162.5	6650.7	5926
全社会固定资产投资（亿元）	34.47	46.53	46.39	54.41

资料来源：《井冈山市经济社会发展统计公报》（2010～2014 年）。

说明：2014 年农村居民人均纯收入调整为农村居民人均可支配收入。

　　依托当地红色文化、绿色生态优势，井冈山将发展旅游经济摆在十分突出的位置，以红色旅游为代表的现代服务业产业链成为井冈山县域经济的主引擎和经济社会发展的亮点。近年来，井冈山旅游客源地市场逐步扩大，井冈山、永新、遂川红色旅游一体化发展取得重大进展；智慧旅游成为新的经济发力点，以官网、微博、微信为载体的旅游电子商务发展迅速；井冈山国际杜鹃花节、红色培训等极大地提升了井冈山旅游的知名度和美誉度。2014 年，井冈山全年接待境外、国内游客均突破 1000 万人次，国内游客旅游收入近 90 亿元，外汇收入 6000 多万美元，成为名副其实的红色旅游强县（见表 2）。

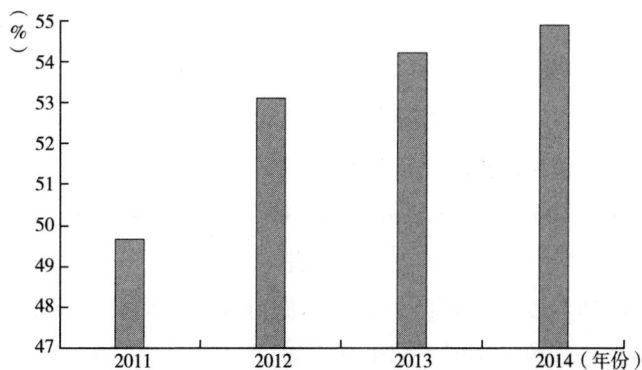

图 1　2011～2014 年井冈山市第三产业占地区生产总值比重变化

表 2 2011～2014 年井冈山市旅游业发展概况

项 目/年 份	2011	2012	2013	2014
接待入境旅游者（万人次）	671.08	847.73	898.68	1152.56
旅游外汇收入（万美元）	3085.64	4047.03	4493.42	6067.09
接待国内旅游者（万人次）	659.37	832.85	882.64	1131.01
国内旅游收入（亿元）	46.76	59.37	68.05	83.85

资料来源：《井冈山经济社会发展统计公报》（2011～2014 年）。

（二）绿色生态资源优势明显，生态化开发潜力巨大

井冈山以其优良的生态和绚丽多姿的自然风光，被赞誉为"绿色宝库"、"天然动植物园"和"天然氧吧"。井冈山森林资源丰富，具有全球同纬度迄今保存最完整的次原始森林 7000 公顷，森林覆盖率达到 86% 以上，山林面积达 190 万亩，活立木蓄积量达 615 万吨，每立方厘米空气中含负氧离子数超过 80000 个。生物资源呈现多样性和稀缺性，现有各类动物达 267 种（不含昆虫），鸟类达 144 种，国家一级、二级保护动物达 20 余种。

集千峰竞秀、万壑争流、苍茫林海、飞瀑流泉，融雄、险、幽、奇、秀为一体，井冈山具有独特的生态旅游景观。春天，群山叠翠，郁郁葱葱，杜鹃花开，艳丽多姿；夏天，山高气温低，林茂而风起，虽盛夏而无酷暑；秋天，满目黄杉红枫，漫山遍野，层林尽染；冬天，银装素裹，冰晶似玉，一派北国风光。良好的生态环境使井冈山成为理想的旅游避暑休闲疗养胜地，先后获得了"国家 5A 级旅游景区""全国文明风景旅游区""国家卫生城""全国园林绿化先进城市""全国造林绿化百佳县（市）"等 20 余项国家级荣誉称号，并成功列入国家自然与文化遗产预备名录。

同时，井冈山市的生态资源优势蕴藏着巨大的发展潜力，生态特色农业发展具有得天独厚的优势。近年来，良好的生态让井冈山的特色旅游农产品得到了突飞猛进的发展，猕猴桃、铁皮石斛、娃娃鱼、油茶、葡萄、花卉苗木等特色农业让农民不断增收，井冈山"红色"和"绿色"资源优势的农业品牌知名度不断提升，农业和旅游业呈现融合互促的良好态势，生态农业和红色旅游的拓展空间十分广阔。

（三）红色文化底蕴深厚，以文促产的发展空间广阔

井冈山是中国革命的摇篮，是中华人民共和国的基石，被朱德同志称为"天下第一山"。井冈山红色旅游资源十分丰富，数量多、分布广、品位高，保存完好的革命旧址遗迹达 100 多处，其中 21 处被列为国家级保护单位，馆藏文物近 3000 件的井冈山革命烈士博物馆和集纪念堂、碑林、雕塑群、革命烈士纪念碑于一体的井冈山烈士陵园详细记述了井冈山斗争的光荣历史。1927 年 10 月，毛泽东、朱德、陈毅、彭德怀、滕代远等老一辈无产阶级革命家率领中国工农红军来到宁冈井冈山，创建以宁冈县为中心的中国第一个农村革命根据地，开辟了"以农村包围城市、武装夺取政权"的具有中国特色的革命道路，从此鲜为人知的井冈山被载入中国革命历史的光荣史册，并为后人留下了以坚定不移的理想信念、实事求是的思想路线、党管武装的基本原则、血肉相连的干群关系和艰苦奋斗的创业精神为精髓的井冈山精神。

图 2　井冈山主要红色旅游精品景区示意

井冈山不仅红色文化璀璨，还有土、客籍及全国各地调入井冈山带来的全国各地文化差异交融形成的特有文化现象，为乡村风俗旅游发展创造了良好的条件。独特的民居建筑：客家民居建筑是井冈山客家风情的特征之一，它的建筑风格既具有中国民族传统建筑的共性，又有客家建筑的明显特征。奇异的客家婚俗：客家人的婚礼习俗隆重、热烈、有趣而雅致，

是客家风情的主要内容之一。别具一格的客家饮食：客家人历来喜茶好客，用土产自烹的传统菜也别有特色。

四 井冈山红色旅游资源生态化开发的 SWOT 分析

（一）发展优势

1.“红”、“绿”资源匹配度高

“红”、“绿”是井冈山旅游的鲜明特征，井冈山既有面积广阔的秀美的自然风光，又有在中国现代史上独有的人文景观。在红色景区拥有良好的绿色生态、在如此秀丽的景区拥有独特的红色资源是井冈山独一无二的旅游优势。红色旅游资源与绿色旅游资源有机融合，相映生辉，对发展红色旅游十分有利，前景十分广阔。

2. 红色旅游品牌优势明显

井冈山红色旅游资源极为丰富，分布着大量的革命圣迹、旧址和纪念物，是中国红色文化中的璀璨瑰宝，这是其他区域不能比拟的。近年来，井冈山红色旅游发展速度进一步加快，品牌进一步打响，取得了良好的经济效益和社会效益，井冈山已经成为江西红色旅游的样板，成为中国人心中的胜地之一，这为发挥红色旅游的牵引和带动效应创造了良好的条件。

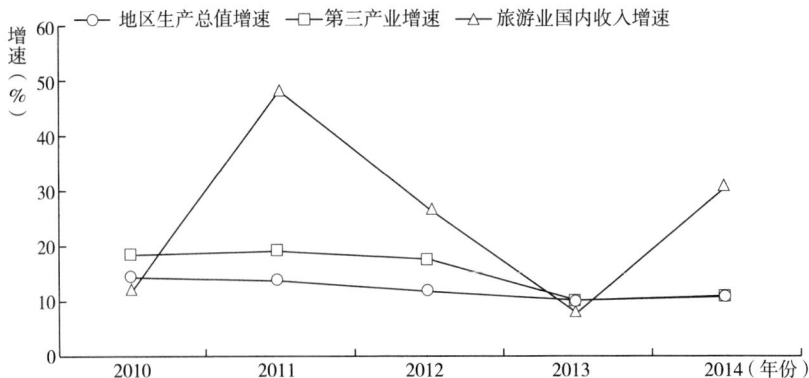

图3 2010~2014 年井冈山旅游业对当地经济的带动效应

3. 旅游基础设施日益完善

近年来，井冈山高标准、高质量地建成了井冈山革命博物馆等一批红色纪念场馆，丰富了相关景区景点的内涵，改善了全国红色旅游第一批经典景区内旅游公路、游步道、公厕、游客服务中心等基础设施条件，高速公路、机场、铁路条件日臻完善，提升了相关景区景点的旅游接待水平，为全省红色旅游的发展奠定了扎实的基础。

4. 全省上下发展红色旅游热情高涨

21世纪以来，江西省委、省政府高度重视发展红色旅游，在全国率先提出红色旅游概念，在全国率先出台《江西省红色旅游发展纲要》《关于大力发展红色旅游的若干意见》。与此同时，广大群众参与红色旅游的热情日益高涨，群众基础扎实，老区群众通过大力开发红色旅游商品，提供餐饮、住宿等多样化旅游服务，已经把参与红色旅游发展作为脱贫致富的一种重要途径，从而为井冈山拓展红色旅游空间搭建了良好的发展平台。

（二）发展机遇

1. 红色旅游产业链条长、品位度高

近年来，井冈山红色旅游业发展保持了两位数增长，高于全国平均增速，成为我国新兴旅游热点地区之一。旅游住宿餐饮、旅游商品产销、旅行社、旅游交通、旅游文娱等旅游产业体系日趋完善，从业人员队伍不断壮大，经营管理和服务水平不断提高，井冈山已经成为全国红色旅游的典范景区。随着红色旅游和生态旅游的兴起，井冈山发展的起点优势十分突出，做长旅游链条面临难得的发展机会。

2. 旅游消费市场潜力巨大

随着人民群众消费习惯由低端向高端的迈进，游客对旅游需求性质改变，让井冈山青山绿水的优势更加凸显。同时，旅游是青少年普遍喜欢参与的时尚型、文化性的高层次生活消费活动，通过开展红色旅游活动，可以将革命历史知识、革命传统和革命精神以旅游的方式传输给广大青少年。当前游客旅游的目的已从到此一游的观光为主，向以休闲、度假、团聚为主，游客更加青睐山清水秀、文化底蕴深厚的地方。井冈山既有优美的自然环境，又有丰富的红色文化和民俗风情，而且有铁路、机场与北京、上海、广州等大城市相连接，是理想的旅游休闲目的地。

3. 体制机制更加有力

国家和江西省纷纷出台一系列支持红色旅游的意见和政策，为旅游业

快速发展提供了良好的政策环境。井冈山同时享受罗霄山扶贫攻坚、赣南苏区振兴等国家战略的大力支持，为井冈山红色旅游的发展提供了强有力的政策支撑。

（三）面临的挑战

1. 红色旅游多种价值功能挖掘不足

井冈山红色旅游产品（包括景区、线路）与"贴近历史、贴近生活、贴近大众"的需求之间还有一定的距离，有些景点开展了一些参与性活动，但多数还是停留在化装拍照、观赏节目、饭菜品尝等浅层次上，缺乏对革命文化、军事文化、战争文化等红色文化内涵的深层挖掘。受研究力量、现有资料和历史时间的推移等原因的影响，对井冈山精神内涵的深入研究与挖掘整理还不够。从产业延伸来看，井冈山红色旅游虽然已初步形成了产业体系，但产业化程度不高，围绕旅游经济各要素形成的专业性企业还不多，部分地区旅游产业链条还不完整。

2. 重管理而轻服务

井冈山旅游长期依赖接待和培训业务，相关宣传方向、营销模式、接待流程目前还尚未很好地适应新的旅游市场变化，政府及相关管理部门管理心态不适应服务市场需求，此外，当地政府机关服务水平及市民素质受到严格考验。同时，井冈山红色资源保护任务繁重，保护经费的投入与现实需求之间仍然存在较大的差距，一些革命旧址，多为土木结构，年久失修，破损较为严重，保护难度较大；部分红色文物由于缺乏收购经费，至今仍散落在民间，难以有效保护和开发利用。

3. 红色旅游市场结构较为单一

从客源市场来看，井冈山红色旅游主要的客源为国内游客，国际市场还需加快开拓，社会功能和经济功能需进一步强化。同时，井冈山主要以红色旅游及培训、会议为主，形成了旅游主要靠政府、企事业单位的有组织学习、观光为主，所有的设施配套及政策方向都以此为主，难以适应小众旅游人群的多样化消费特征。

五 井冈山红色旅游生态足迹的实证分析

根据生态足迹研究方法，结合旅游生态足迹计算步骤，对井冈山市红色旅游生态足迹、本底生态足迹和生态承载力进行如下计算。[①]

（一）旅游餐饮生态足迹

$$TEF_{食} = \sum S_i + \sum A \cdot d \cdot (B_i/b_i + C_i/r) \tag{1}$$

其中 $TEF_{食}$ 表示旅游餐饮生态足迹；S_i 表示第 i 类社会饮食设施的建成地面积；A 为旅游者的人次数；d 为旅游者平均旅游天数；B_i 为游客人均日消费第 i 种食物的消费量；b_i 为第 i 种食物对应的生物生产性土地的年平均生产力；C_i 为第 i 种食物的能源密度；r 为世界上单位化石燃料生产土地面积的平均发热量。

根据公式（1），井冈山市旅游餐饮生态足迹主要由三部分组成，第一部分是餐馆的建成面积生态足迹，第二部分是游客消耗的食物资源生态足迹，第三部分是餐饮消耗能源生态足迹。

1. 井冈山市餐饮建成面积计算

有些酒店里面也有提供餐饮，由于不与住宿建成面积重复计算，酒店餐饮建成面积则不算入其中，井冈山市总共有餐馆 200 个左右，每个餐馆平均面积在 500 平方米左右，建成总面积为 10.0 公顷，其餐馆设施是建筑用地，均衡因子为 2.8，所以建成设施生态足迹为 28.0 公顷。

2. 游客在井冈山市消耗食物资源生态足迹计算

根据《井冈山统计年鉴 2012》，2011 年井冈山游客总数是 671 万人次，游客在井冈山市保留的平均时间为 1.3 天，由于每位游客在井冈山市消费的食物量极其难以统计，很多餐馆老板也是不愿提供数据，下面将根据井冈山市人均食物消费情况来计算，计算结果如表 3 所示。

表 3　各类食物相对应的生物生产性土地类型和年平均生产力及 2011 年生态足迹计算

分类	人均消耗量（千克/天）	全球平均产量（千克/公顷）	均衡因子	游客消费总量（千克）	土地类型	食物生态足迹总量（公顷）
粮食	0.1688	2744	2.8	1472442.4	耕　地	1502.5
鲜菜瓜类	0.2194	18000	2.8	1913826.2	耕　地	297.7

① 周金堂：《中国县域经济前沿（2012～2013）》，经济管理出版社，2014。

续表

分类	人均消耗量 （千克/天）	全球平均产量 （千克/公顷）	均衡 因子	游客消费 总量（千克）	土地类型	食物生态足迹 总量（公顷）
油料	0.0233	1856	2.8	203245.9	耕　地	306.6
猪肉	0.0564	74	0.5	491977.2	草　地	3324.8
牛羊肉	0.0140	33	0.5	122122.0	牧草地	1850.3
家禽及制品	0.0378	457	0.5	329729.4	草　地	360.8
鲜蛋及制品	0.0158	400	0.5	137823.4	草　地	172.3
鱼虾	0.0299	29	0.2	260817.7	水　域	1798.7
白酒	0.0015	1870.6	2.8	13084.5	耕　地	19.6
啤酒	0.0117	50595	2.8	102059.1	耕　地	5.7
其他酒及饮品	0.0213	50595	2.8	185799.9	耕　地	10.3
茶叶	0.00003	566	2.8	261.7	耕　地	1.3
糕点及奶制品	0.0869	2744	0.5	758028.7	草　地	1381.3
干果	0.0055	3500	0.91	47976.5	林　地	12.5
鲜果	0.1489	3500	0.91	1298854.7	林　地	337.7
合　计						11381.3

资料来源：井冈山市统计局。

3. 餐饮消耗能源生态足迹计算

井冈山市餐饮主要使用的能源是液化气和原煤两种，其中人均使用量可通过《井冈山统计年鉴2012》可查，液化气燃料对应的土地类型及折算系数是50.2，计算结果如表4所示。

表4　2011年井冈山市旅游餐饮能源生态足迹

能源 类型	人均消耗 （10^{-4}t）	全球平均产量 （GJ/hm²）	折算系数 （GJ/t）	均衡 因子	土地 类型	游客消 耗量（t）	能源消耗生 态足迹（公顷）
液化气	0.08767	71	50.200	1.1	化石能源	76.5	59.5
总　计							59.5

资料来源：井冈山市统计局。

通过上述计算井冈山市旅游餐饮建设用地生态足迹是28.0公顷，游客消耗食物生态足迹是11381.3公顷，能源消耗生态足迹是59.5公顷，游客食物消耗生态足迹比重最大，井冈山市旅游餐饮生态足迹总量是 11468.8 公顷。

（二）旅游住宿生态足迹

$$TEF_{住} = \sum (N_i \times S_i) + \sum (365 \times N_i / K_i \times C_i / r) \tag{2}$$

式中 $TEF_{住}$ 为井冈山市旅游住宿生态足迹；N_i 为第 i 种住宿设施拥有的床位数；S_i 为第 i 种住宿设施每张床的建成地面积；K_i 为第 i 种住宿设施的年平均客房出租率；C_i 第 i 种住宿设施每张床的能源消耗量；r 为世界上单位化石燃料生产土地面积的平均发热量。

该项需要了解每张床位的面积和能耗情况，由于不同档次的住宿条件的每张床位的面积和能耗情况相差很大，所以按酒店的星级（一星、二星、三星、四星、五星酒店及公共旅馆、私人旅馆共七种）分开统计。各类型旅游住宿设施建成面积和能源消耗可以根据当地调查获得，由于井冈山整体酒店宾馆数量庞大，分布复杂，这里将根据王辉和林建国统计的一般酒店住宿标准来进行计算，按每张床位来计算，一、二星酒店建成面积为 100 平方米，三、四星酒店为 300 平方米，五星为 1000 平方米，公共旅馆为 100 平方米，私人旅馆为 50 平方米，每张床的能耗一星、二星的是 40MJ，三星、四星的为 70MJ，五星的为 110MJ，公共旅馆为 40MJ，私人旅馆为 30MJ，根据《井冈山市统计年鉴（2012）》，井冈山市酒店旅馆数量及出租率等指标如表 5 所示。

表 5 2011 年井冈山市各类酒店情况

酒店星级数	酒店数量（个）	客房数（间）	床位数	出租率（%）
三星、四星	18	2376	3410	89
一星、二星	2	201	399	89
社会旅馆	123	6076	13401	89
总　计	143	8653	17210	89

资料来源：井冈山市旅游管理局。

根据上述计算方法和公式，井冈山市 2011 年生态足迹由两部分组成：旅游住宿、建成面积生态足迹和旅游住宿能源消耗生态足迹。

1. 井冈山市旅游住宿、建成面积生态足迹计算

如表6所示，井冈山市三星、四星级酒店建成地生态足迹是286.4公顷，一星、二星级酒店建成地生态足迹是11.2公顷，社会旅馆建成地生态足迹是375.2公顷，井冈山市旅游住宿总的建成地生态足迹总量是672.8公顷。

表6　2011年井冈山市旅游住宿设施生态足迹

住宿设施类型	床位数（张）	床位建成面积（平方米）	均衡因子	建成地生态足迹总量（公顷）
三星、四星	3410	300	2.8	286.4
一星、二星	399	100	2.8	11.2
社会旅馆	13401	100	2.8	375.2
总　计	17210			672.8

资料来源：井冈山市旅游管理局。

2. 井冈山市旅游住宿能源消耗生态足迹计算

如表7所示，井冈山市旅游住宿能源生态足迹总量是3038.1公顷。

表7　2011年井冈山市旅游住宿能源生态足迹

住宿设施类型	床位数（张）	能源消耗量（GJ/床）	能源消耗总量（GJ）	均衡因子	能源消耗化石地生态足迹量（公顷）
三星、四星	3410	0.07	77541.7	1.1	917.2
一星、二星	399	0.04	5184.6	1.1	61.3
社会旅馆	13401	0.04	174132.6	1.1	2059.6
总　计	17210				3038.1

注：旅游住宿能源消耗以煤气为主，煤气的全球平均足迹为93GJ/公顷。

可以算出2011年井冈山市旅游中住宿建成面积生态足迹是672.8公顷，住宿能源消耗生态足迹是3038.1公顷，旅游住宿总生态足迹是3711.0公顷。

（三）旅游交通生态足迹

$$TEF_交 = \sum (S_i \times R_i) + \sum (N_j \times D_j \times C_j/r) \qquad (3)$$

其中$TEF_交$为井冈山市旅游交通生态足迹；S_i为第i种交通设施的面积；R_i为第i种交通设施的游客使用率；N_j为选择第j种交通工具的游客数；D_j为

选择第 j 种交通工具游客的平均旅行距离；C_j 为第 j 种交通工具人均单位距离能源消耗量；r 为世界上单位化石燃料生产土地面积的平均发热量。

井冈山市旅游交通主要有三种方式：第一种是各地乘飞机到井冈山机场，第二种为各地坐火车到井冈山火车站，第三种是乘大巴或者自己开小汽车上井冈山。根据上述公式，井冈山市旅游交通生态足迹主要由以下两部分组成。

1. 交通基础设施的建成面积

由于井冈山机场、井冈山市火车站以及从京九线到井冈山这段火车基本是由游客使用，所以这部分的建成面积的生态足迹是有必要计算的，通过井冈山交通部门的了解访谈，井冈山机场的候机楼建筑面积是 3240.0 平方米，机场跑道建设面积是 159.1 公顷，火车站候车楼面积是 1.0 公顷，火车站广场面积是 3.5 公顷，井冈山火车站与京九线交界处的火车铁路长是 80.6 千米，铁路路基宽 3.0 米，这些面积将全面为游客使用，即这部分建设面积生态足迹如表 8 所示。

表 8　2011 年井冈山市旅游交通设施生态足迹

项　目	建设面积（公顷）	均衡因子	建成面积生态足迹（公顷）
机场跑道	159.1	2.8	445.4
火 车 站	4.5	2.8	12.6
铁　路	24.0	2.8	68.0
总　计			526.0

资料来源：井冈山市统计局。

2. 井冈山市旅游交通能源消耗生态足迹计算

通过对交通部门的访问和旅游接待数据的调查，来井冈山旅游的游客 55% 的人员是乘火车，5% 的人是乘飞机，20% 的游客乘坐大巴，20% 的游客是乘坐小汽车，同时井冈山开通的火车有井冈山到北京、井冈山到上海、井冈山到南昌、井冈山到深圳这几趟火车，同时根据中国火车票网站公布的里程数分别是 1492 千米、1078 千米、317 千米、788 千米，这里将根据这些车程的平均距离来确定游客由火车去井冈山的路程长度，计算出由火车去井冈山旅游的平均路程为 918.75 千米；井冈山机场主要开通的飞机有井冈山到北京 1500 千米、井冈山到上海 860 千米、井冈山到成都 1150 千米、井冈山到深圳 520 千米、井冈山到厦门 515 千米，这里也采取平均值确定由飞机上井冈山旅游的交通路程是 909 千米；乘汽车上井冈山的出发地主要是中短途旅客，他们主要是从南昌、赣州、长沙及吉安市四个地方去井冈山，路程分别是 352 千米、181 千米、352 千米、140 千米，取平均值确定由汽车去井冈山旅游的路程为 256.25 千米。计算出不同交通消耗生态足迹如表 9 所示。

表 9　2011 年井冈山市旅游交通能源生态足迹

交通类型	游客数（万人）	平均旅行距离（千米）	单位生态足迹（$\times 10^{-4}$公顷/千米）	均衡因子	能源消费生态足迹（公顷）
飞　机	33.6	909	1.0092	1.1	33855.3
火　车	369.1	918.8	0.174	1.1	64897.0
大　巴	134	256.3	0.170	1.1	6430.7
小汽车	134	256.3	0.455	1.1	17211.6
总　计					122394.5

资料来源：井冈山市旅游管理局。

通过上述计算可知，井冈山市旅游交通建成面积生态足迹是 526.0 公顷，交通能源消耗生态足迹是 122394.5 公顷，总共井冈山市旅游交通生态足迹是 122920.6 公顷。

（四）旅游观光生态足迹

$$TEF_{游} = \sum S_i \qquad (4)$$

式中 $TEF_{游}$ 为井冈山市旅游观光生态足迹；S_i 为第 i 个景区的实际占地面积。

井冈山市旅游观光生态足迹主要包含有各景点的建成面积以及旅游景点的交通占用面积，通过对井冈山市旅游局以及实际调研和统计年鉴数据可得出公路及景点建设面积如表 10 所示。

表 10　2011 年井冈山市旅游观光生态足迹

景点名称	占地面积(平方米)	景点道路	景点路宽（米）	长度（千米）
烈士陵园景区	10000	茨坪至新城区段	12	32
博物馆	20030	茨坪至龙市段	7	50
笔架山景区	100000	茨坪至神州段	7	12

续表

景点名称	占地面积(平方米)	景点道路	景点路宽（米）	长度（千米）
毛主席旧居	1000	茨坪至荆竹山段	7	27
其他景点	100000	茨坪至厦坪段	7	30

资料来源：井冈山市旅游管理局。

根据上述公式计算井冈山市旅游景点生态足迹是64.7公顷，旅游景点道路生态足迹是121.7公顷，井冈山市旅游观光生态足迹是186.4公顷。

（五）旅游购物生态足迹

$$TEF_{购} = \sum S_i + \sum (Q_i/a_i) \tag{5}$$

其中 $TEF_{购}$ 为旅游购物生态足迹；S_i 为第 i 种旅游商品生产与销售设施的建成地面积；Q_i 为游客购买第 i 种商品的数量；a_i 为第 i 种旅游商品相对应的当地生物生产性的土地年平均生产力。

通过公式（5）可以看出，旅游购物生态足迹包括两个方面，一个是购物的场所及商品两方面的生态足迹。

1. 购物场所生态足迹

通过走访了解到游客在井冈山市主要购物场所是茨坪天街及周边商店，天街的宽度大概为150米，长度从中国井冈山干部学院门口到景园大酒店大概是300米，所以天街及周边商店总共占地面积是4.5公顷，这里的生态足迹是12.6公顷。

2. 主要购物生态足迹计算

根据《井冈山统计年鉴2012》可知，井冈山市2011年营业收入总共是49.4亿元，其中旅游商品收入占到17%，总接待游客量是671万人次，计算的每人购物开支125.1元，井冈山市的土特产主要有井冈山绿茶、笋干、香菇、竹纤维、豆腐乳、根雕等商品，其中井冈山绿茶知名度最高，这里将把游客购物开支按井冈山绿茶的占比最大的中档茶叶为计算标准，通过了解井冈山中档绿茶的价格是500元/千克，通过计算井冈山市旅游购物生态足迹如表11所示。

表 11　2011 年井冈山市旅游购物生态足迹

旅游商品	人均购买量（千克）	游客购买总量（千克）	平均产量（千克/公顷）	土地类型	均衡因子	产品生态足迹（公顷）
井冈山绿茶（中档）	0.25	1678305.2	681.82	耕地	2.8	6892.2

通过上述计算，井冈山市旅游购物生态足迹是 6904.82 公顷。

（六）旅游娱乐生态足迹

$$TEF_{娱} = \sum S_i \tag{6}$$

$TEF_{娱}$ 为旅游娱乐生态足迹；S_i 为第 i 类井冈山市游客休闲娱乐建成地面积。通过对井冈山市现场调查并计算出井冈山旅游娱乐生态足迹如表 12 所示。

表 12　2011 年井冈山市旅游娱乐生态足迹

娱乐名称	占地面积（公顷）	均衡因子	土地类型	娱乐生态足迹（公顷）
井冈山运动场	2	2.8	建成地	5.6
饱翠湖	4	2.8	建成面积	11.2
人民广场	0.5	2.8	建成地	1.4
其他	1	2.8	建成地	2.8
总　计				21.0

资料来源：现场测量。

通过上述计算，井冈山市旅游娱乐生态足迹为 21 公顷。

（七）本底生态足迹

井冈山市本底生态足迹是指井冈山市本底居民生活产生的生态足迹，由于交通道路已经算入旅游交通里面，居民在生活中没有例外增加交通设施，这部分将不再计算，从而井冈山市本底生态足迹主要包括居民消耗的食物生态足迹、居民房屋住宿生态足迹和生活能源消耗生态足迹。通过《井冈山统计年鉴 2012》查询数据了解到，2011 年井冈山市有居民 16.302 万人，每人住房面积是 40.62 平方米，根据公式可以分别计算出食物生态足迹、居民住房生态足迹和生活能源生态足迹。

1. 居民住宿生态足迹

井冈山市居民所有住房面积是 662.2 公顷，计算的居民住宿生态足迹如表 13 所示。

表 13 2011 年井冈山市居民住房生态足迹

住宿面积（公顷）	均衡因子	土地类型	居民住宿生态足迹（公顷）
662.2	2.8	建成地	1854.1

资料来源：《井冈山统计年鉴 2012》。

2. 居民食物消耗生态足迹

根据公式（1）和统计年鉴及世界公用标准可以计算井冈山市居民餐饮生态足迹如表 14 所示。

表 14 2011 年井冈山市居民食物生态足迹

分类	人均消耗量（千克/天）	全球平均产量（千克/公顷）	均衡因子	居民消费总量（千克）	土地类型	食物生态足迹总量（公顷）
粮食	0.1688	2744	2.8	10043988.0	耕地	10249.0
鲜菜瓜类	0.2194	18000	2.8	13054804.0	耕地	2030.8
油料	0.0233	1856	2.8	1386403.5	耕地	2091.6
猪肉	0.0564	74	0.5	3355929.7	草地	22675.2
牛羊肉	0.0140	33	0.5	833032.2	牧草地	12621.7
家禽及制品	0.0378	457	0.5	1149186.9	草地	2460.8
鲜蛋及制品	0.0158	400	0.5	940136.3	草地	1175.2
鱼虾	0.0299	29	0.2	1779118.7	水域	12269.8
白酒	0.0015	1870.6	2.8	89253.5	耕地	133.6
啤酒	0.0117	50595	2.8	696176.9	耕地	38.5
其他酒及饮品	0.0213	50595	2.8	1267398.9	耕地	70.1
茶叶	0.00003	566	2.8	1785.1	耕地	8.8
糕点及奶制品	0.0869	2744	0.5	5170749.8	草地	942.2
干果	0.0055	3500	0.91	327262.7	林地	90.7
鲜果	0.1489	3500	0.91	8859892.4	林地	2303.6
合 计						69161.5

资料来源：《井冈山统计年鉴 2012》。

通过上述计算得出本底居民食物消耗生态足迹是 69161.5 公顷。

3. 井冈山市居民生活能源消耗账户

通过对《井冈山统计年鉴 2012》的查阅，并通过生态足迹计算，得出井冈山市居民生活能源生态足迹如表 15 所示。

表 15　2011 年井冈山市居民生活能源生态足迹

能源类型	人均消耗（10^{-4} t）	全球平均产量（GJ/hm^2）	折算系数（GJ/t）	均衡因子	土地类型	居民消耗量（t）	能源消耗生态足迹（公顷）
液化气	0.08767	71	50.200	1.1	化石能源	521.7	405.7
总　计							405.7

资料来源：《井冈山统计年鉴 2012》。

由此得出井冈山市居民生活全年能源消耗生态足迹是 405.7 公顷。综上计算结果可以得出 2011 年井冈山市居民本底生态足迹是 71421.4 公顷。

（八）生态承载力

根据生态承载力的计算方法如公式（7）所示。

$$EC = \sum A_k \times EF_k \times YF_k \tag{7}$$

式中，EC 表示区域总的生态承载力；k 为土地类型；A_k 表示区域拥有 k 类土地面积；EF_k 表示均衡因子，表示 k 类土地与世界所有土地综合平均生产力之比；YF_k 为产量因子，表示研究区域 k 类土地与世界 k 类土地平均生产力之比。

通过查询《井冈山统计年鉴 2012》，得出 2011 年井冈山市各类土地的面积，同时对各类土地的生态承载能力进行计算，结果如表 16 所示。

表 16　2011 年井冈山市生态承载力

土地类型	面积（公顷）	均衡因子	产量因子	均衡面积（公顷）
CO_2 吸收	0.0	0.00	0.00	0.0
林地	109577.0	1.1	0.91	109686.6
草地	693.5	0.5	0.19	65.9
耕地	9649.1	2.8	1.66	44849.2
建设用地	945.7	2.8	1.66	4395.6

续表

土地类型	面积（公顷）	均衡因子	产量因子	均衡面积（公顷）
水域	1000.0	0.2	1.00	13.3
其他	7684.7	2.8	1.66	35718.5
合计	—	—	—	194729.1
预留12%	—	—	—	23367.5
承载力合计	—	—	—	171361.6

资料来源：由《天津市1998年生态足迹分析》一文整理而来。

通过上述计算可以得出，井冈山市整体生态承载力是171361.6公顷。

通过2011年井冈山市旅游生态足迹、井冈山市居民本底生态足迹和生态承载力计算，其中"1"代表旅游餐饮生态足迹，为11468.8公顷，"2"代表旅游住宿生态足迹，为3711.0公顷，"3"代表旅游交通生态足迹，为122920.6公顷，"4"代表旅游游览生态足迹，为186.4公顷，"5"代表旅游购物生态足迹，为6904.8公顷，"6"代表旅游娱乐生态足迹，为21.0公顷，"7"代表本底生态足迹，为71421.4公顷，"8"代表生态承载力，为171361.6公顷，"9"代表生态赤字，为45365.8公顷。

通过上述计算得出2011年井冈山市的旅游生态足迹是145212.5公顷，井冈山市的本底生态足迹是71421.4公顷，生态承载力是171361.6公顷，生态赤字是45272.3公顷，超过生态承载力的26.4%。

随着人们旅游活动的不断增加，井冈山市的旅游业得到快速的发展，但井冈山市的游客接待量出现大幅度的增加，这给井冈山市的生态承载力带来巨大的压力。

六 井冈山红色旅游与绿色生态融合发展的模式分析

红色旅游与绿色生态保护的结合可形成叠加吸引的效应，并能实现经济效益与生态效益、长远利益与短期利益的协调统一。近年来，井冈山以绿色发展理念，因地制宜地采用红色旅游与绿色旅游、红色旅游与绿色政治生态、红色旅游与乡村旅游、红色旅游与绿色城镇、红色旅游与扶贫开发融合的模式，既满足了顾客群的多层次需求、产生了良好的经济效益，又促进了当地社会的繁荣发展和全面进步。

（一）红色旅游与绿色旅游双轮驱动模式

旅游生态过程是按照生态原理和知识经济规律组织起来的，旅游经济是基于旅游目的地承载能力和生态功能目标的旅游产业运作体系。[①] 井冈山十分注重为红色旅游提供良好的绿色生态环境承载，做到了开发与保护两条腿走路。多年来，井冈山以"绿水青山就是金山银山"的发展理念为引领，坚持将发展红色旅游与环境保护相结合，积极开展环境保护综合整治活动，加强自然资源的保护，稳步推进了公益林、天然林、退耕还林等生态建设工程，为红色旅游大发展营造了良好的区域生态环境，井冈山森林覆盖率一直保持在 86% 以上，其中自然保护区和景区达到 96%。

红绿相映型红色旅游区，一般具备优质的红、绿两种资源，同时具有良好的人文社会环境、完善的旅游服务设施配套和正确的政府政策导向（见图4）。井冈山十分注重将绿色生态优势转化为经济发展优势，依托当地的红绿资源，不断开发拓展红色旅游和生态绿色旅游，持之以恒擦亮红色品牌，培植了多类旅游资源融合互补的优势，形成了"红""绿"旅游相得益彰的生动局面。依托山水秀美、风光绮丽的生态资源，按照"政府主导、农民自愿、社会参与、做出特色、创建品牌"的发展思路，井冈山大力建设了杜鹃山、石燕洞、领袖峰、荆竹山等景区，对龙潭、水口、主峰等绿色景区进行了全面改造升级，有效地提升了红色和绿色景区配套设施的承载能力，建成了高规格的停车场、公厕，改造了旅游饭店、购物中心，着力发展集观光、漂流、垂钓、餐饮、娱乐于一体的特色生态游，达到了"用红色吸引游人，用绿色留住游人"的目标。

（二）红色旅游向乡村田园延伸模式

拥有美丽自然景色、独特环境特征和自然特征的乡村地区，一般会成为理想的乡村旅游目的地。但旅游资源的开发和保护存在着一种共生关系，乡村旅游资源的开发必须与周围体现自然环境的保留地的规模特点相

---

① 徐辉、蔡溶：《对旅游产业生态过程的研究》，《旅游学刊》2002 年第 2 期，第 73~80 页。

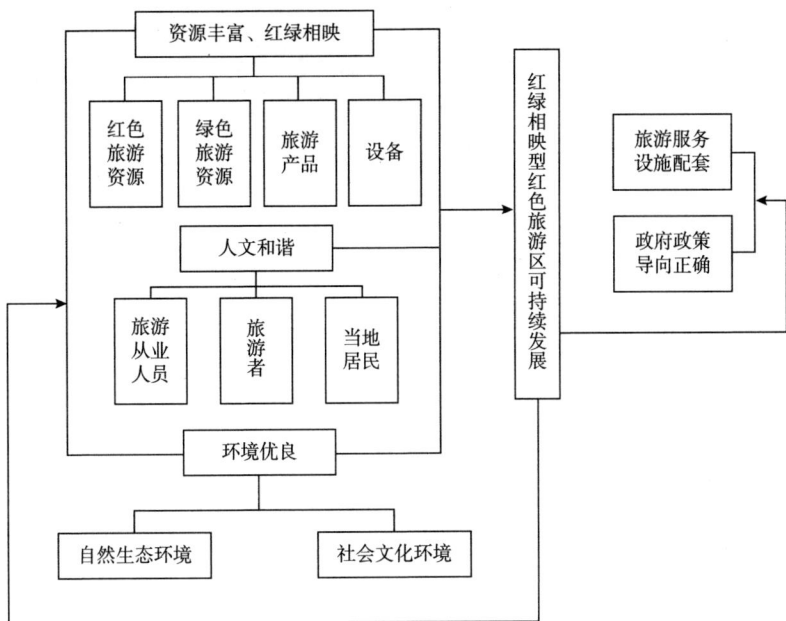

图4 井冈山红色旅游与绿色旅游双轮驱动模式

联系，产品才具有吸引力。① 革命老区的乡村比起商业化的城市郊区型乡村来说，更具有原汁原味绿色生态，更能记得起乡愁和回忆起乡愁。井冈山的红色旅游区一般弥漫着浓浓的乡村风情和独特的红色魅力。红色旅游向乡村田园延伸不仅顺应了旅游发展的时尚潮流，而且突出了红色旅游的特色和魅力，突出了向田园绿色原生态的靠拢，体现了红色文化向自然环境和乡土民风的紧密融合。

近年来，井冈山依托朴素而生动的民俗资源和优质的乡村资源，积极发展农业观光游、乡村生态游和多彩多样的农家乐大力开发农业观光和生态特色农庄，着力打造环境整洁、景观优美的旅游文化村和生态民俗村，鼓励和支持景区农民发展"吃农家饭、学农家活、享农家乐"的农家游，让红色文化教育、农业、房地产业、商贸零售业、体育产业、加工制造业等产业向旅游业注入了多种消费功能，形成了产业耦合作用下的多元化乡村旅游业态（见图5）。同时，当地群众在不影响当地生态环境的前提下，

---

① 刘海鸿：《乡村旅游：国外的理论与实践对中国的启示》，《经济问题》2007年第7期，第126~128页。

充分利用当地的绿色土特产优势，大力开发绿色旅游产品，积极从事红米饭、南瓜汤、红米酒和南瓜酒等旅游食品、竹凉席和根雕等旅游纪念品、旅游工艺品的生产加工，既利用当地天然生态优势，又形成了新的收入增长点。据统计数据显示，全井冈山以"农家乐"为主的休闲旅游业共接待游客超百万人次，带动相关产业收入近亿元，实现旅游总收入 17.79 亿元，旅游带动 1.5 万名返乡农民共奔富裕路，经营"农家乐"的农户年均增收 10 万余元。

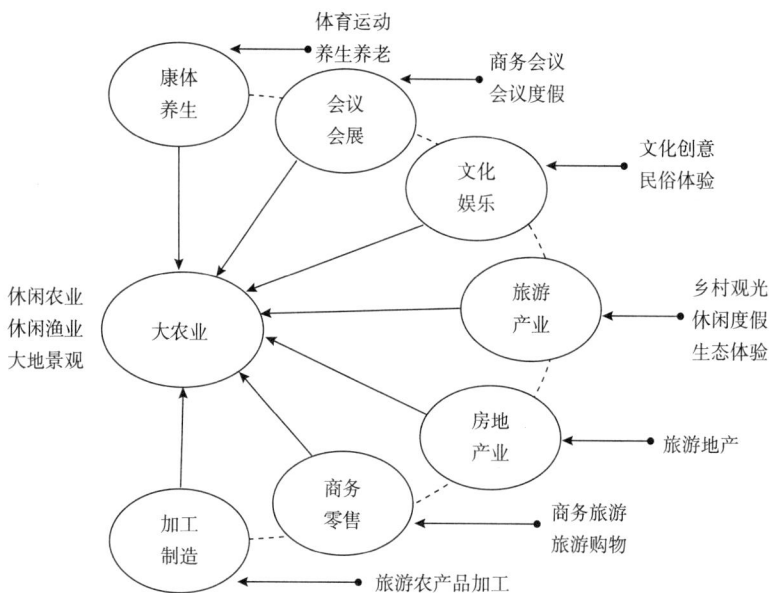

图 5　井冈山乡村旅游的大产业链模式

（三）红色旅游联姻绿色政治生态模式

政治教育是红色旅游得以生存的根基，也是其最根本的本质，游客借助旅游活动的形式，进行体验红色旅游的本质内容，了解革命历史，学习老一辈革命家的英雄事迹，领悟在 20 世纪革命战争年代形成的革命精神。这不仅可以陶冶人们的情操、启迪人们的思想、净化人们的心灵，更能为建设社会主义核心价值提供一个很好的形式。① 经济的高速发展一

---

① 蔡慧：《中国红色旅游可持续发展研究》，西安工程大学硕士研究生论文，2013。

方面带来了物质基础的丰厚，另一方面让人们对过去的战争年代失去了切身的感性认识，对革命前辈的革命精神和情操失去了充分的了解。伴随着红色旅游的铺开，井冈山创新发展思维，将红色传统文化的精髓融入学校教育、职业教育和政治思想教育，有效挖掘红色旅游多种功能的有效途径。

井冈山围绕"国民素质提升地"定位，着力打破传统"重形式，轻精神"的红色旅游模式，将红色旅游的重点重新回归到对艰苦朴素、不畏强权、敢于奋斗等革命精神的体验上来。依托中国井冈山干部学院、全国青少年井冈山革命传统教育基地和全国各级机关在井冈山设立的培训基地，积极完善情景再现、井冈山斗争全景画、大型实景演出《井冈山》、红色拓展训练等形式，深入挖掘如"红军挑粮小道""三大注意、六项纪律""打土豪、分田地"等红色文化内涵，大力推广融"再现革命情景、体验红色文化、考验自我品格、熔炼团队精神教育"为一体的红色拓展培训项目，开展"走一小段红军小路，听一堂传统教育课，向革命先烈献一束花，吃一顿红军套餐，看一场红色歌舞，学唱一首红军歌谣"等活动，不断增强革命传统教育的时代感和感召力，带来了良好的经济效益。在产生经济效益的同时带来了良好的政治教育意义，以培训教育为主题的红色旅游满足了很多党政军机关及企业集团的培训需求和精神体验需求，以井冈山革命博物馆、井冈山革命烈士陵园为代表的红色景点每年都有几百万干部职工、军人及社会各界群众前来接受革命传统教育，这对倒逼机关作风的转变、形成良好的政治生态产生了潜移默化的作用。

（四）红色旅游与绿色城镇建设结合模式

以旅游化为引擎，可以推动新型城镇化建设，同时城镇化的全面发展又可以进一步加速旅游化的进程，二者相互促进，从而实现旅游化与新型城镇化的协调发展。[①] 红色旅游与城市建设、旅游小城镇建设和新农村建设是融为一体的，红色旅游景区景点实际上是城市或者乡村的一部分，是与街区、村落共存的，即"景城一体化、景村一体化"。井冈山红色旅游

---

① 王新越：《我国旅游化与城镇化互动协调发展研究》，中国海洋大学博士学位论文，2014。

的具体景点大多分布在城市的街区和农村区域，井冈山在高起点上谋划旅游产业和县域的整体发展，通过红色大旅游带动了城镇化的绿色转型，城乡旅游互动的模式也成为亮点。概括来看，井冈山以本土文化为灵魂，以生态保护为基础，以旅游开发为手段，以绿色城镇化发展为导向，促进了小城镇、村庄新旧共生和谐建设，达到人与自然的和谐共生、红色旅游与绿色城镇耦合发展的模式范本。

图6　井冈山红色旅游与绿色城镇化耦合发展模式

　　在具体的举措上，井冈山坚持做美城乡的发展思路，在城市规划建设中不断推进城旅融合，在旧城改造中，注重提升文化内涵，在新城建设中，加强了旅游功能的提升，努力把新城区打造成"宜居宜游宜业城市"，把茨坪城区打造成"中国最美的生态小镇"，把龙市城区打造成"繁华的边贸重镇"，把所有乡镇打造成"靓丽乡镇"，把所有的乡村打造成美丽乡村，实现了红色旅游与城市建设和旅游小城镇建设的一体化推进，促进了经济发展和新型城镇化的完美结合。同时，井冈山城市功能有效地弥补了乡村旅游接待设施数量少、配套不足的问题，旅游强县、旅游强乡镇、旅游特色村三级行政性旅游经济模式整合在一起，构成了城乡一体化的旅游格局。另外，井冈山通过红色旅游很好地解决了农村剩余劳动力转移和就业的问题，促进了第一产业和第三产业的融合发展，提高了农业的附加值来增加农民经济收入，更在于能为贫困人口创造提高文化科技素质的机会和条件，进而推动了新农村建设的步伐。

（五）红色旅游与扶贫开发融合发展模式

旅游在反贫困过程中有许多显性正功能，能够带来当地就业率增加、福利提升、企业和工业发展、旅馆业发展，尤其是为贫困人口提供更多的就业岗位和带来更多的经济效益。[①] 井冈山是著名的革命老区，为中国革命的胜利做出了巨大牺牲，尽管经济社会有了很大发展，但因历史和基础原因，经济社会一直十分贫困和落后。作为罗霄山扶贫攻坚的覆盖县，除了用好国家的输血扶贫政策外，近年来，井冈山以旅游富民增收为核心，通过红色旅游与扶贫开发融合的方式、途径、手段，开创了具有井冈山特色的造血式旅游扶贫模式。

井冈山坚持以旅游开发扶贫理念，着力打造融旅游集散、休息度假、康体养生、乡村旅游、运动培训等功能于一体，以山水田园小镇为核心的旅游综合体，实现了区域联动、资源共享，得益于发展空间的不断拓展，井冈山旅游发展的效益更高、后劲更强，让越来越多的当地群众从中获得了实惠。2014 年，全市旅游收入近 90 亿元；农民人均可支配收入由 2011 年的 3670 元提高到 5926 元，贫困人口由 2011 年的 3.1145 万人减少到 1.9283 万人，贫困发生率降低了 10.42 个百分点。仅仅以"八角楼"景区为例，就带动了 200 余人实现脱贫。另一方面，井冈山通过发展旅游产业、带动其他产业发展，也有效促进了农民富裕、贫困人口减少，在红色旅游的带动下，形成了"一村一品、一村多品"的产业发展格局，由井冈山旅游发展总公司通过"支部 + 基地 + 农户"，公司出资、农户出力的工作新模式，将景区发展与产业发展打包联建的生态产业，为周边的农户提供了 900 多个工作岗位，并免费为农民提供工作岗位，为农户提供种苗及种植技术，再按市场价向其收购，让农户真正享实惠、得实利。

七 井冈山发展模式的主要启示及推广价值

从井冈山的五种发展模式来看，红色旅游是由环境支持系统、资源引

[①] Jon Vernon，Stephen Easex，David Pinder，et al.，Colaborative Policymaking Local Sustainable Projects，*Annals of Tourism Research*，2005，32（2），pp. 325 – 345.

力系统、中介辅助系统和市场需求系统、政府作用系统以及社会生产系统共同构成的协调互动型复杂生态系统，这种生态化的动力系统结构打破了单一企业、行业、部门或地域的界限，将各动力要素汇集到同一空间进行规律性组合，实现了各种要素的优势互补、资源共享和信息流通，提升了旅游资源和生态资源利用效率和大旅游的综合竞争能力（见图7）。

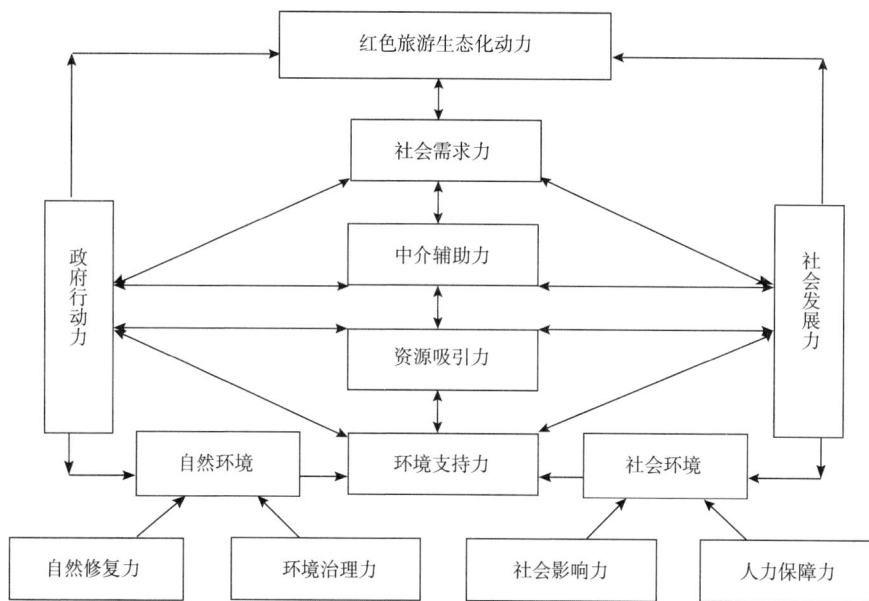

图7　井冈山红色旅游与绿色生态融合共生的动力系统

（一）树立绿色发展理念，坚持生态环境和经济建设的协调互动发展

井冈山市在保护好生态资源的基础上，以山地、森林、农田、江河溪流等生态环境资源为载体，进一步开发利用生态资源，真正地把生态观念和生态文化融入红色旅游的各个环节，在人民群众中形成了"在保护中发展、在发展中保护"的意识，使红色旅游和绿色生态旅游成为井冈山的重要品牌和经济社会发展的持续动力，其实质是打造人与自然和谐相处的旅游目的地，其根本是长期坚持绿色发展理念。

在经济发展进程中，不论经济处于何种发展阶段，都要注重绿色发展理念的培养与推广，着力培育生态意识、生态文化，提高对生态文化的认同，增强人们对自然生态环境行为的自律。同时，要建立有效的宣传和激励机制，通过电视、报纸等媒体，充分展示和宣传红色旅游与绿色旅游建设的内容、作用和重大意义，使生态文明建设家喻户晓，深入人心。只有这样，才能在发展中像井冈山一样既能感受沐浴红色文化的光辉和文化的厚重与光芒，又能从容体验绿色健康的生态环境，品味舒适、便捷、高效的生活理想。

（二）树立"全产业链"理念，强化各产业之间的融合互动发展

全域化是旅游产业功能与区域社会经济发展紧密结合的结果，是旅游空间的全覆盖模式。井冈山按照统一规划、合理布局、有序开发、配套完善、科学管理、可持续发展的原则，着力推动旅游空间的全县域、旅游产业的全领域发展，深度开发和整合红色旅游资源，规划、设计并推出一批红色旅游产品，变"红色"资源为"红色"资本，把资源优势转化为经济优势。推动绿色旅游与红色旅游的有效整合，培育红色旅游产业集群，发挥集群效应，是井冈山提高区域经济竞争力、促进区域经济可持续发展的有效途径。

在经济发展进程中，要立足当地旅游产业资源优势，找准开发建设突破口，以当地传统旅游链条延伸、产业集聚发展为导线，进行深度开发，推动产业与城镇化、与新农村建设、扶贫开发之间的互动结合，特别要注意旅游业与乡村旅游、生态农业等的融合发展，推进区域资源整合、延伸产业链，积极培育新的经济增长点和经济社会发展的新动力，形成特色明显、相互协作、资源优势互补的产业集群，将资源优势尽快转化为现实生产力和经济优势。

（三）树立品牌理念，塑造区域品牌持续竞争力

井冈山市不断加快对旅游产品的升级改造，进一步扩大规模，提升旅游产品质量，同时大力开发新的旅游产品，不断挖掘丰富旅游产品文化内涵，逐步形成了具有井冈山特色的旅游产品结构，塑造了井冈山革命老区自然环境和旅游资源优势相匹配的旅游品牌形象，这让井冈山红色旅游具

有了无法比拟的竞争力和软实力。

因此，在发展进程中，要始终树立区域品牌形象，以产品营销为重点，整合营销资源，加大营销投入，创新营销方式，不断提升区域品牌的整体形象和竞争力。一方面，要建立健全市场营销渠道，依托主要客源地的大型旅游机构建立旅游营销代理网络；创新营销手段，有效组合人员推销、媒体报道、广告宣传、网络营销、活动营销、事件营销等多种营销方式，提高市场营销的效果。另一方面，要加大宣传力度，积极营造市民共同参与创建的舆论氛围，运用各种宣传媒体，积极开展内容有创意、影响范围大、教育效果好的创建宣传教育活动。

（四）树立创新理念，转变政府职能与公共服务方式

长期以来，井冈山的发展受制于自我封闭、安于现状的保守观念，人们的传统发展思维和政府的传统管理模式束缚着当地的发展和人民生活水平的提高。新时期，井冈山在推进红色旅游和绿色旅游大发展进程中，十分注重思想的大解放，按照综合规划、市场导向、整体推进、分类指导的原则，创新思路、方式，注重速度与结构、质量、效益相统一，产业发展与资源环境相适应，人与自然相和谐，从而推进了旅游产业经济增长方式的根本性转变，实现了红色旅游的可持续发展。同时，井冈山市在发展红色旅游进程中，坚持改革创新思维，不断完善工作机制，注重产业发展的错位发展，立足自身特色和长远发展需求，高起点规划、高品位建设了一批特色突出、比较优势互补、基础设施完备、配套服务齐全的精品景区和度假区。

在经济社会发展进程中，要始终牢固树立开放创新的理念，进一步强化敢想、敢试、敢创、敢干、敢为人先的意识，在快字当头的基础上，快中求好，不仅在提升工作效率上下功夫，更要在追求工作效益上用足劲。旅游目的地应在体制建设、规划制定、环境质量监测和控制、立法保护方面，研究出一套行之有效的办法和措施。① 在推进区域经济发展进程中，要始终树立创新就是生产力的发展理念，将创新融入深入推进"净空、净

---

① 吴必虎：《旅游生态学与旅游目的地的可持续发展》，《生态学杂志》1996 年第 2 期，第 78～81 页。

水、净土"行动中去，融入县域经济社会的发展中去，通过制度创新、模式创新、商业创新来真正实现县域经济社会的绿色崛起、跨越式发展。

参考文献

周金堂：《中国县域经济前沿（2012～2013）》，经济管理出版社，2014。

周金堂：《实施主体功能区战略与转变县域经济发展方式》，《光明日报》2012 年 3 月 2 日。

周金堂：《加快城镇化是县域发展的重头戏》，《中国县域经济报》2011 年 10 月 31 日。

Anne Drost, Developing Sustainable Tourism for World Heritage Sites, *Annals of Tourism Research*, 1996, 23（2）：479 – 484.

Wackernagel, M., Yount, J. D., Footprints for Sustainability: the Next Steps. Environ-ment, *Development and Sustainability*, 2000, 2（1）：23 – 44.

Gossling, S., C. B. Hansson, O. Horstmeier, et al., Ecological Footprint Analysis as a Tool to Assess Tourism Sustainability, *Eclolgial Economics*, 2002, 43（7）：199 – 211.

Rorger J. Tarling, Twan Huybers, Environ-mental Management and the Competitive-nesso fature—Based Tourism Destinations, *Environmental and Resource Economics*, 2003, 24：213 – 233.

谢婷、钟林生、黄丽玲：《红色旅游资源的拓展开发模式研究——以广西龙州县为例》，《资源与产业》2006 年第 5 期。

罗小斌、方世敏：《区域红色旅游品牌整合问题探析》，《怀化学院学报》2006 年第 3 期。

袁书琪、孟铁鑫、缪芳：《论生态旅游资源对红色旅游产业发展的作用》，《福建地理》2005 年第 4 期。

范方志：《对我国发展"红色旅游"的一点思考》，《宁波职业技术学院学报》2005 年第 6 期。

张启、王红宝、和文征：《浅析红色旅游与生态旅游的协调发展》，《商场现代化》2006 年第 19 期。

付晓刚：《红色旅游开发研究——以井冈山市为例》，云南师范大学硕士学位论文，2006。

刘建平、曹学文：《基于景观设计学视角的红色文化遗产保护》，《生态经济》2007 年第 10 期。

朱孔山：《区域红色旅游产品体系构建与开发——以临沂市为例》，《商业研究》
2007 年第 8 期。

O. Rubel，Introdlutions of Approaches of the Payments for Ecosystem Services for Ecologi-
cal Tourism，*Journal of Environmental Protection and Ecology*，2009，10（2）.

Thomas A. Schlacher，Rudolf de Jager，Tara Nielsen，Development and Conservation of
Glacier Tourist Resources—A Case Study of Bogda Glacier Park，*Ecological Indicators*，2011，
11（2）.

徐辉、蔡溶：《对旅游产业生态过程的研究》，《旅游学刊》2002 年第 2 期。

刘海鸿：《乡村旅游：国外的理论与实践对中国的启示》，《经济问题》2007 年第
7 期。

蔡慧：《中国红色旅游可持续发展研究》，西安工程大学硕士学位论文，2013。

王新越：《我国旅游化与城镇化互动协调发展研究》，中国海洋大学博士学位论
文，2014。

Jon Vernon ，Stephen Easex，David Pinder，et al.，Colaborative Policymaking Iocal
Sustainable Projects，*Annals of Tourism Research*，2005，32（2），325 – 345.

吴必虎：《旅游生态学与旅游目的地的可持续发展》，《生态学杂志》1996 年第
2 期。

后　记

　　《打造老区振兴发展的新引擎——以井冈山革命老区县域经济发展为例》一书，历经两年多的反复打磨，终于付梓了。

　　拙作主体部分主要是根据本人博士论文《井冈山革命老区新世纪县域经济发展研究》修改而成。书中一并收录的《井冈山红色旅游与绿色生态融合共生模式研究》系本人承担的 2011 年江西省科技厅软科学研究计划项目"建设绿色生态江西模式和路径研究——以井冈山发展绿色生态、红色旅游经济为例"（项目编号：赣财教〔2011〕125 号）的结题报告。书中两个选题的最终研究成果结集出版，个人认为是在做一件具有强相关性的事情，具有一定的实证研究和案例分析价值。

　　我的博士论文修改稿有幸得到中国社会科学院学部委员、中国区域经济学会会长金碚研究员和中国区域科学协会理事长、中国人民大学博士生导师孙久文教授的精心评审指导。金先生、孙先生均系我国经济学界特别是区域经济学的大家，所签署的评审意见直率中肯，既具原则性又富学术个性，于我做学问、做人都是极宝贵的教育和勉励。为此我把两位老师的评审意见作为本书的序言，以表达对两位老师的崇高敬意和诚挚谢意。

　　"桃李满园，皆时代之骄子；学子盈室，俱一世之英华。"武汉大学是一个名师荟萃、英才辈出的学术殿堂，也是我国十大最美高校之一，母校优良的学术传统、深厚的文化底蕴、浓郁的育人氛围、超强的科研实力、灵动的创新机制，使我深受熏陶。我在武汉大学读博士期间，承蒙导师张建清教授的悉心指导。张建清教授深厚的专业知识、一流的学术素养、严谨的治学态度、谦逊的师德风范，给我留下了深刻的印象。"珞珈之山，东湖之水，山高水长，流风甚美。"我在美丽的珞珈山研学期间，还先后得到张秀生、陈志刚、袁银传、黄永明、王磊等老师的悉心教导，以及项平、肖汉银老师、杨刚强博士等的鼓励帮助，他们扎实的专业功底、开阔的学术视野、严谨的科研精神，令我受益匪浅。我想，没有百年武大"自强、弘毅、求是、拓新"校训的训导和鞭策，没有人文武大深厚文化底蕴的熏陶和孕育，没有众多老师和同窗学友的关爱和鼓励，我的学业是难以顺利完成的。值此拙作出版之际，我要真诚地向我终生难忘的母校武汉大学致敬！向海人不倦的各位老师致以崇高的敬意和衷心的感谢！向与我和谐共进的各位同窗好友致以深深的谢意！

在我的博士论文形成期间，我曾先后十五次到井冈山市、永新县、遂川县、莲花县、炎陵县、茶陵县等"五县一市"进行调研。论文修改期间，又两次到"五县一市"补充有关数据和素材。"五县一市"的有关县领导和有关部门工作人员给予了大力支持和帮助，在此再次表示衷心的感谢。

拙作的面世，我还要感谢中国井冈山干部学院对我的关照和支持！特别感谢我的妻子和女儿，正是她们一直以来的理解、支持和陪伴，才使我老来读博的定力弥坚、信心倍增，才使我久久为功的辛勤耕耘有了收获与回报。

作为一个研究县域经济多年的探索者，论文修改稿形成之前，的确也发表过不少研究成果。然而，作为博士论文的修改出版稿，尽管论文在选题时是根据国家发改委地区司委托的重大课题——"'十二五'期间中国中部地区发展思路研究"的要求和导师张建清教授的指导意见来确定的，并坚持问题导向，结合我国中部县域实情，对井冈山等"五县一市"这样集革命老区、偏远山区、贫困地区为一体的片区的县域经济进行了一定的实证研究和理性分析，但对类似井冈山革命老区的县域经济的分析和研判，的确还有很多值得进一步研究和完善的地方。

论文修改稿和相关课题成果的结集出版，既是对我过去县域经济研究阶段性成果的一次系统整理、修订和总结，也标志着我在研究县域经济领域里进行新的探索，开启新的征程。我将铭记武大校训，不忘初心，砥砺前行，在"自强、弘毅"上奋发进取，在"求是、拓新"上与时俱进，不断做出新的努力，争取有更好更有价值的研究成果继续奉献给各位尊敬的老师、亲爱的学友以及诸多关心和帮助过我的人。

　　诚如德国伟大诗人、剧作家和思想家歌德所言："一切理论都是灰色的，只有生活之树长青。"囿于研究对象日新月异的变化、本人理论功底和研究能力的不足，拙作中疏漏在所难免，敬请各位方家批评指正、不吝赐教。

周会堂

2016 年 9 月 19 日

图书在版编目（CIP）数据

打造老区振兴发展的新引擎：以井冈山革命老区县
域经济发展为例 / 周金堂著. -- 北京：社会科学文献
出版社，2017.10
ISBN 978 - 7 - 5201 - 1204 - 8

Ⅰ.①打… Ⅱ.①周… Ⅲ.①中国经济 - 区域经济发
展 - 研究 Ⅳ.①F127

中国版本图书馆 CIP 数据核字（2017）第 190790 号

打造老区振兴发展的新引擎

——以井冈山革命老区县域经济发展为例

著　　者 / 周金堂

出 版 人 / 谢寿光
项目统筹 / 丁　凡
责任编辑 / 丁　凡

出　　版 / 社会科学文献出版社·区域与发展出版中心(010) 59367143
　　　　　　地址：北京市北三环中路甲 29 号院华龙大厦　邮编：100029
　　　　　　网址：www. ssap. com. cn
发　　行 / 市场营销中心（010) 59367081　59367018
印　　装 / 北京季蜂印刷有限公司

规　　格 / 开　本：787mm × 1092mm　1/16
　　　　　　印　张：19.25　字　数：291 千字
版　　次 / 2017 年 10 月第 1 版　2017 年 10 月第 1 次印刷
书　　号 / ISBN 978 - 7 - 5201 - 1204 - 8
定　　价 / 85.00 元